BIBLIOLOGY

書物学 23

特集 文化財をつなぐ ひと・もの・わざ

香雪美術館書画コレクションを支える装潢修理の世界

装丁・目次使用図版一覧｜鳥文斎栄之筆 夏姿美人図｜古書画仮目録｜「仏涅槃図」旧軸木｜古裂｜上畳本三十六歌仙 猿丸大夫｜山水図｜玉澗筆洞庭秋月図

文化財をつなぐひと・もの・わざ

序論◆香雪美術館の書画コレクションと作品修理事業

大島幸代・林 茂郎

香雪美術館は、朝日新聞の創業者村山龍平《りょうへい》（一八五〇～一九三三、号は香雪）のコレクションを柱に、龍平の養嗣子で美術館初代理事長の村山長《なが》挙《たか》（一八九四～一九七七）の収集品を加え、昭和四十八年（一九七三）、神戸市東灘区御影に開館した。御影の敷地内には、ハーフ・ティンバー式の洋館（一九〇九年）［図01］に、茶室棟（一九一一年上棟）や書院棟（一九一八年上棟）［図02］などの和風建築が一体となった重要文化財「旧村山家住宅」があり、周囲に広がる庭園も含めて維持管理と活用を行っている。二〇一一年には公益財団法人化し、二〇一八年には大阪市北区中之島に中之島香雪美術館を開設し、御影の香雪美術館と合わせて多彩なコレクションを活かした展覧会を行ってきた（現在、香雪美術館は改築工事のため長期休館中）。また、美術に関する分野の大学院生・大学生・短期大学生を対象とする奨学金事業「村山龍平記念香雪美術館奨学金」も実施している。館の設立趣意書で長挙が述べる「我国の美術文化の向上」に沿う事業を様々に展開しつつ、五十年という歴史を刻んできた。

さて香雪美術館では、二〇一三年頃から所蔵作品の修理事業に本腰を入れて取り組むようになった。龍平が美術品を収集したのは明治期が中心であり、それから一〇〇年以上が経過した。途中、コレクションの一部に本格的あるいは応急的な修理が加えられているものの、その大部分が「五十年から一〇〇年に一度」という修理の目安を大幅に超えて、香雪美術館の諸事業の中で活用されてきた。端的に言ってしまえば、展示公開することが難しい状態の作品が多くなっていた。龍平から受け継いだコレクションを、また一〇〇年先の未来へと伝え継ぐことが、香雪美術館の使命であるため、修理事業に本格的に乗り出したのである。このたびの中之島香雪美術館の企画展「修理のあとに エトセトラ」は、修理事業の本格始動から十年を経たことを機に開催するもので［図03］、これまでの修理を、修理にまつわる物事（エトセトラ）とともに紹介している。出品作品は紙や絹の書画、木を刻んで造った仏像、キャンバスに描かれた油絵、金属や漆の工芸品という具合に、香雪美術館の所蔵品のうち陶磁器を除いた多彩なジャンルに及んでいる。

この特集は、展覧会の内容から紙や絹をベースにした書画作品に関する部分だけを抜き出し、

右上から［図01］…旧村山家住宅・洋館［図02］…旧村山家住宅・書院棟
［図03］…企画展「修理のあとに エトセトラ」ポスター

多岐にわたる論考を加えつつ、さらに深く掘り下げ、広い視野のもとに見渡そうとしたものである。本篇に入る前に、まずは香雪美術館の書画コレクションについて紹介しておきたい。

村山龍平の美術品収集と書画コレクションの整理

繰り返しとなるが、香雪と号した村山龍平は、香雪美術館の所蔵品の核をつくった。龍平は、田丸（現在の三重県度会郡玉城町）において和歌山藩付家老の家臣団の家に生まれた。明治維新後、一家で大阪へ移住し西洋雑貨商を営んで成功し、明治

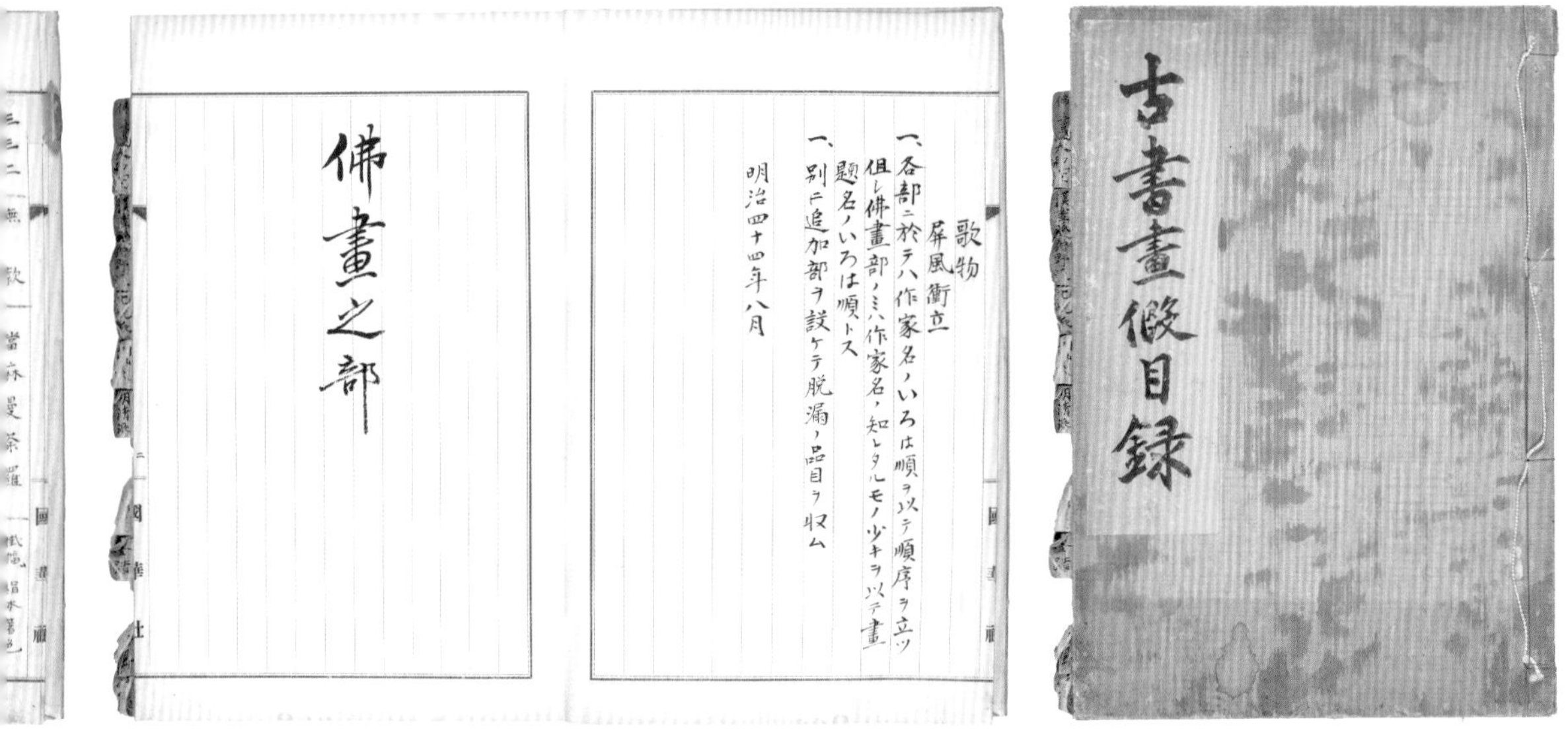

[図04]…『古書画仮目録』

十二年（一八七九）、請われて朝日新聞の社長となり、二年後に経営権を譲られて本格的に新聞事業に専念した。ニュース報道に軸足を置き、海外から高速輪転機を導入し、記者を欧米に派遣するなど積極的な事業展開を図った。

龍平には事業家のほかに、美術品の収集家、文化財の保護者としての側面があり、刀剣や甲冑などの武具から、仏教美術、書跡、中近世絵画、茶道具など幅広いジャンルのコレクションを築いた。これらのほとんどは香雪美術館の所蔵品として継承されており、重要文化財十九点、重要美術品三十三点を擁する。武家出身で幼少から剣術に励んだ龍平は、刀剣の収集を行うことから美術品収集を始めたようである。明治二十年頃、廃仏毀釈により荒廃した社寺やその宝物に関して、明治政府は近畿地方の社寺調査や臨時全国宝物取調局の設置等を行い、文化財保護に乗り出した。新聞各社も関連の記事を競って取り上げるようになった。この頃始まった龍平の刀剣以外の美術品収集も、こうした機運と無関係ではないだろう。明治二十二年（一八八九）には、明治期の文化財保護行政の中心にいた岡倉天心らが、日本と東洋の美術を紹介する『國華』を創刊した。精巧な図版と充実した論考は従来ないものだったが、あまりの豪華さゆえに発刊当時から赤字を抱えていた。龍平と朝日新聞協同経営者の上野理一《りいち》（一八四八〜一九一九）の二人は『國華』への私的な金銭的援助も行い、直接的・間接的に様々な形で、文化財の保護活動を進めてきたのである。

香雪美術館が所蔵する書画作品は四四八件であり、そのほとんどは龍平による収集である。「稚児観音縁起絵巻」や雪舟筆「山水図」等わずかであるが、長挙の集めた作品も含まれている。明治四十四年（一九一一）頃に作成された『古書画仮目録』[図04]は、この時点における書画コレクションの基本台帳であり、五一八件の作品が収録されている。部立による内訳は次の通りである。

仏画	54件	大和絵	41件
中古漢画派	77件	狩野派	59件
光悦光琳派	9件	円山四條派	43件
明清画派	25件	浮世絵派	19件
支那画	53件	墨蹟附文書	53件
歌物	53件	屏風衝立	29件
追加	3件		

中古漢画派すなわち中世水墨画が最多であり、次いで狩野派、仏画が多くなっているが、近世絵画は画家の流派によって細かく分類されているため、仮に光悦光琳派から浮世絵派を合計すると九十六件にのぼる。既にコレクションから離れてしまった作品もあるが、現在の香雪美術館の書画コ

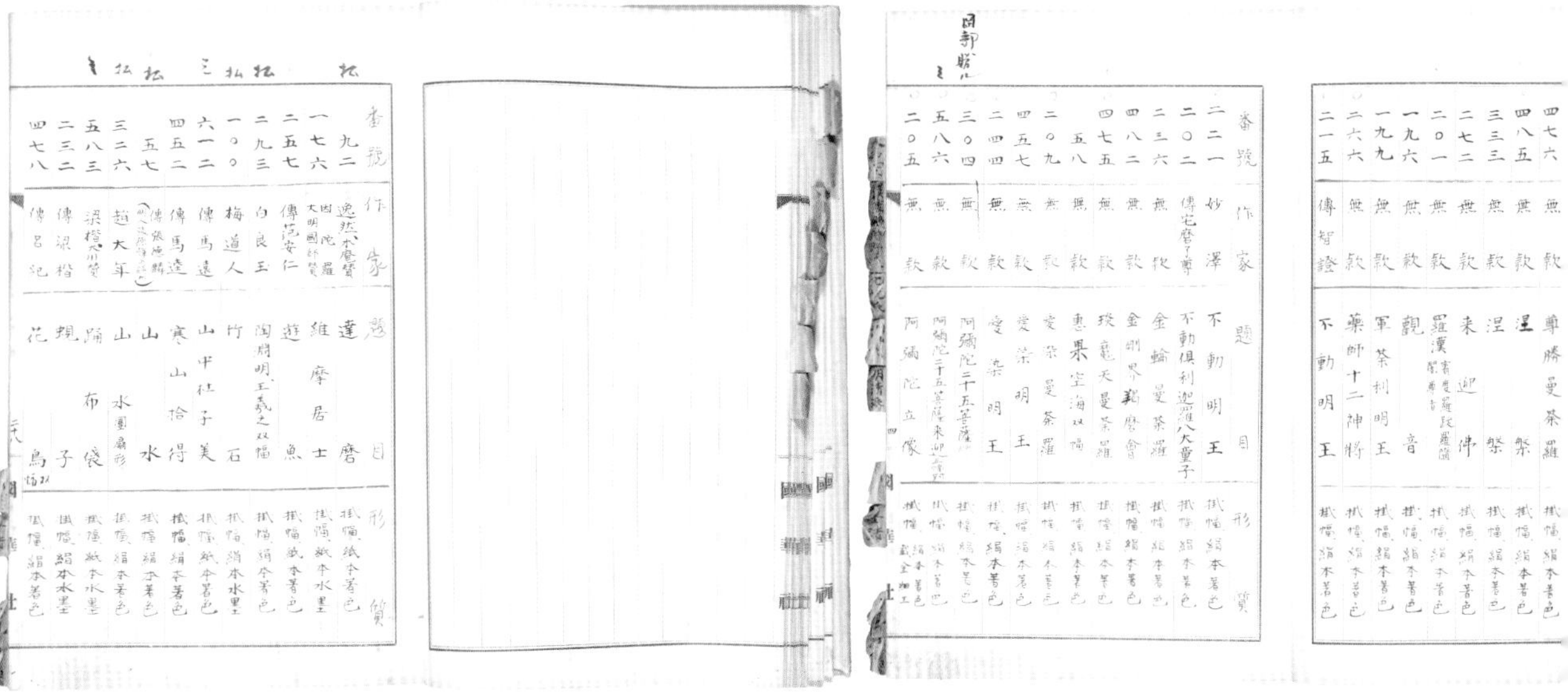

番號	作家	題目	形質
四七六	無款	尊勝曼荼羅	掛幅、絹本著色
四八五	無款	涅槃	掛幅、絹本著色
三三三	無款	涅槃	掛幅、絹本著色
二七二	無款	来迎佛	掛幅、絹本著色
二〇一	無款	羅漢	掛幅、絹本著色
一九六	無款	觀音	掛幅、絹本著色
一九九	無款	軍荼利明王	掛幅、絹本著色
二六六	無款	藥師十二神將	掛幅、絹本著色
二一五	傳智證	不動明王	掛幅、絹本著色

番號	作家	題目	形質
二二一	妙澤	不動明王	掛幅、絹本著色
二〇二	傳宅磨了尊	不動倶利迦羅八大童子	掛幅、絹本著色
二三六	無款	金輪曼荼羅	掛幅、絹本著色
四八二	無款	金剛界羯磨會	掛幅、絹本著色
四七五	無款	琰魔天曼荼羅	掛幅、絹本著色
五八	無款	恵果空海双幅	掛幅、絹本著色
二〇九	無款	愛染曼荼羅	掛幅、絹本著色
四五七	無款	愛染明王	掛幅、絹本著色
二四四	無款	愛染明王	掛幅、絹本著色
三〇四	無款	阿彌陀二十五菩薩	掛幅、絹本著色
五八六	無款	阿彌陀二十五菩薩来迎	掛幅、絹本著色
二〇五	無款	阿彌陀立像	掛幅、截金加工 絹本著色

番號	作家	題目	形質
九二	逸然 木庵賛	達磨	掛幅、紙本著色
一七六	因陀羅 大明國師賛	維摩居士	掛幅、紙本水墨
二五七	傳范安仁	遊魚	掛幅、紙本著色
二九三	白良玉	陶淵明、王羲之双幅	掛幅、絹本著色
一〇〇	梅道人	竹石	掛幅、絹本水墨
六一二	傳馬遠	山中杜子美	掛幅、紙本著色
四五二	傳馬逵	寒山拾得	掛幅、絹本著色
五七	傳張德輝	山水	掛幅、絹本著色
三二六	趙大年	山水 團扇形	掛幅、絹本著色
五八三	梁楷 大川賛	踊布袋	掛幅、紙本水墨
二三二	傳梁楷	蜆子	掛幅、絹本水墨
四七八	傳呂紀	花鳥 双幅	掛幅、絹本著色

レクションは、明治四十四年時点の比率とそれほど変わっておらず、龍平の収集方針が所蔵品の全体像にも継承されていることがわかる。

「美術」という西洋由来の新しい概念は、龍平によって美術品が収集され、『古書画仮目録』がまとめられるまでの時期と並行して、徐々に枠組みが確立してきたものである。江戸期までは信仰を捧げる対象と捉えられた宗教美術、あるいは日常・非日常の暮らしの様々な場面で調度品として扱われてきた多くのものが、上記のような絵画・彫刻・書・工芸等といったジャンルに区分され、「美術」のもとに括られていった[1]。『古書画仮目録』にもこの辺りの世相が幾分か見て取れ、特に書画の中で屏風や衝立を、絵画や書に区分せず、調度品としての形態で一括りにする部分によく現れている。『古書画仮目録』に記載された屏風・衝立は、勿論、絵画や書として鑑賞もされたであろうが、実際に暮らしの中で、あるいは茶会等で間仕切りとして使用されていた、実用の調度品だった。『古書画仮目録』の作成を監修した人物は、おそらくこうした歴史的背景を踏まえることのできた教養の持ち主、あるいは専門家であったと考えられる。國華社用箋が使われていることから、明治三十四年から『國華』の主幹を務めた瀧精一（一八七三～一九四五）が関わった可能性が高い[2]。

棒リストである『古書画仮目録』の書式は、管理番号、作者、作品名、形状・材質という、簡便ながらも要を得た項目だけで構成されている。管理番号は作品の木箱妻側に貼られた雲形シールの番号と一致するようになっている［図05］。ちなみに美術品を納める蔵（重要文化財「旧村山家住宅」の一部）の中に設置された木棚には、『古書画仮目

［図05］…管理番号を書いた雲形シールの一例

右［図06］…聖徳太子絵伝
左［図07］…阿弥陀三尊像

録』にある部立の名称が木札に墨書され打ち付けられており、各作品はこの木札を目印に収納されていたのだろう。『古書画仮目録』は、龍平が大阪高麗橋に居を構えていた頃に作成されたものだが、御影に邸宅を移した後も、『古書画仮目録』に基づく作品管理が、少なくとも龍平の時代にはかなり機能的に行われていたと推察される。

村山龍平・長挙の「修理」への眼差し 断章

夥しい数の日本の美術品が海外に流出していくのを見かねた龍平は、それを保護するために古美術品の収集を志したという。そのことは、仏教美術の精品だけを集め刊行した図録『玄庵《げんなん》鑑賞』（大正三年（一九一四））の序文で、瀧精一が代弁している。龍平は、自身の美術品収集について綴った文章をほとんど残しておらず、近辺で収集や整理に関与した他者による断片的な文章から、その真意や遍歴をうかがうしかない状況である。

　美術品の収集、そして上述のような作品管理を行うことで、「保護」という第一の目的は果たされたと思われる。それでは龍平とその遺志を継いだ長挙は、集めた美術品の行く末をどのように考えていたのだろうか。村山家に入った時点では、例えば、火災に遭った痕跡をそのまま留めた「聖徳太子絵伝」［図06］や、表具が本紙から外れてしまった「阿弥陀三尊像」［図07］のように、鑑賞どころか掛けること、開けて見ることさえ困難な作品が多々あったと想像される。こうした作品に対し、何らかの手を加えたという事実を明らかにするような資料は残念ながら残されていないが、美術品とともに蔵の中に保管されてきたいくつかの〝もの〟から、修理という作品保存への眼差しをわずかにうかがうことができる。

まずは、図08の軸木を見ておこう。長挙の時に、村山家のコレクションだった仏画三点が国立博物館に譲渡された。いずれも重要文化財に指定される作品で、「仏涅槃図」は東京国立博物館、「焔摩天曼荼羅」は京都国立博物館、「釈迦霊鷲山説法図」は奈良国立博物館へと渡った。これらは、『玄庵鑑賞』で筆頭に掲載される三点であり、龍平が自身の仏教美術コレクションの白眉と認識していたことは間違いない。長挙がこれらを譲渡した経緯については、香雪美術館に残された資料からはうかがい知ることができないが、「仏涅槃図」の旧軸木だけが村山家の蔵に長らく保管されてきた。そこには、「涅槃之図ヲ国立博物館ニ納入スルニ当リ紀念ノ為保存ス／昭和二十四年八月　村山長挙（花押）」との墨書があり、譲渡前に何らかの修理が施されたと推測される。その時に軸木は新調され、旧軸木だけが残されたのだろう。この「仏涅槃図」は平安時代に遡る優品であり、鎌倉時代以降の仏画が中心のコレクションにあって、最も古い時代の一点だった。

　ところで、旧軸木には長挙以外の墨書もあり、嘉永七年（一八五四）、菅原為恭《ためちか》が三十二歳の時に修補したとの内容が見える。

南無本師釈迦如来
　我昔所造諸悪業　皆由無始貪瞋癡　願以此功徳　普及於一切
　従身諸意之所生　一切我今皆懺悔　我等為衆生　皆共成仏道
山はさけ海はひけともあやまたて弥ろくの御代につたへけんや
　嘉永七年甲寅正月廿九日修補　蔵人所衆菅原為恭年卅二
　去年於 和泉国堺津得之　門生恭儀撿出
　表補生　弥三郎
　大工　為吉

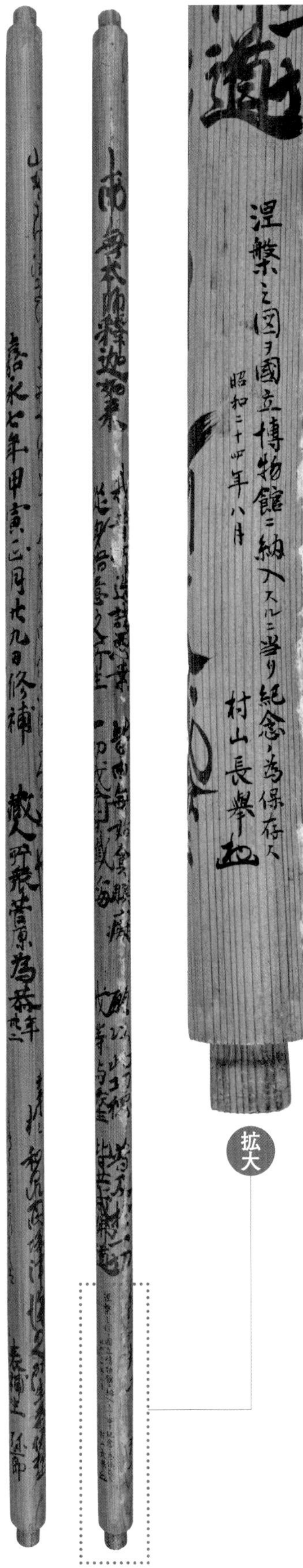
[図08]…東京国立博物館蔵「仏涅槃図」旧軸木

【図09】…「本紙残片 一」

「菅原為恭」とは冷泉為恭（一八二三～一八六四）のことで、古画の名品に直接学び、大和絵の復興を試みた幕末期の絵師である。嘉永七年の頃は、公家の蔵人所衆を勤めた岡田恭純の養子に入り、岡田家の本姓である菅原姓を使用していた時期である。為恭が修理した際の表補生、すなわち表具師（経師とも）や大工（木工細工師か）の名前も記され、この「仏涅槃図」がもとは和泉国堺津（現在の大阪府堺市）に伝来していたという情報も伝えている。長挙の意図としては、所蔵していたことの記念という意味合いだったようだが、実はそれ以上に重要な情報をこの旧軸木は保有しており、保管されてきたことの意義は大きい。

次に、「本紙残片」と題されたやや変わった帖装本にも触れておこう［図09］。折本二帖に紙帙がついたもので、台紙に様々な作品の本紙料絹の断片（補絹の断片も含むか）を貼り付け、そこに注記を施してある。いわゆる本紙料絹サンプル集である。収載されている作品に通し番号をつけて列記し、重要と思われる注記だけを抜き書きしたものが以下である。

【本紙残片 一】

1 三蔵法師像（西大寺常住云々）
2 四天王像 四幅対（御無［漏寺］伝）
3 水面弥陀
4 熊野三山曼陀羅
5 愛染明王
6 月壺観音
7 閻魔王（廣定極日巨勢有重）
8 不動尊独鈷ヲ持ツ（泉州大鳥郡堺南庄大寺常住云々）※大寺＝開口神社の神宮寺である念仏寺
9 李竜眠馬郎婦（雲妙乙遺愛）
10 愛染明王
11 大幅孔雀明王（東寺所伝ト同幅）
12 三尊仏小幅
13 十一面観音（法起寺伝来）
14 八字文殊（遍照薄迦等云々）
15 銭舜挙茄子
16 下妻家頼政［写］
17 長降蒙古退治不動尊
18 弥勒小幅（天平四年出雲国司石川年足所画）
19 青面金剛
20 十六羅漢

【無題の一帖】

21 善光寺如来
22 春日曼陀羅
23 大幅涅槃像

24　普賢像
25　阿弥陀
26　地蔵尊
27　小野篁像
（以下、台紙に貼り付け無し）

「本紙残片　一」と書かれた一帖の最初の頁を見ると、複数の絹の断片が貼り付けられ、そこに付された注記の末尾に、

仁安四《二》年改装シテ明治午《辰》廿五年ニ至ル者

とある。本冊を作成したのは、明治二十五年（一八九二）前後であったと推測される。No.1「三蔵法師像」は現在、奈良国立博物館に所蔵される重要文化財「玄奘三蔵像」（西大寺伝来）に当たる可能性がある。また、これが村山龍平の周辺で作成されたとすると、香雪美術館が所蔵する、あるいは村山家旧蔵の作品も含まれていると考えられ、No.3は阿弥陀三尊が蓮華に坐す姿を描いた「阿弥陀三尊像」［図07］、No.7は現在も香雪美術館が所蔵している「閻魔天像」、No.23が先述の東博所蔵の「仏涅槃図」に当たる可能性がある。貼り付けられた絹の断片と作品の絵絹を子細に比較する必要があるが、例えばNo.3「水面弥陀」に張り付けられた絹は、経緯ともに一本ずつの糸が交差する「平絹」と呼ばれるものであり、香雪所蔵の「阿弥陀三尊像」の絹と、組成の上では一致する。

この本紙料絹サンプル集を誰が何のために作成したのかは謎であるが、基底材としての絹に、これほど早い時期に注目をしていたことには驚かされる。本特集では、菊池理予氏と泉武夫氏の両氏に、絹あるいは絵絹に関する論考を寄せていただいたが、美術品の素材、特に絵画材料としての絹の総合的な研究は、近年になって大きな進展を見せたばかりである。このような絹の断片は、作品に対し何らかの処置を施さなければ集められないものであるから、それが修理の時であった可能性は十分にあるだろう。その場合は、ある種の修理履歴の意味も持つのかもしれない。

さらに、村山家の蔵に保管されていた、大小さまざまな古裂や、龍村美術織物の始祖で、古代裂などの研究・復元に尽力した龍村平蔵（初代、一八七六～一九六二）による復元裂についても触れておこう。古裂は相当量保管されており、図10に示したのはその一部である。茶道具の仕覆等を解いた袋裂や、掛軸の上下と

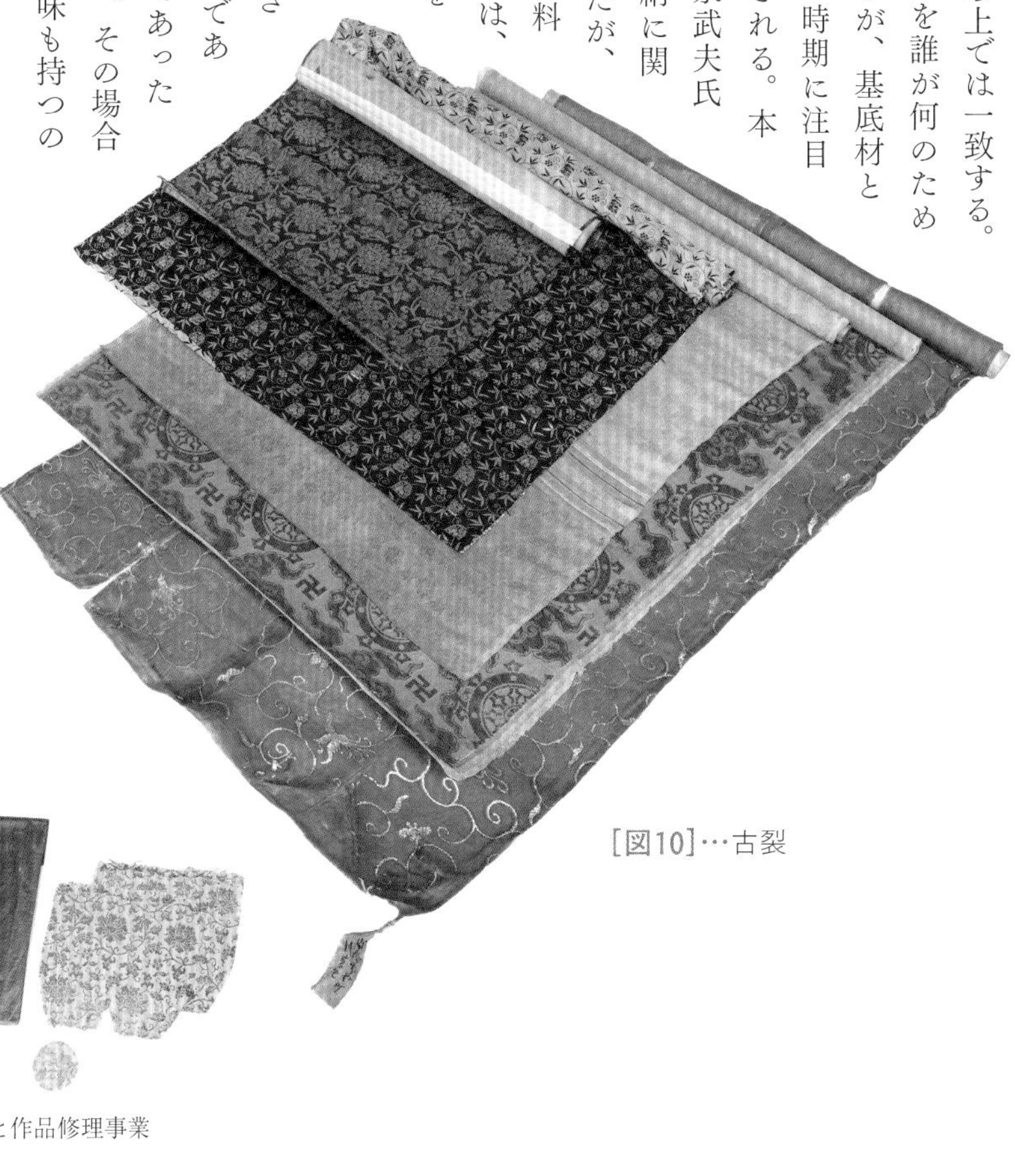

[図10]…古裂

［図11］…龍村平蔵による復元裂

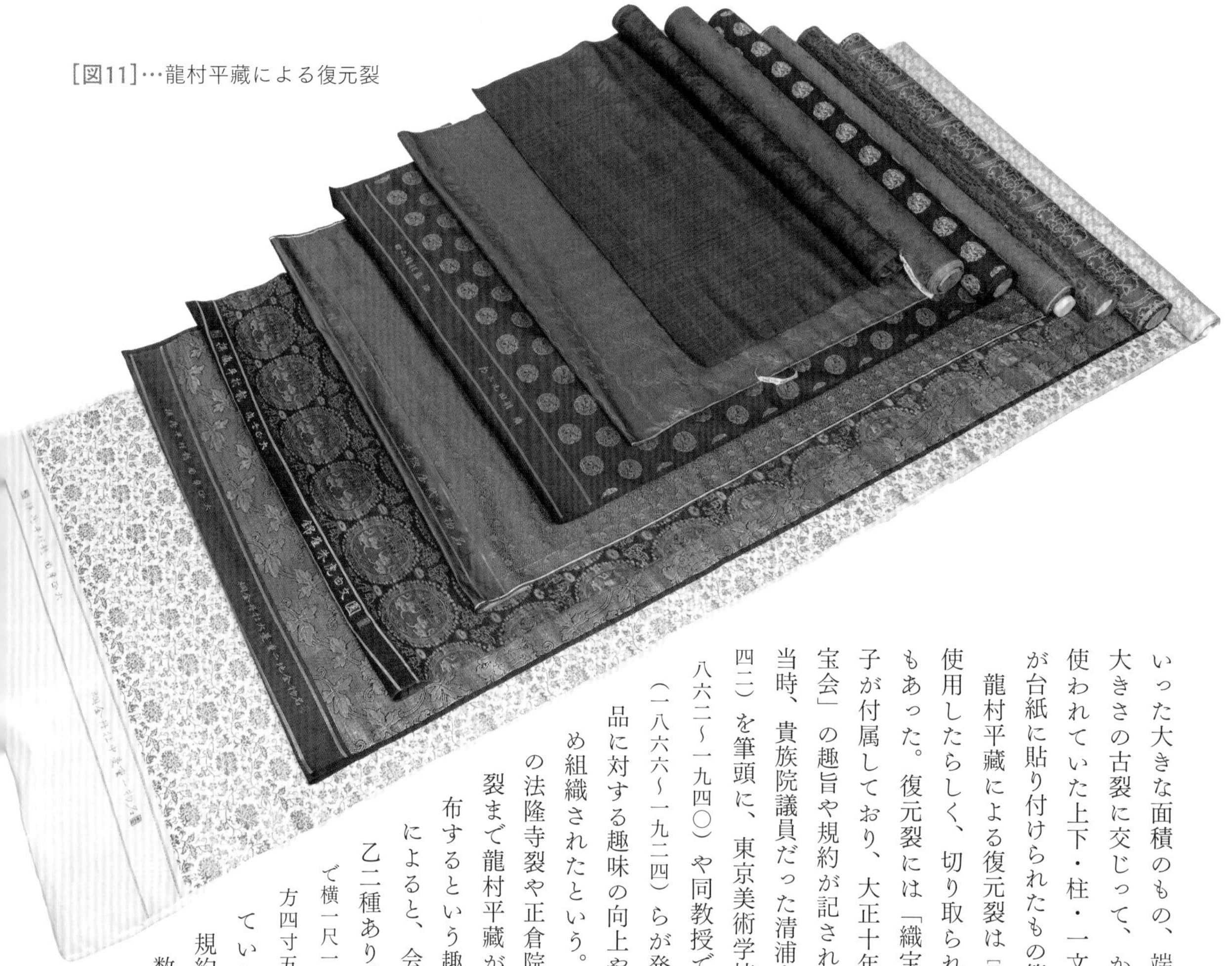

いった大きな面積のもの、端切れと言っていい大きさの古裂に交じって、かつて掛軸の表装に使われていた上下・柱・一文字・風帯の裂一式が台紙に貼り付けられたもの等が確認される。

龍村平蔵による復元裂は［図11］、一部を実際に使用したらしく、切り取られた形跡のあるものもあった。復元裂には「織宝記」と題された冊子が付属しており、大正十年に設立された「織宝会」の趣旨や規約が記されている。織宝会は、当時、貴族院議員だった清浦奎吾（一八五〇～一九四二）を筆頭に、東京美術学校長の正木直彦（一八六二～一九四〇）や同教授で洋画家の黒田清輝（一八六六～一九二四）らが発起人となり、染織品に対する趣味の向上や普及に貢献するため組織されたという。会員を集め、上代の法隆寺裂や正倉院裂から近世の名物裂まで龍村平蔵が復元し、それを頒布するという趣旨であった。規約によると、会員は会費により甲乙二種あり、毎月復元裂（甲種で横一尺一寸縦四寸五分、乙種で方四寸五分）を三点頒布していたようだ。さらに規約の第七条には、複数口申し込めばその口数に応じて連続した裂を頒布し、また希望があればその種類や大きさに応じた実費を申し受けるとしている(3)。したがって、村山家に保管されてきた復元裂がいずれも反物であるということは、龍平がそれだけの量を所望し、相応の会費を払ったためということになる。中には、表装裂地として使用するために求めたものもあったかもしれない。

なお、復元した約七十種の裂は、頒布裂帖二冊にまとめたものと、三百五十巻の反物として製作されたものがある。大正十二年六月には華族会館で、これらの裂を公開する展覧会が開催され、当初の目的を達成した織宝会は解散した。この三百五十巻の反物は関東大震災により焼失し、裂帖のみが伝存しているという(4)。

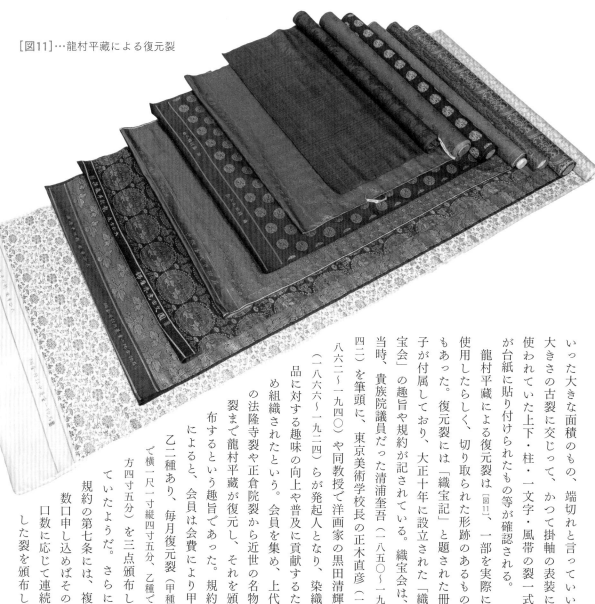

ここ十年の修理のこと

本特集ではまず、香雪美術館の面々が近年行ってきた六件の書画作品の修理について論じている。そして、それぞれの修理で用いられた特徴的な「わざ」や「もの」についてのコラムを、修理技術者の方々に寄稿いただいた。ここでとりあげた作品は、文化財修理の分野において「装潢《そうこう》文化財」と称される。「装潢」は古くからある言葉で、「装」は装うこと（仕立てること）、「潢」は紙を染めることを意味し、現在の言葉で最も近いのは「表装」「表具」となる。装潢文化財とは、本紙と呼ばれる作品そのものと、それを保護し装飾する「装丁」によって構成された文化財で、軸装、幀装、帖装等さまざまな形態がある。そして、その修理を担うのが、装潢師《そうこうし》と呼ばれる技術者である。

装潢師は、修理現場のまさに中心的存在であり、修理に関わる多様な立場（修理技術者、修理材料の製作者、修理用具の製作者、材料・道具の原材料の生産者、修理の監督指導者、所有者等）の連結点の役割をも果たしている。修理の現場は、誰もが見ることのできるような開かれた場ではない。それは、貴重な作品を扱っていることは勿論のこと、極めて繊細な作業の積み重ねによって修理が進行していくからであり、またクリーンな現場環境を維持することも重要だからである。そのため、「装潢師」という職業に接した経験のある人は、おそらくかなり限られてくるのではなかろうか。私たちは所有者という立場で修理事業に関わるわけだが、ここ十年の香雪美術館の修理事業は、装潢師の方々から多くを教わり、共に歩んできたという想いが強い。情熱を持ってこの仕事に取り組む人々が確かにいること、そして工房の中で装潢師の日々に生じるささやかな悲喜や、長年にわたり抱き続けられた問題意識等を、できるだけ多くの人が知り共有する必要があると感じた。鈴木裕氏、亀井亮子氏、菊池理予氏、泉武夫氏、岡岩太郎氏、中野慎之氏（掲載順）には、この問題意識を包括するような広い視野から、各種の論考を寄せていただいた。修理の具体例とともに、「修理」というものを支えるひと、もの、わざについての文章を合わせ読んでいただくことで、貴重な文化財を次世代へとつなぐ「修理」に対する、より深い理解が醸成されることを切に願っている。

注

（1）北澤憲昭『美術のポリティクス――「工芸」の成り立ちを焦点として』（ゆまに学芸選書、二〇一三年）。

（2）勝盛典子「村山コレクション形成の軌跡を追って」（『中之島香雪美術館開館記念展「珠玉の村山コレクション～愛し、守り、伝えた～」』公益財団法人香雪美術館、二〇一八年）。

（3）原文は次の通り。「会員ニシテ甲種又ハ乙種数口ヲ申込マレタル方ニハ其口数ニ応ジ連続シタル裂ヲ頒布スベク又規定ノ頒布以外ニ希望セラル、トキハ其品種寸尺ニ応ジテ別ニ実価ヲ申受クルモノトシ該金額ハ其都度之ヲ定ムベシ」

（4）『生誕120年記念展　初代龍村平藏　織の世界』（朝日新聞社、一九九六年）。上記の文献は河上繁樹氏（関西学院大学教授）からご教示いただき、また、裂に関しては桑原有寿子氏（九州国立博物館学芸員）に多くのご助言を賜りました。ここに御礼申し上げます。

追記：中之島香雪美術館で開催の企画展「修理のあとに エトセトラ」は林が担当し、香雪美術館が行った様々なジャンルの修理事業を紹介している。本特集はその一部を切り取り、大島が内容を再構成したもので、展覧会には出品されない作品の修理についてもとりあげている。展覧会と併せてご覧いただくことで、装潢修理の世界の広がりを知る一助となれば幸いである。

「上畳本三十六歌仙　猿丸大夫」にみる紙作品の修理

郷司泰仁……GOJI Yasuhito

もとは巻子装であった作品が断簡となり、現在掛軸にされている紙本着色「上畳本三十六歌仙　猿丸大夫」には、巻子であった時、また掛幅となって以降に生じた痛みの双方が確認できた。ここでは修理を通して得られた知見を基に、紙に表現された作品の修理について、特に折れに対する対処方法の「折れ伏せ」に注目し、みていく。

香雪美術館が所蔵する「上畳本《あげだたみぼん》三十六歌仙猿丸大夫《さるまるだゆう》」(1)（香雪本）［図01］は、著名な歌詠み（歌仙）の肖像と人物名、その人が詠んだ歌を記した「歌仙絵」の代表作のひとつである。(2) 上畳本は歌仙が畳の上に坐しているところが特徴的で、名前の由来になっている。制作当初は巻子装であったものが、現在では一歌仙ずつに断簡とされている。当初三十六あったうちの十六人分が現在確認され、書の筆跡により四つに分類されている。同じく鎌倉時代（十三世紀）に制作された「佐竹本三十六歌仙」と並び賞される。佐竹本ももと上下二巻の巻子装であったが、大正八年（一九一九）に断簡とされた話は有名である。

上畳本については、江戸時代（十九世紀）に編纂された画史書『本朝画事』（倭錦）藤原信実の項に「一哥仙人物上ヶ疊残欸哥為家卿」［図02］と記されたものにあたると考えられ、この頃にはすでに断簡にされ、絵師は鎌倉時代（十二〜十三世紀）に活躍した藤原信実、歌は藤原為家（一一九八〜一二七五）と伝承されていた。

本作は「猿丸大夫」という歌仙名と官位、略伝、「おちこちの たつきもしらぬ やま中に おほつかなくも よふことりかな」の歌が書され、衣冠姿で畳に坐した猿丸大夫が表現される。絵や書が書かれている本紙に横折れが発生し［図03］、所々に本紙の浮きが生じ、彩色の剥落が進行していたため、二〇一三年七月から二〇一四年十一月にかけて、軸木・八双以外の表装を元使いする形

中之島香雪美術館学芸員。専門は日本美術史。論文に「愛染明王と星宿——香雪美術館蔵「愛染曼荼羅図」について」（松浦清・真貝寿明『天文文化学序説　分野横断的にみる歴史と科学』（思文閣出版、二〇二一年））、「大阪・貝塚市吉祥園寺「釈迦三尊十六羅漢像」について」（『堺市博物館研究紀要』第四一号、二〇二二年）などがある。

［図01］…上畳本三十六歌仙　猿丸大夫（香雪美術館蔵）

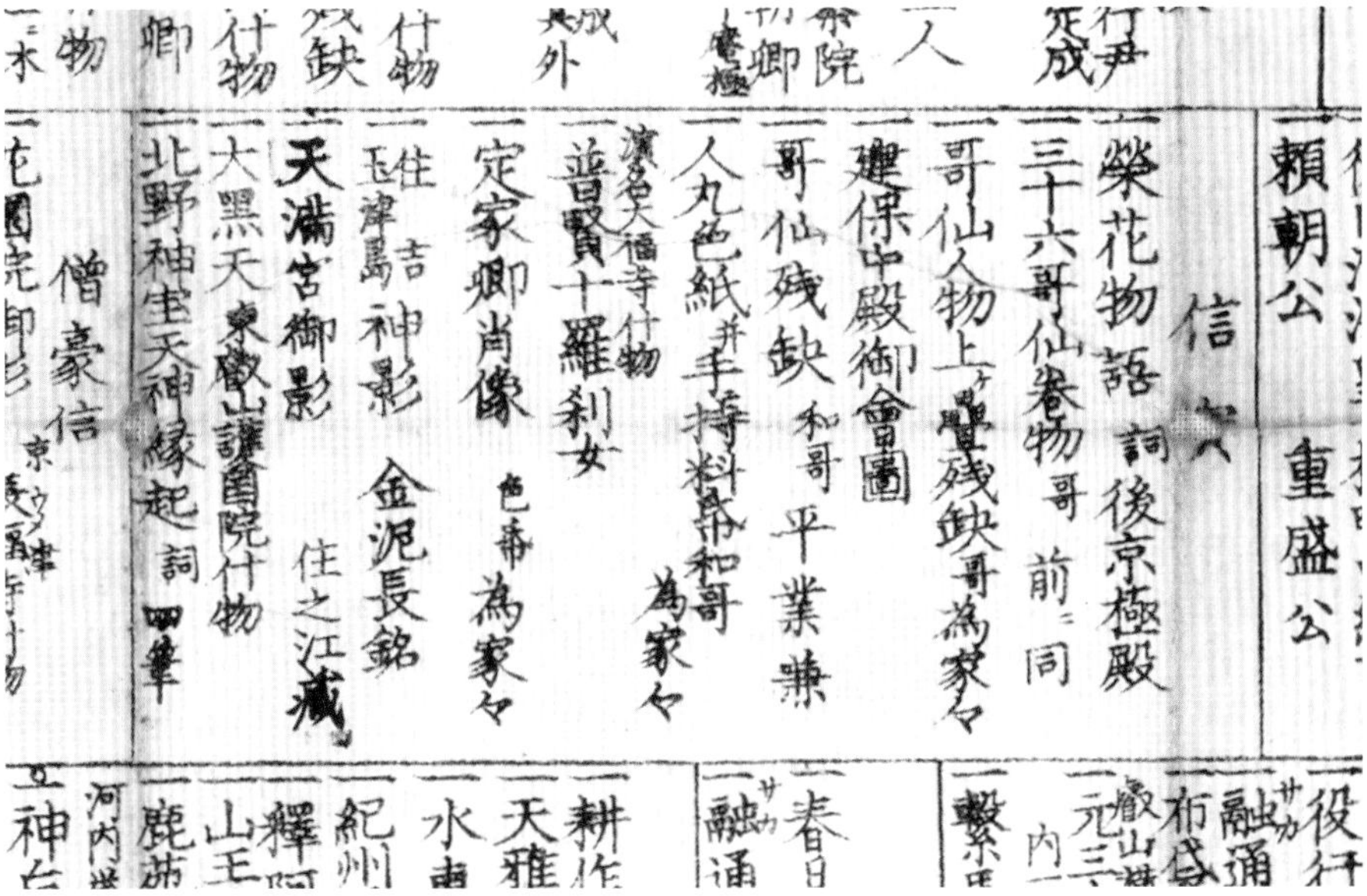

一頼朝公　信実　重盛公
一榮花物語　詞　後京極殿
一三十六哥仙巻物　哥　前々同
一哥仙人物上畳残欠　哥　為家々
一建保中殿御會圖
一哥仙残缺　和哥　平業兼
一人丸色紙并手鑑料紙和哥　為家々
一普賢十羅刹女
一定家卿尚像　為家々
一住吉玉津島神影　金泥長銘
一天満宮御影　住之江蔵
一大黒天　東叡山護国院什物
一北野神宝天神縁起　詞　四筆
僧豪信

［図02］…『本朝画事』信実の項（香雪美術館蔵）

で、解体修理が行われた。

修理前の透過光写真［図04］をみると、本紙が折れてシワになるなどして、破損した箇所を、裏側から細く切った和紙で補強する「折れ伏せ」が多数施されて、巻子装であった時に生じたとみられる縦折れと、掛軸になって以降にできたと考えられる多くの横折れも確認された。横折れは表面からの傾斜光でも認められた［図05］。
　今回の修理前にも本紙表面には横折れ、シワが多数確認されたため、前回の修理の後、掛幅を巻き解きすることで生じたものと考えられる。この横折れやシワはさらに劣化が進行すると紙繊維が切れ、裂けや穴の原因になってしまう。

　さらに、本紙肌裏紙除去後の透過光写真［図06］によると、本紙は場所によって厚みに差があり、薄いところと厚いところが混在していることがわかる。このような状況は、巻子が断簡とされて掛幅装に改装された際か、以前の修理の際に本紙が「相剥ぎ」されたために生じたと考えられる。紙を薄くすることで、巻いた際の本紙にかかる荷重を軽減するためにされた処置であり、巻子作例や巻子装のものを掛軸装に改編した作品に多く見られるが、相剥ぎすると本紙裏は凹凸になってしまう。この状態をそのままにしておくと、本紙にかかる力が不均衡となり、新たな折れの原因となる。

［図03］…香雪本　修理前　横折れが目立つ

［図04］…香雪本　修理前　透過光写真

［図05］…香雪本　修理中　表面の傾斜光　横折れが確認される

[図06]…香雪本　修理中　肌裏紙除去後　透過光写真

[図07]…香雪本　修理中　折れ伏せを施す

そのため、本作の修理では、この紙の厚みのバラつきを平滑にすることが求められ、本紙裏から厚みに応じた補紙を施し、裏面全体を平滑にすることが行われた。その後、細く帯状に切った美濃紙を用い、折れなどが生じていた裏側に折れ伏せを施し、補強を行った[図07]。

　本作は掛軸に改編されるにあたり、左右に大きく足し紙が充てられた[図08]。ほかの上畳本を見ると、そのほとんどが本紙向かって右は人名直前で、左は畳の端で切断されている。本作のように足し紙により調整をおこなった作例に東京・五島美術館の「紀貫之像」がある。喰い裂きされて紙の端がけばだって、紙の繊維がかみ合っているため、図08のように直線で表されるものではないが、これは掛軸として体裁を整えるために行われたと考えられる。

　また、修理による表装の解体に伴い、風帯に針穴の痕跡や折れ[図09]がみられ、これまでに現在の表装が二度利用されたことが判明した。さらに旧軸木から、「為家哥記猿丸　元禄四未十二月十六日　御表具師石井宗政」という墨書が見つかり[図10]、元禄四年（一六九一）に一度修理が行われていた。このように本作は伝来する中で、絵巻を断簡とするという数奇な運命をたどりながらも、多くの人々の「作品を継承する」という意思のもと、大切に守り伝えられたことが確認できる。

注

(1) 作品概要は次の通り。
一幅、紙本着色、縦二九・五㎝、横五八・七㎝。修理は株式会社松鶴堂によって、二〇一三年七月～二〇一四年十一月にかけて行われた。施工担当者は袴田尚志、補彩担当者は池田奈央である。

(2) 上畳本については、白畑よし「歌仙絵」（『日本の美術』第九六号、至文堂、一九七四年）、伊藤敏子「歌仙絵の美　上畳本三十六歌仙絵の残欠」（その一～八、『茶道の研究』第三九七～四〇四号、三徳庵、一九八八年～一

[図08]…香雪本　赤い点線の外側は足し紙

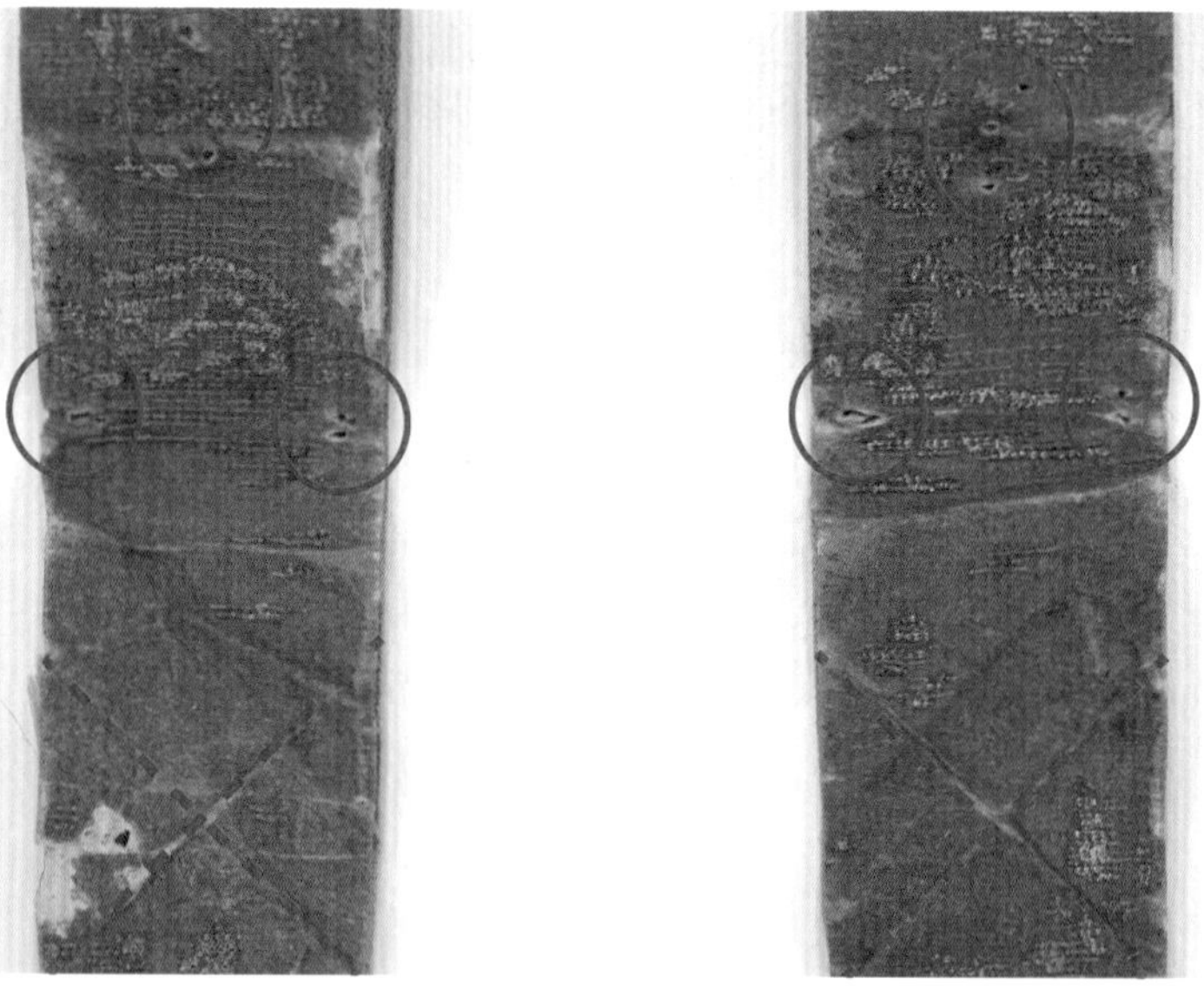

[図09]…香雪本　風帯表の針穴と折り目　○が針穴箇所、点線が折れ目

[図10]…香雪本　旧軸木墨書

九八九年）、拙稿「表紙解説 伝 藤原信実筆 上畳本 三十六歌仙絵 猿丸大夫」（『茶道の研究』七七三号、三徳庵、二〇二〇年）を参照。

わざのコラム

折れ伏せ

星 育子……HOSHI Ikuko

装潢師。株式会社文化財保存取締役部長、国宝修理装潢師連盟認定技師長（絵画一類）。担当した主な修理に国宝「夜色楼台図」（個人蔵）、重文「浄土曼荼羅絹本著色掛幅（伝法橋慶舜筆）」（當麻寺）、国宝「刺繍釈迦如来説法図」（奈良国立博物館）などがある。

書画文化財は、掛軸や巻子つまり紙や裂を糊で裏打ち（貼り合わせ）し、軸棒に巻き取って保管・保存する装丁になっている作品が多い。巻いて広げてまた巻いてを繰り返すうちに、所々に山なりに切り立った皺ができてしまうことを「折れが生じる」という［図01］。巻いて保存するという形態の宿命的かつ代表的な損傷である。折れ山の頂点が擦れて薄くなる→切れる→切れたところから紙や裂が剥がれてくる→そのような状態が多発してついには破れて穴が開いてしまう、という書画文化財の複合的な損傷を引き起こす。

　この「折れ」を改善する処置が「折れ伏せ」である。「火伏せ」とか「屈伏」という言葉のように、折れを退治・支配するという意味で「折れ伏せ」というのではないかと思う。

　具体的には、折れた箇所の裏面から、細い帯状に裁断した楮紙を薄めた小麦澱粉糊で折れ線に被せるように貼り付けていくことで補強する作業である。修理で裏打ちをし直すと一見平らになるが、折れが生じていた箇所は弱くなっているので、巻き広げを繰り返すうちに必ず折れが再発する。弱いところに補強テープを貼るというシンプルな発想である［図02］。

　それだけに折れ伏せは効果的な処置だが、実はかなりデリケートなものでもある。折れ伏せ紙の厚さや裁断幅によっては、狙った箇所の折れは再発しなくとも、折れ伏せ紙の端に沿って新たに折れが生じてしまうことがあるのだ［図03］。折れ伏せ紙を貼った箇所はその分厚みが増して強度も上がるのだが、貼っていない部分は薄いままだからである。折れ伏せは、裏打ちをすべて打ち替える本格修理の中で、三〜四回の裏打ちの途中で行うのが通常である［図04］。比較的薄くごく細く（二㎜弱ほど）裁断した紙を使用する。一方応急修理として行う場合は裏打ちの裏面から行うので、より厚い紙をやや太めに裁断したものを貼り付けることが多い。裏打紙に剥離があれば、折れ伏せをしても効果は出ない。本格修理であっても応急修理であっても、最適な条件が揃って初めて有効な処置となるのが折れ伏せなのである。

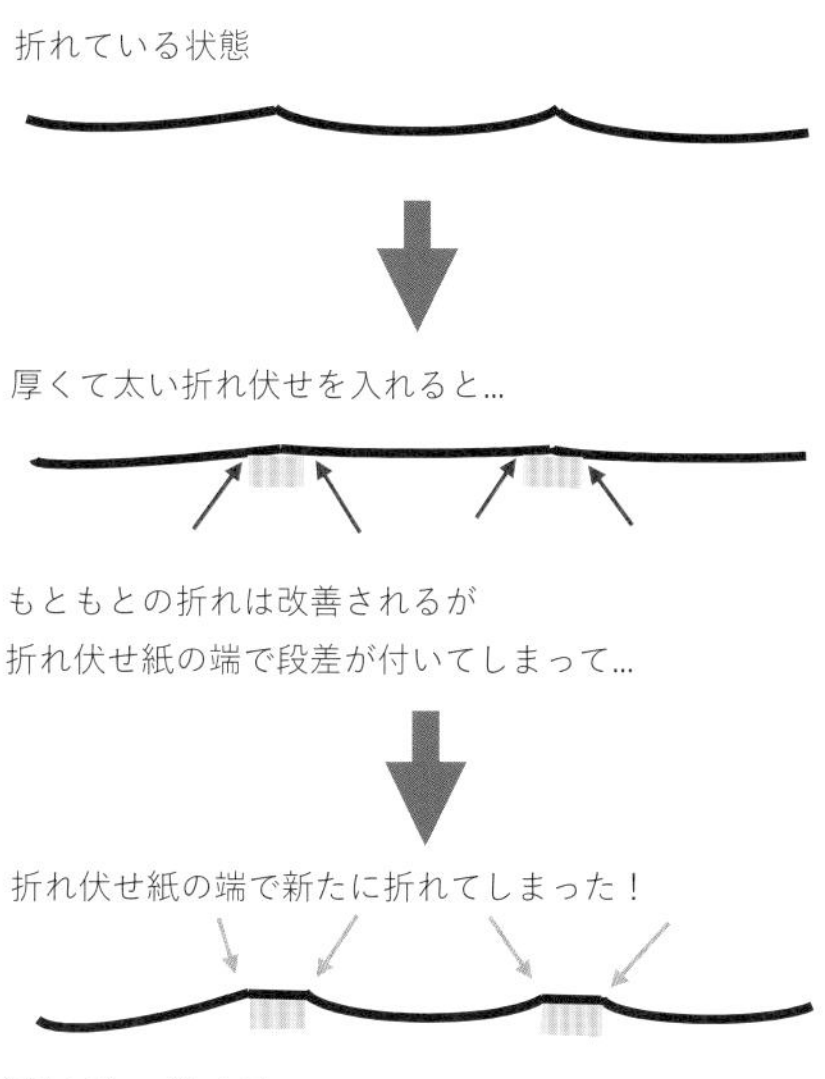
折れている状態
厚くて太い折れ伏せを入れると…
もともとの折れは改善されるが
折れ伏せ紙の端で段差が付いてしまって…
折れ伏せ紙の端で新たに折れてしまった！

［図03］…模式図

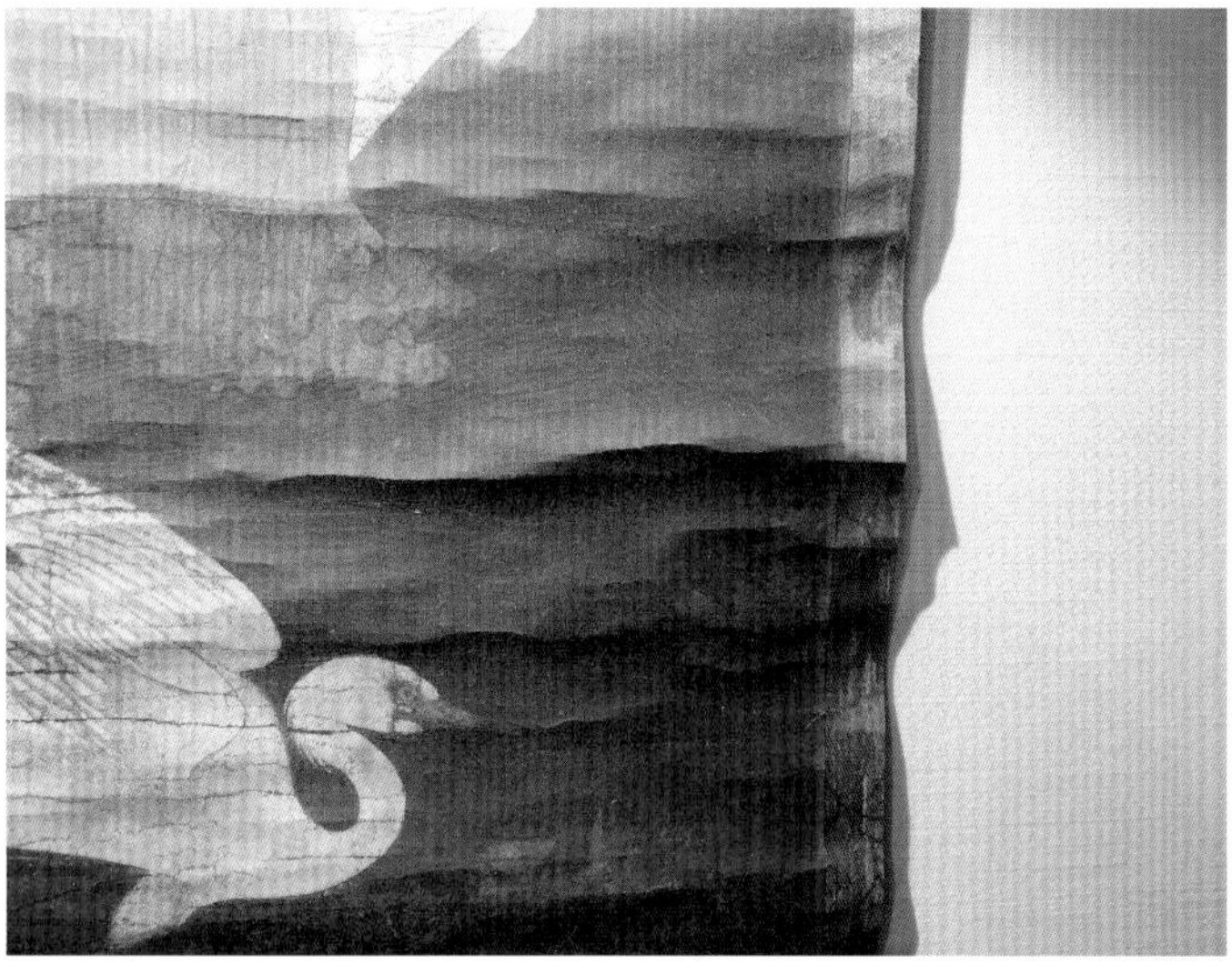

[図01]…折れ＝香雪美蓮池水禽図部分

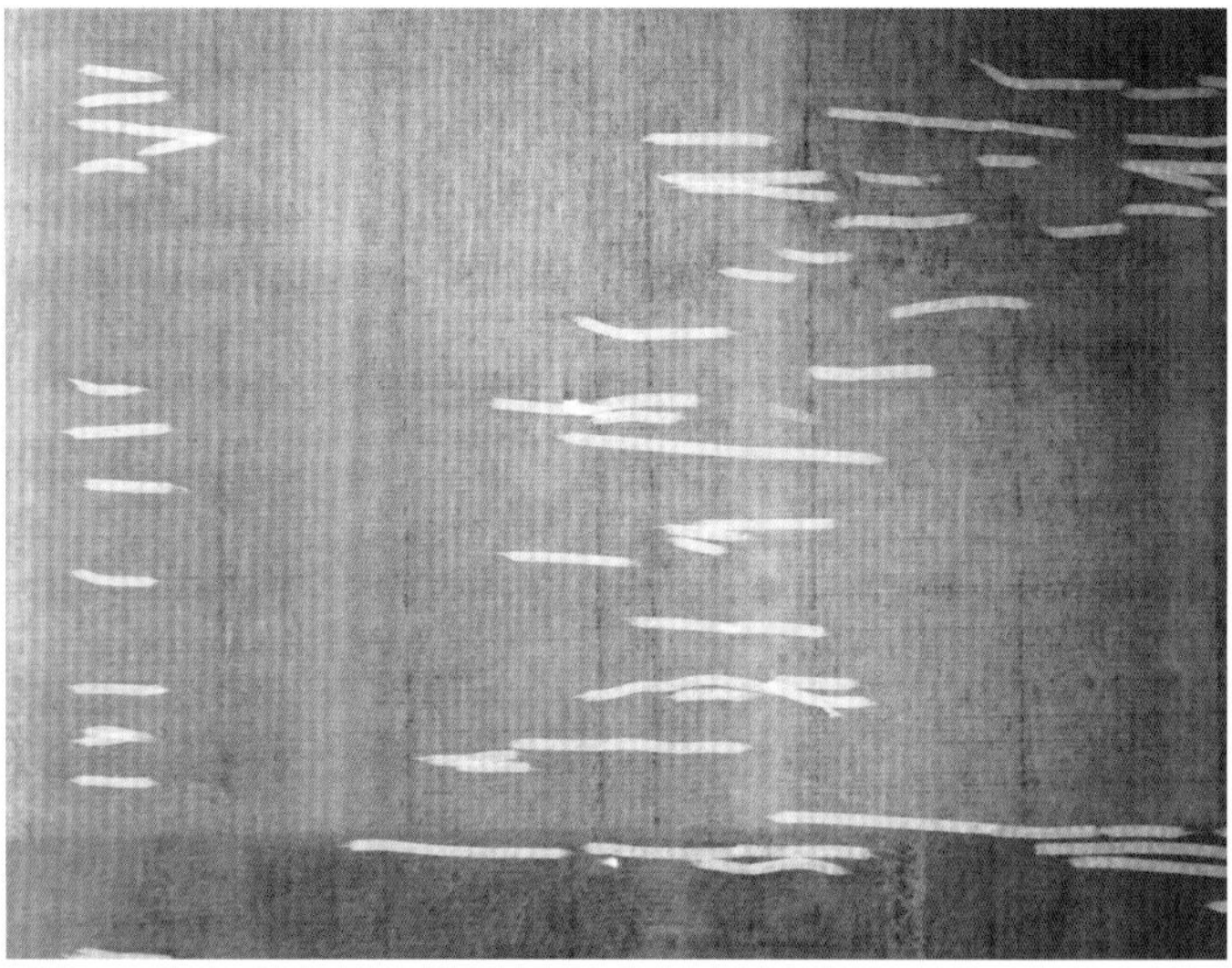

[図02]…修理中(増裏打ち後)の折れ伏せ

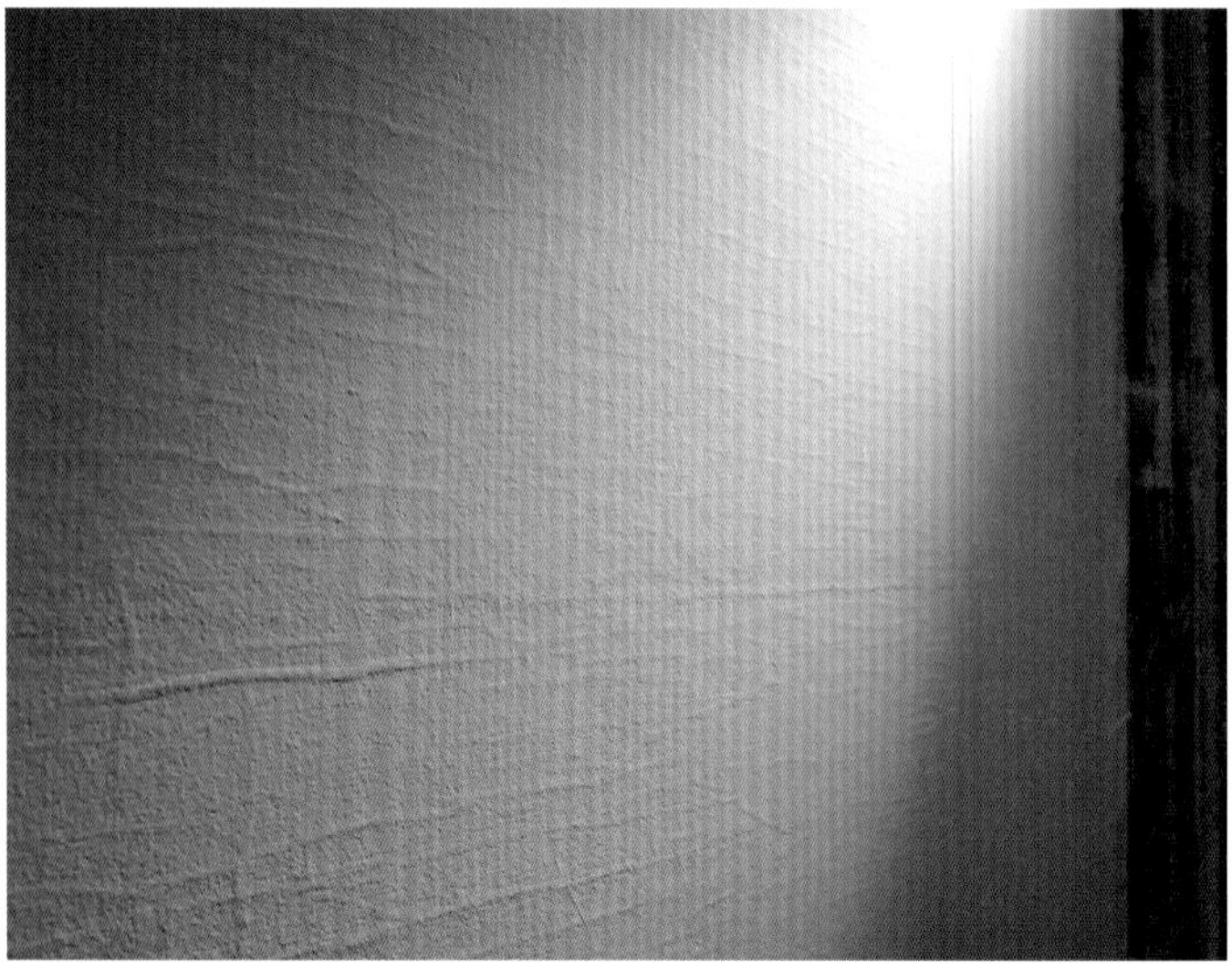

[図04]…折れ伏せの上に裏打ちが重なっている様子

「法華経絵巻」の修理から

大島幸代……OSHIMA Sachiyo

『法華経』の物語を、軽妙な墨線と爽やかな淡彩で描き出した重要文化財「法華経絵巻」。現在は東京・畠山記念館、京都国立博物館、香雪美術館が所蔵する三巻だけが伝わっている。香雪美術館所蔵本は、本格解体修理がこの三月に竣工したばかりである。修理の過程で得られたさまざまな新知見から、鎌倉時代中期の制作当初の形を復元する。

香雪美術館が所蔵する法華経絵巻[1][図01]（以下、香雪本と略す）は、冒頭に『法華経』の仮名書き経文を記す詞書一紙、その後に『法華経』の内容を描画した六紙が続く、計七紙を継いだ一巻本である。書画等の平面作品は、通常、作品全体にまわる均一な照明を当てて写真撮影を行う。すると、冒頭の図版（修理前）のように傷み具合が極めて見えにくくなる。斜光を当てて損傷具合を分かりやすく撮影したのが図02で、本来はフラットな平面だったはずの作品が、様々な損傷により凹凸が生じ、立体的になってしまっていることがよく分かる。本作の場合は、本紙全体にわたる縦折れと細かく入る無数の横皺が顕著で、本紙を支える裏打紙の接着力も落ちて部分的に剝離しており、これらに起因する絵具の剝落や紙の亀裂といった損傷があった。そのため、二〇二〇年四月から二〇二三年三月にかけて本格解体修理を行い、本書が刊行される頃には竣工している予定である。

さて法華経絵巻は、おそらく『法華経』全巻の内容を表現した大部の絵巻だったと想定される。現在はわずかな部分が伝存しているだけであり、香雪本のほかに東京・畠山記念館と京都国立博物館に一巻ずつ所蔵されている（以下、畠山本、京博本）。京博本は、村山龍平《りょうへい》とともに朝日新聞社を創業した上野理一《りいち》（一八四八〜一九一九）の旧蔵である。ただ、三巻ともに内容に錯簡があり、かなり複雑な構成となっているので、まずは『法華経』の物語に沿って一品ずつ原状を復元してみる[図03]。

中之島香雪美術館学芸員を経て、大正大学文学部専任講師。専門は仏教美術史。著書に『アジア地域文化学叢書5 仏教美術からみた四川地域』（共著、雄山閣出版、二〇〇七年）、『来迎 たいせつな人との別れのために』（共編著、公益財団法人香雪美術館、二〇二二年）、論文に「退敵の毘沙門天と土地の霊験説話――唐末五代期の毘沙門天像の位置づけをめぐって」（『仏教文明と世俗秩序 国家・社会・聖地の形成』勉誠出版、二〇一五年）などがある。

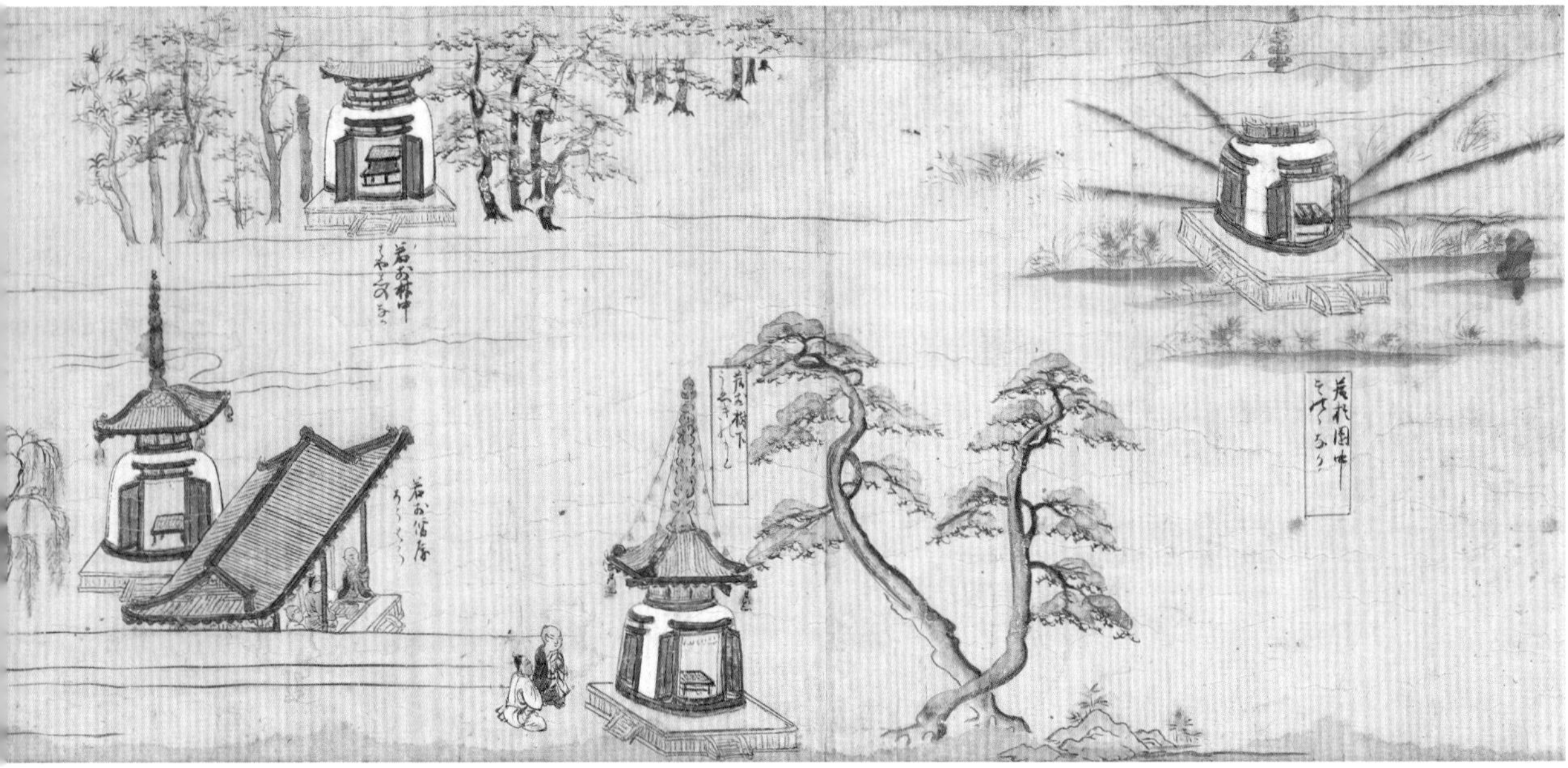

三巻を構成する絵と詞は、『法華経』二十八品のうち如来神力品《じんりきほん》二十一と嘱累品《ぞくるいほん》二十二の仮名書き経文と経意絵である。『法華経』は日本では八巻に調巻されることがほとんどであり、八巻本ならば巻七に収められる二品に当たる。巻七には常不軽菩薩品《じょうふきょうぼさつほん》二十から妙音菩薩品二十四までの五品分が含まれるから、概ね一品につき三メートルから四メートルの長さと想定すると、一巻が十五メートルを優に超える長さとなり、天地が三〇cm前後の絵巻としては長大なものとなる。

宮次男氏の一連の研究[2]や松原茂氏の研究[3]では、

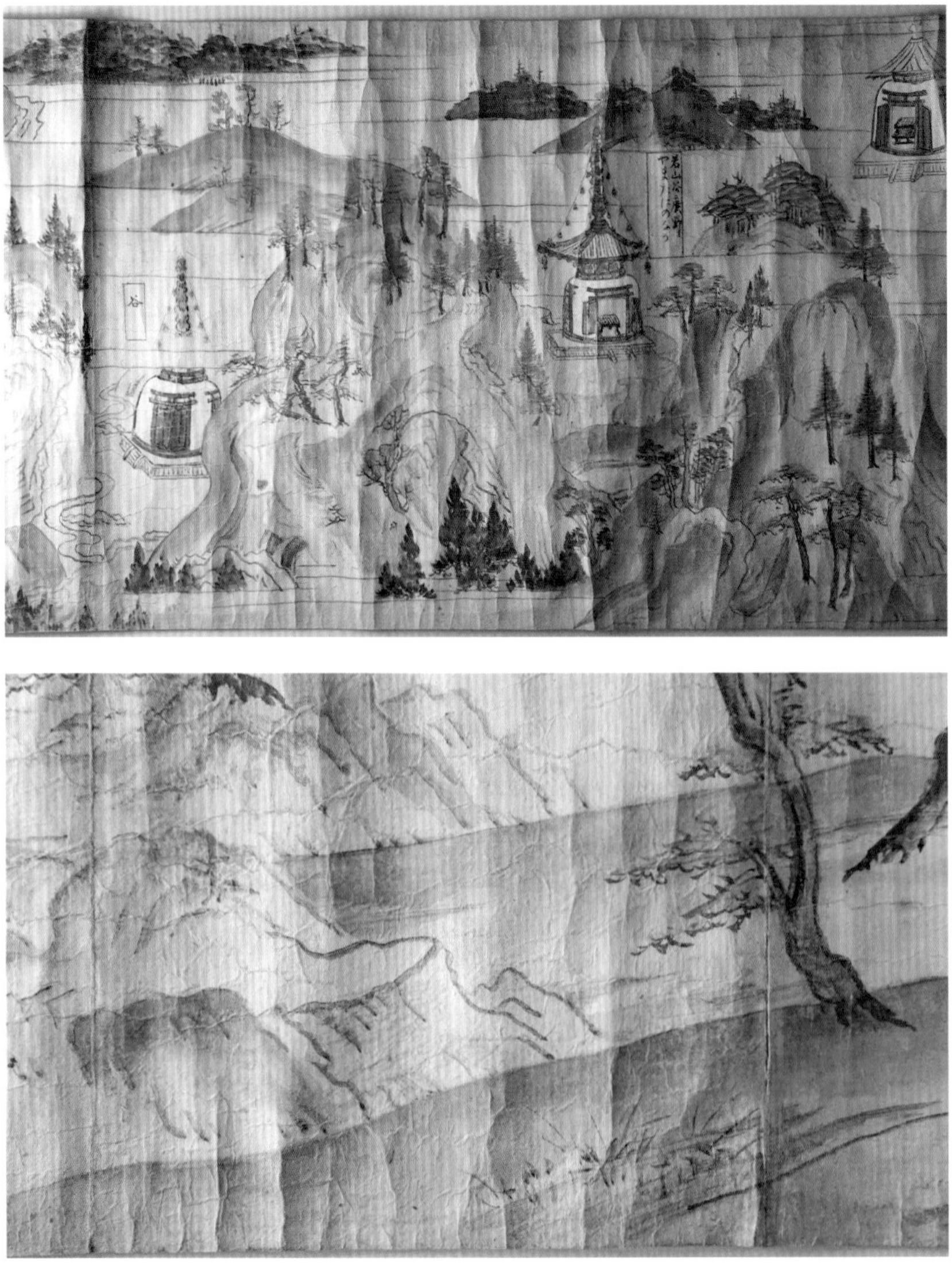

[図02]…損傷具合が分かるように斜光を当てて撮影した写真

［図01］…法華経絵巻（香雪美術館蔵）

法華経絵巻の全体像は八巻本、あるいは開経『無量義経《むりょうぎきょう》』、結経『観普賢経《かんふげんきょう》』を加えた十巻本が当初の形であると推定されてきた。その根拠となるのは、本紙に入った横皺である。横皺は紙作品にほぼ必須の損傷の一つであるが、巻子研究ではしばしば重大な事実を明らかにする根拠となってきた。法華経絵巻の場合、如来神力品の絵の末尾（香雪本の第七紙）と、嘱累品の冒頭詞書（畠山本の第五紙）は、八巻本であれば接続することになる。そのため、この二紙に入る横皺がつながるか否かという点が、この絵巻の全体像を推測する上での手がかりとなり、両氏ともに横皺が連続すると判断し、如来神力品と嘱累品が接続する八巻本法華経絵巻の形を想定したのである。

しかしながら、香雪本を管理する学芸員として幾度となく本作を観察してきたところ、この横皺は一部がつながっているように見えるだけで、大部分がつながらないのではないか、という実感を持った。また、如来神力品と嘱累品の二品分しか伝存しないのも示唆的と思われ、そもそも八巻仕立てではなく、一品につき一巻に仕立てた一品経絵巻であった可能性が高いのではないか。こうした推測を持っていたところに、香雪本の修理が始まった。京博本は既に修理を終えており、畠山本はやや先行するもののほぼ同時期に修理が行われていたこともあり、所蔵三館が合同で作品調査を行う等、三巻併せての様々なレベルでの検討を行った。当初からか後世のものか検討を要するが、真鍮泥が絵画表現に使用されていることが確認されるなど、修理を通しての新しい知見も多々あった。中之島香雪美術館では数年後に、法華経絵巻をめぐる一品経をテーマとした展覧会を準備しており、香雪本の修理の詳細はそこで披露目をすることにして、ここでは法華経絵巻の当初の形に関する情報を中心に紹介しておこう。

解体前後の調査でポイントとなったのは、如来神力品の第二段絵（香雪本）の上下に入る水染み、同絵の第七紙の糊代、横皺の連続性である。畠山本、京博本ともに本紙の上下には濃淡や浸透具合の様々な水染みがあり、図03想定復元図にはそれをピンク色の帯で便宜的に示してある（実際は波状に入っている部分や、複数回にわたって水に当たり、二重・三重に染みができている部分もある）。如来神力品と嘱累品とで水染みの入り方に異なる特徴があり、如来神力品は上下ともに起伏の大きい波状の淡い染み、嘱累品は幅の狭い直線状の濃い染みである。こうした特徴の水染みは、二品が別々の巻子だった時に入ったものと推測される。

それから、図04は香雪本第七紙の紙背であり、紙継ぎを解き、肌裏紙を除去した後の状態である。如来神力品の末尾、図04では向かって右側に当た

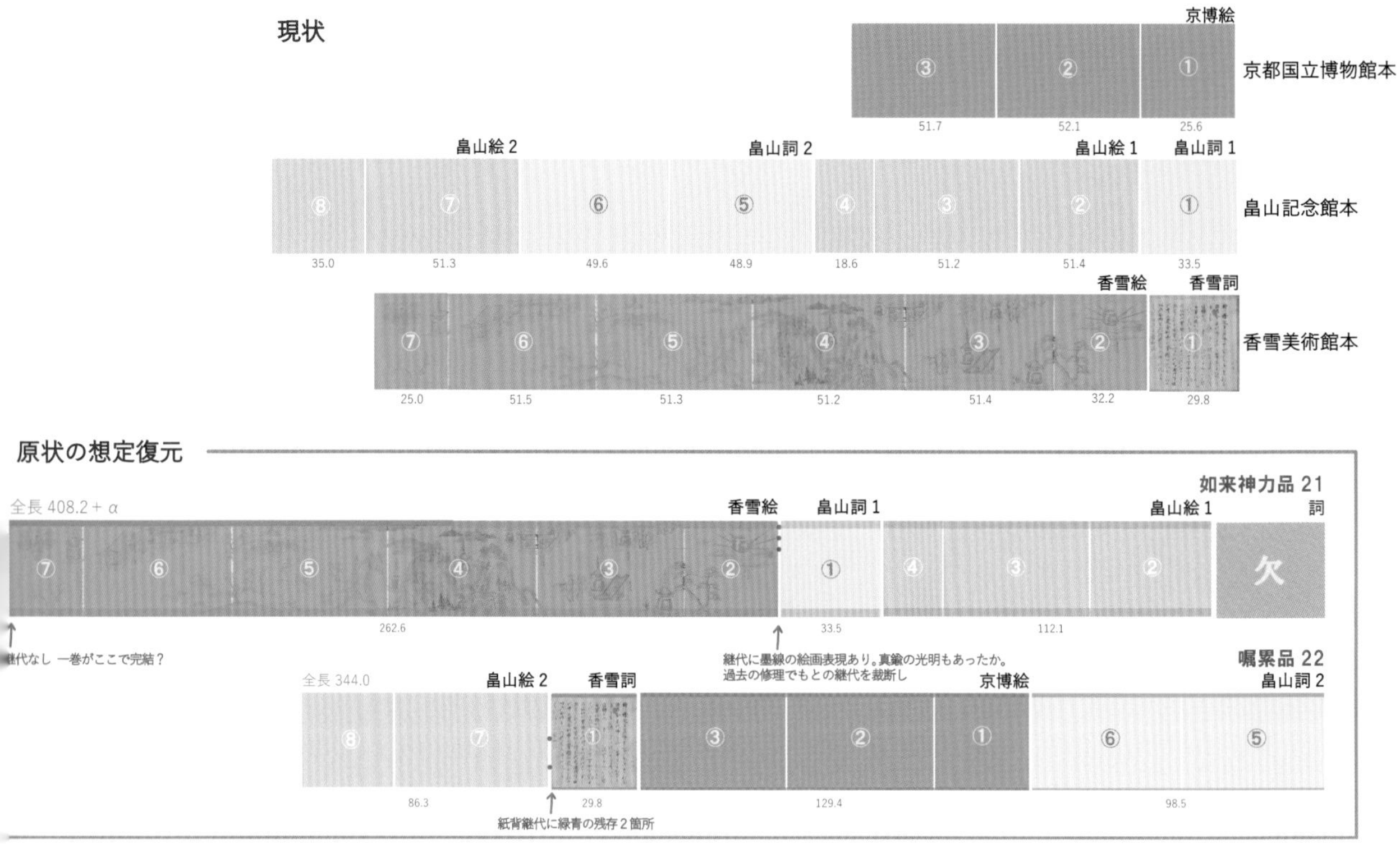

［図03］…法華経絵巻三巻の現状と原状の想定復元図

※各紙の寸法：京博本は熟覧時計測の数値、畠山本は『新修日本絵巻物全集第25巻』（角川書店、1979年）所載の数値、香雪本は修理時計測の数値を使用した。

る部分には糊代の痕跡がなかった。つまり、この紙に続く本紙はなく、嘱累品の冒頭とは接続しないことになる。ただし、糊代は修理や改装の際に切り取られたりすることもあるため、それ単体では決定的な証拠にはならない。そして問題の横皺であるが、如来神力品の末尾の絵と嘱累品の冒頭の詞書との間では、やはりつながらなかった。以上を総合すると、当初は、法華一品経絵巻として制作された可能性が高いと判断された。

図03では、詞書と絵が交互に配される段落式構成で原状を提示したが、これについても、香雪本の詞書と絵の紙継ぎを外したところ、詞書の紙背に二カ所、緑青の残存が見つかった［図05］。これらは、畠山本第二段の絵の山景に使用されている緑青と位置が合致するため、そこから移ってき

［図04］…香雪本第七紙の紙背

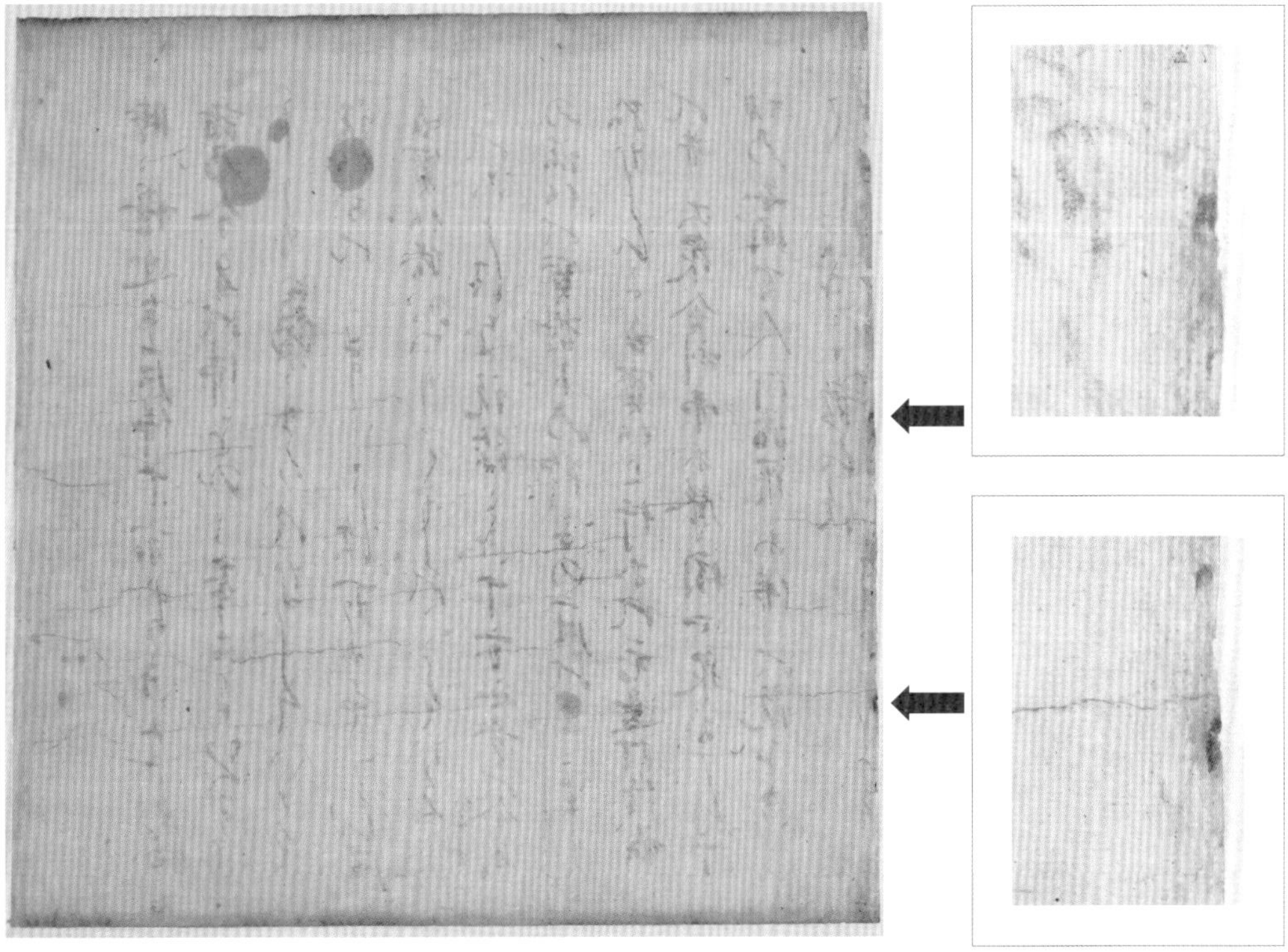

［図05］…香雪本第一紙（詞書）の紙背

た絵具と推定される。過去のどこかの時点で、香雪本の詞書と畠山本の第二段の絵が接続されていたことを示している。中世の絵巻の場合、詞書と絵が別々に調巻される場合もあるが、本作に関しては、少なくとも一時期は詞書と絵の段落構成による巻子だったことが確かめられた。

　平安時代後半には貴顕による一品経の発願が相次ぎ、華麗な装飾をまとう一品経が多数残されているが、それだけでなく、二十八品を大画面に詳細に描き出した法華経絵もつくられたと記録される。平安時代に遡る実作品は現存していないが、鎌倉時代以降の作品でその熱狂的な法華経信仰の余香を伝える作品が、数は少ないが残されている。法華経絵巻はその稀少な一点というだけでなく、以上の推測が正しければ、他に類例のない一品経絵巻ということになり、『法華経』をめぐる美術の全体像について再考を迫ることになるだろう。

　このように、修理の過程で得られる大小の情報（そのほとんどは修理技術者の、微細な情報も逃さない観察眼と、直に作品に触り情報を獲得する技術力の賜物である）は、どれをとっても今後、作品研究を進める豊かな土壌となる。作品そのものを未来に伝えるために修理を行うわけだが、それだけでは十分ではなく、このたびの修理の技術や素材に関する情報や、修理を通して得られた作品の情報、そして、それらによって裏付けられた作品の存在意義もあわせて伝えることが、最も望ましい在り方だと思う。

注

（1）作品概要は次の通り。重要文化財、一巻、紙本着色、縦三一・五cm、長二九二・四cm。修理は株式会社岡墨光堂によって、二〇二〇年四月～二〇二三年三月にかけて行われた。施工担当者は伊加田剛史、橋本志保、補彩担当者は亀井亮子である。なお、本修理は令和二～四年度の国庫補助事業として実施し、公益財団法人住友財団による文化財維持・修復事業助成も受けて行った。

（2）宮次男「法華経絵巻について」（『新修日本絵巻物全集第二五巻　華厳五十五所絵 法華経絵巻 観音経絵巻 十二因縁絵巻』角川書店、一九七九年）。

（3）松原茂「経典絵巻の種々相」（『続日本絵巻大成一〇　阿字義 華厳経 法華経絵巻』中央公論社、一九八四年）。

わざのコラム

《紙もの》作品の修理事情――「相剥ぎ」

大山昭子……OYAMA Akiko

装潢師。株式会社 岡墨光堂 修復部前部長・国宝修理装潢師連盟認定技師長（絵画Ⅰ類）。専門は装潢修理技術。
論文に「修理概要と新知見」（高山寺監修／京都国立博物館編『鳥獣戯画 修理から見えてきた世界――国宝 鳥獣人物戯画修理報告書』勉誠出版、二〇一六年）、「駿牛図断簡に関する一考察」（『國華』一五一三号、國華社、二〇二一年）などがある。
近年担当した主な修理に国宝「鳥獣人物戯画」（高山寺蔵）、国宝「春日権現験記絵」（宮内庁三の丸尚蔵館蔵）、国宝「源氏物語絵巻」（徳川美術館蔵）などがある。

古代から中世の《紙もの》作品の大半は幾度かの修理や表装替えを経て伝世しているが、制作時の料紙の厚みより薄くされているものが多い。それは修理などによって「相剥ぎ」されているからである。相剥ぎとは、紙の裏面を層状に薄く剥いで紙の厚みを薄くする。または、一枚の紙を表裏二枚に剥ぐことをいう。ではなぜ相剥ぎするのであろうか。

①障屏画や書状などを掛軸装や巻子装にする時、巻きやすくするため料紙を薄くする。

②巻くことで料紙に折れや皺ができると、その部分は紙繊維の絡みや接着が緩み、繊維間に中空が生じる。中空が生じたまま新しく裏打ちや折れ伏せ(17頁コラム参照）をしても、折れや皺の解消とならない率が高い。このため、繊維間の中空を無くすためと、新規に裏打ちをしても厚くならないように料紙を薄くする。

③料紙の表裏に描（書）写や装飾があるものを表裏二枚に剥いで修理する。もしくはそれぞれを分けるため表裏二枚に剥ぐ。

上記が複合的なものもあり、相剥ぎは様々な事情により、半世紀ほど前まで一般的にとられてきた修理方法である。③の一例として「平家納経」（広島・厳島神社蔵）は、折れや皺などの解消のため一旦表裏に剥がし、処置後に表裏を合わせ直す修理をしている（昭和三十三・三十四年）。しかし、現在の文化財修理では、本紙の破壊になるという倫理的観点から相剥ぎは原則行っていない。ただし、保存方法の最後の選択肢として②や③の処置をとらざるを得ない場合も今後はでてくるであろう。

では香雪美術館所蔵作品の相剥ぎ例をあげよう。「上畳本三十六歌仙絵 猿丸太夫」（12頁参照）は、元は絵巻であったが三十六人の歌仙絵を一人ずつ切り離して掛軸装にしたもので、掛軸装にした時に、②と①の理由で相剥ぎしたと推測する。大慧宗杲「尺牘 才長老宛」（28頁参照）は、元は書状であったのを掛軸装にしたもので、①の理由もしくは長い年月、掛軸装だったことによる②の理由で相剥ぎしたのであろう。現在修理中の「稚児観音縁起絵巻」は、詞書、絵ともに料紙がムラ状に相剥ぎされている[図01]。これは②の理由で相剥ぎしたと推察する。現代は透過光で厚みの差を確認しながら作業できるが、近代以前は感覚だけで相剥ぎをしていたためムラ状のものが多くみられる。なお、中世絵巻のほとんどが相剥ぎされているが、「法華経絵巻」（19頁参照）のように相剥ぎされていない作品が稀にある[図02]。しかし、この度の修理で紙繊維間の中空が解消されたとはいえず、遠い将来、②の処置をせざるを得ない可能性は否定できない。

なお、相剥ぎが目的ではなく、旧肌裏紙を剥がす際に（64頁コラム参照）、意図せず相剥ぎになったと思われる事例もあることを付け加えておきたい。

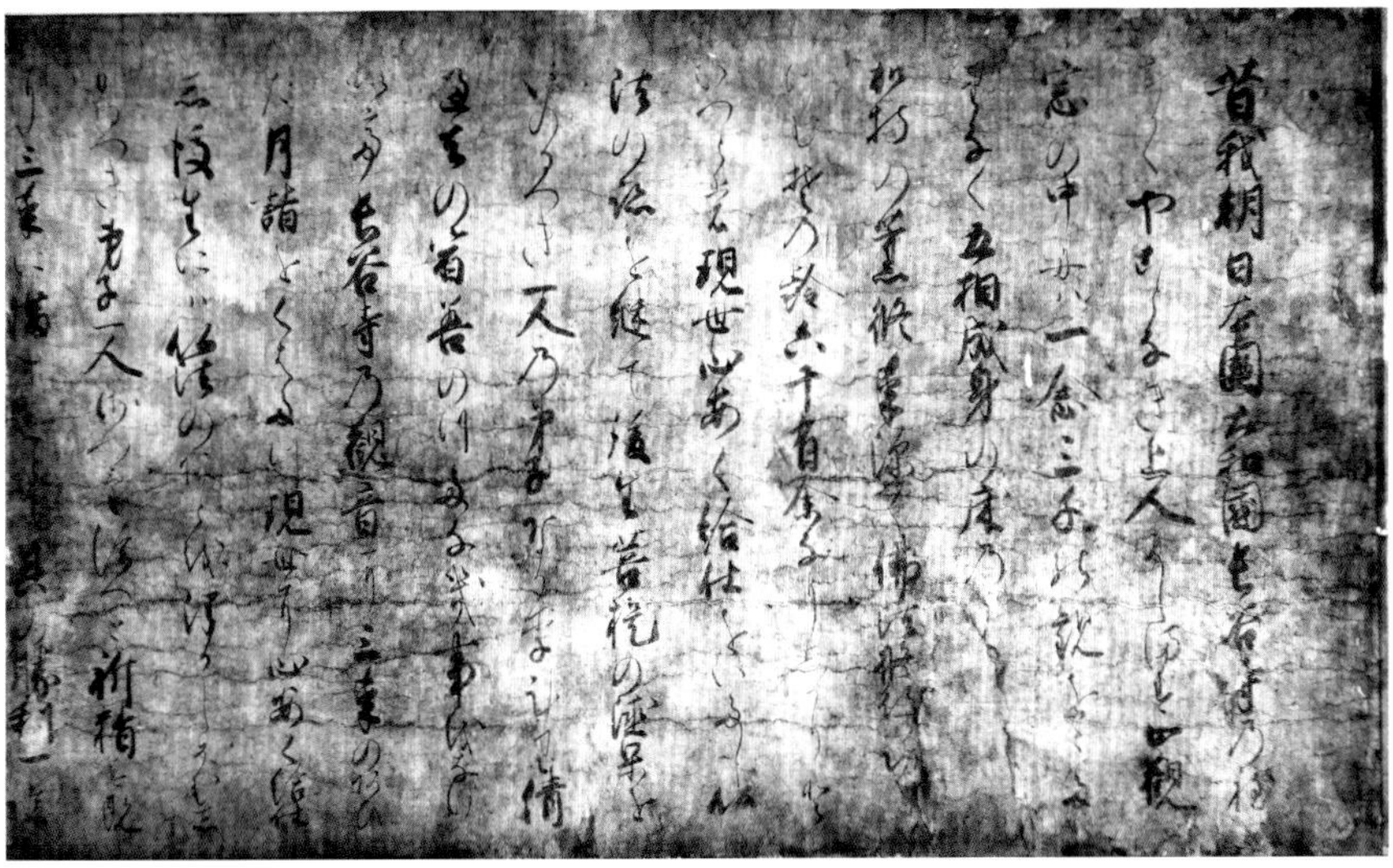

【図01―1】…「稚児観音縁起絵巻」第1紙（透過光写真　修理中）
相剥ぎによって料紙がムラ状に薄くされている。楮紙は繊維絡みが強く、均一に剥ぐのが難しく料紙の厚みがムラ状になりやすい。

【図01―2】…「稚児観音縁起絵巻」第17紙（透過光写真　修理中）
相剥ぎによって料紙がムラ状に薄くされている。全体に透過度が高いのは、第1紙より薄く相剥ぎされているからである。

【余談】「鳥獣戯画」丙巻（高山寺蔵）は、前半十紙が人物戯画、後半十紙が動物戯画だが、全く異なる戯画が一巻にされており、大きな謎であった。修理中に、筆者は墨移りや汚れから、元は巻紙の表と裏に人物戯画と動物戯画が描かれていたのを、表裏二枚に相剥ぎして一巻にしたものと気付き、謎の解明に至った。これは、右記③後半の事例となるが、丙巻は料紙が薄いうえ、損傷が激しくなってから相剥ぎしているため驚くべき技である。

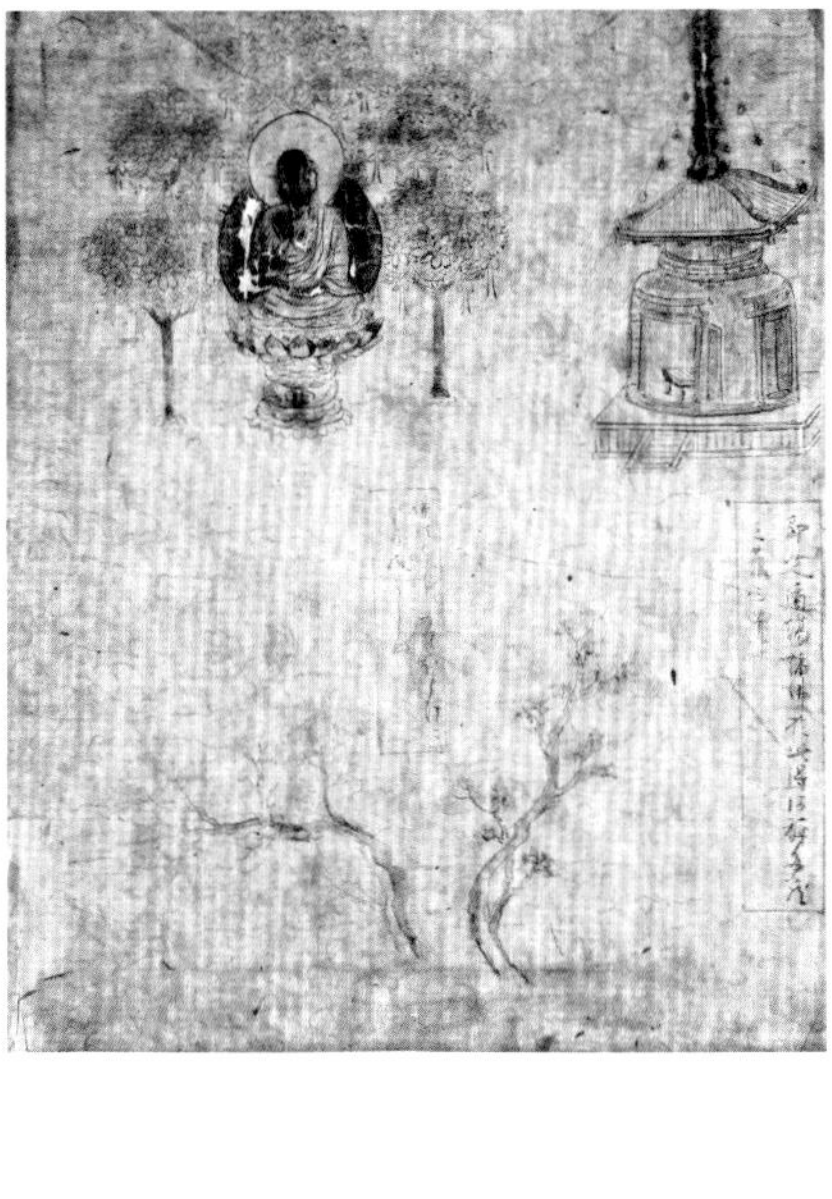

【図02】…「法華経絵巻」第7紙（透過光写真　修理中）
料紙の厚みが均一で、裏面観察（22頁、図04参照）とあわせて相剥ぎされていないと判断した。

タトウ箱

坂田さとこ……SAKATA Satoko

装潢師。株式会社坂田墨珠堂代表取締役。元国宝修理装潢師連盟認定主任技師（絵画一類）（二〇二二年返上）。論文に「密陀軸の研究」（『文化財保存修復学会学会誌』四八、二〇〇四年）、「密陀軸——作製技法の復元的研究」（池田寿『日本の美術四八〇　書籍・典籍、古文書の修理』二〇〇六年）、「三井寺勧学院客殿障壁画の保存修理——文化財保存修理の倫理と共に」（『LOTUS 日本フェノロサ学会機関誌』三六、二〇一六年）、「文化財修理倫理観の変化と技術的進歩——保存修理の観点から」（同三八、二〇一八年）、修理実績に重要文化財「石山寺校倉聖教」（滋賀・石山寺）、「過去現在因果経」（香雪美術館）などがある。

私たちは、保管環境も様々に世代を超えて今日まで大切に受け継がれてきた文化財を修理することを使命としている。修理を終えると、ほとんどは桐製保存箱に納入し、外側に覆いとして「タトウ箱」を付けてお納めする。

桐製保存箱には、中に入っている作品の環境を保ち湿気やカビから守る役割、また搬送中や取り扱い時の事故防止の役割がある。そして、その保存箱を覆うタトウ箱にも大切な役目があり、まずは塵よけや取り扱いによる汚れの防止が第一である。加えて、タトウ箱は作品ごとに趣向を凝らした料紙で作製されるが、その佇まいは「作品の品位」を伝える役目も果たしている。

修理を終えた作品を納品する際、運搬用の梱包を外し、先ず目に飛び込んでくるのがタトウ箱である。その時に箱を開ける人の目にどう映るかという第一印象が、実はとても大事である。人は何かで包まれたものを開ける時、それを手に取りワクワクした気持ちで中身を想像する。外の包みがいい加減で雑な作りであったなら、その気持ちが半減し、さらには扱いが煩雑になる。逆に、美しく丁寧な包みは期待感を生み、扱いにも緊張感が伴う。私たちが様々な気配りと想いを込めて、丁寧にタトウ箱を仕上げるのは、このちょっとした心構えを醸成するためでもある。タトウ箱を開ける瞬間、修理した私たちの「どうぞ仕上がりをご覧ください」という思いが広がる。

技術者の修業は、糊を炊くことから始まる。また様々な用途に使う紙の使い分けを教わりつつ、紙ごとに適した濃度の糊を準備する。これを繰り返すことで、作品ごとの紙の選択や糊の調整に慣れていく、という修業の段階を経る。先輩技術者の助手として、こうした経験を十分に積み重ねた末に、初めて作品に直接触れることができるのである。

タトウ箱の作製は、まだ糊や紙、包丁の扱いもぎこちない若い技術者が担当する。私自身、修業時代に先輩に何度も駄目出しされながらタトウ箱を作製した。まだ作品には触れられない駆け出しであったが、自分が作ったタトウ箱が作品を守り納品されていく光景を見て喜びをかみしめたものである。その喜びを達成感にして成長してきたという自負がある。

現在は、工房で技術者たちを導く立場となったが、自分の修業時代と同様に、タトウ箱は変わらず若い技術者によって丁寧に作られ、文化財に寄り添い納品される。タトウ箱を妥協せず丁寧に仕上げた、という達成感が、いずれ任される作品修理に繋がるものと信じ、私たちはタトウ箱作製を人材育成の行程の一つとして大切に思っている。

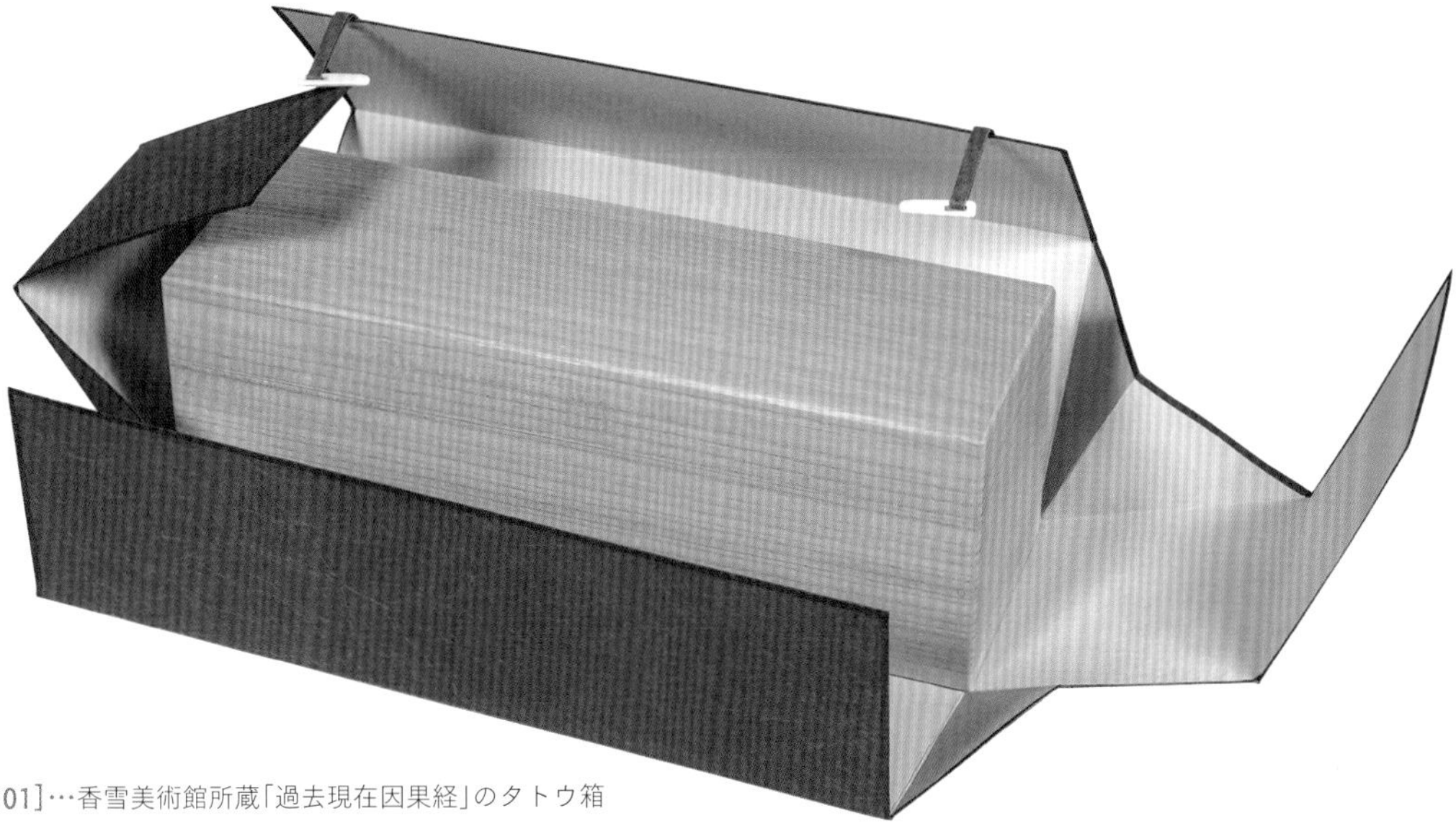

[図01]…香雪美術館所蔵「過去現在因果経」のタトウ箱

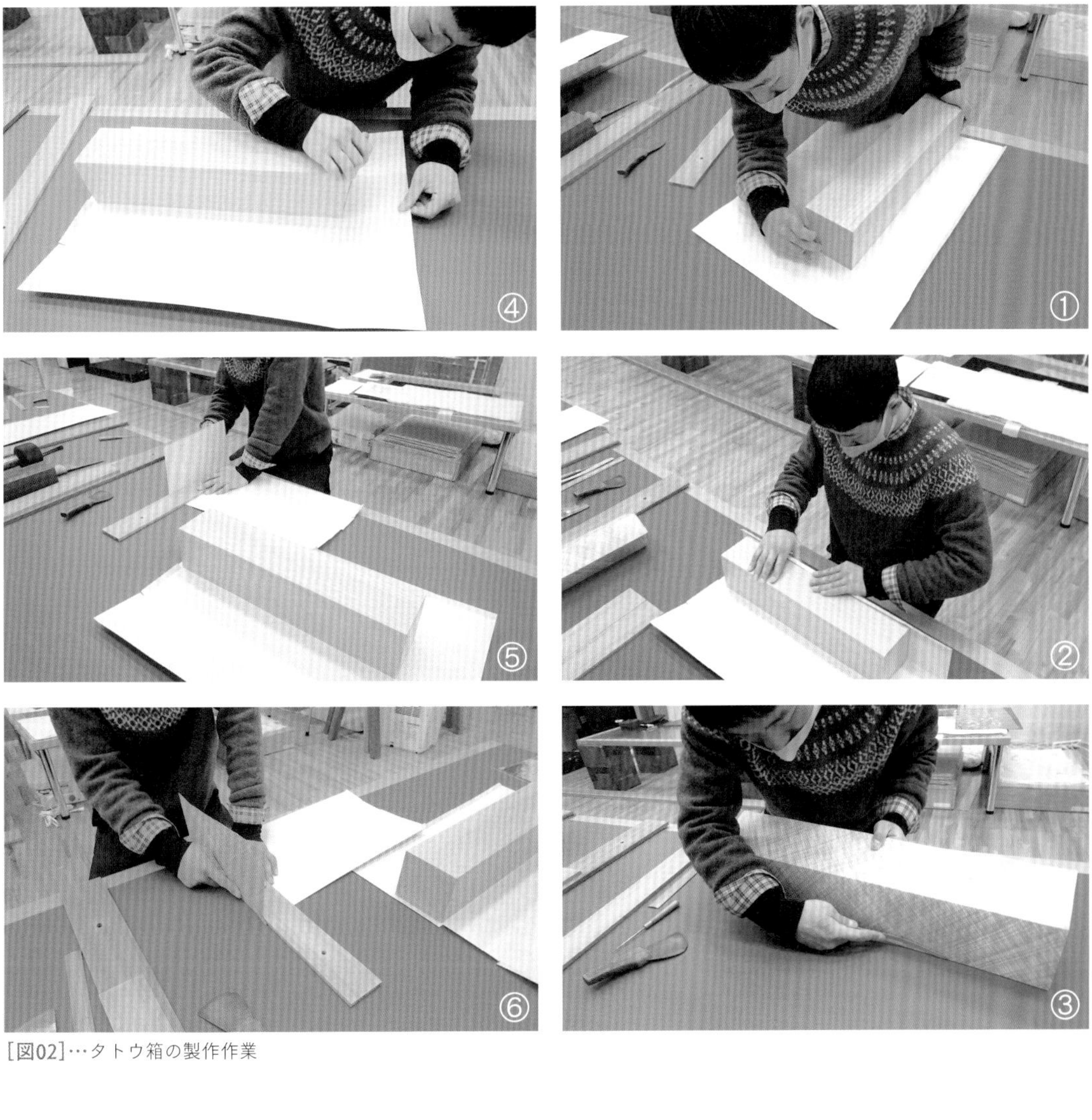

[図02]…タトウ箱の製作作業

「大慧宗杲墨蹟 尺牘 才長老宛」の表具と添状

大島幸代 ……OSHIMA Sachiyo

「尺牘 才長老宛」は、中国・南宋時代の禅僧・大慧宗杲が才長老という人物に書き送った書状を、掛軸に仕立てたものであり、重要文化財に指定される。このほど行われた本格解体修理でポイントとなったのは、本紙が竹紙であることと、表具を再使用することの二点だった。附属する十通の添状から、本作の伝来をたどり、表具もあわせて珍重されてきた歴史を明らかにする。

墨蹟とは本来、書跡全体を指す言葉だが、日本では特に禅宗の僧侶による書を「墨蹟」と呼びならわしてきた。日中間の緊密な禅宗ネットワークの中で、多くの中国の墨蹟が日本にもたらされた。室町時代から桃山時代にかけて茶道が禅宗と結びつき広まると、墨蹟は床飾りとして表具と併せて珍重されるようになった。

本作もそうした歴史を辿った一点と考えられ、南宋時代の禅僧・大慧宗杲《だいえそうこう》（一〇八九～一一六三）が径山万寿寺の才長老なる人物に宛てて送った手紙が、掛軸に仕立てられている(1)［図01］。差出人は「妙喜老僧」、妙喜は大慧の別号である。径山万寿寺は浙江省杭州市にある南宋五山の一つで、大慧も住持を務めた。大慧は、北宋・南宋の皇帝から帰依を受けた圜悟克勤《えんごこくごん》（一〇六三～一一三五）の法嗣で、『正法眼蔵』の著者としても知られる。径山万寿寺や育王山広利寺等を拠点に、南宋の朝廷に接近し、士大夫との交流を深め、門下は一大勢力を築いた。そのためもあり、南宋と金との相続く戦乱のなかで、宰相・秦檜《しんかい》（一〇九一～一一五五）の政策を非難したとして、遠く湖南省の衡山や広東省の梅州に流され、十五年間（一一四一～一一五六）を過ごした。大慧の墨蹟には、僻地から僧俗の門弟に送った手紙が複数あり、その思想だけでなく、交流関係や宗教的地盤をうかがう格好の史料ともなっている。本作も才長老から贈られた品々への返礼や近況の報告という内容であり、径山を離れていた時期、おそらく流謫中に書かれたものだと考えられる(2)。

本作は、二〇一四年から足かけ二年かけて本格解体修理を行った。その際のポイントの一つは、紙質に関するもので、繊維染色薬（JISP8120）による繊維分析によって「竹紙」と判明した。修理前には、無数の細かな折れが生じ、折れた箇所の多くは亀裂が入っていた。加えて、紙が破れて断片化し、本来の位置から動いてしまった部分が多々あった［図02］。竹紙特有の傷み方であり、その処置方法については川村洋史氏のコラムに詳しい。二つ目のポイントは表具であり、本稿ではこちらを紹介しておこう。

このたびの修理では、一文字・風帯・中縁・上下の全ての裂地と軸首は、古いものを補修して再使用する形を取った［図03］。作品の見た目や佇まいを大きく変えないことも勿論重要だったが、本作の場合、附属する添状十通［図04］から、諸所を転々とした伝来の中で表具もあわせて愛でられてきたことが判明するため、積極的に旧表具を活用する方針を取った。図04の左は「大恵妙喜禅師墨痕添書」と題される一通で、添状に一から十の符号を付けて整理した際に作成した目録と考えられる。一つの包み紙の中に複数の文書が一括して納められているものが多い。

まず、符号七には三通が含まれており、図05はその一通で、包紙には「大慧禅師墨蹟伝来書」と記されている。十八世紀前半に大徳寺真珠庵の宗教が書いたと推定される。室町時代の本作の所在情報を「旧記」（不詳）に拠りつつ伝えており、まとめると以下の通りである。

文明十三年（一四八一）　連歌師・宗長が真珠庵に本作を寄進。

長享二年（一四八八）　東山御殿（足利義政）が召し上げ、一時室町将軍家の預かりになる。

延徳元年（一四八九）　真珠庵に返却される。

［図01］…大慧宗杲墨蹟 尺牘 才長老宛（香雪美術館蔵）

本作を真珠庵に寄進したという連歌師の宗長は、一休宗純に参禅し真珠庵の傍らに住んだ。一休没後は山城国薪村（現在の京都府京田辺市）の酬《しゅう》恩庵《おんあん》に住み、師の菩提を弔っている。本稿で重要になってくるのは、添状末尾の一文「表具之儀者宗長ゟ寄進之侭ニ而御座候」とある部分で、「表具は宗長の寄進時のまま」と伝えられていた点である。

さらに符号九「大恵禅師墨蹟之写幷表具寸法書」（以下、「表具寸法書」）の添状には、本紙と表具についての詳細な情報が記載される。その中で、図06の一通は、前半に本文の翻刻、続く後半に次の通り記されている（配字は筆者が改めた）。

△表具　総竪四尺壱寸弐歩余　軸巻有
　　　　同横壱尺七寸七歩
△紙ノ内　竪壱尺弐寸参歩
　　　　　横壱尺七寸参歩

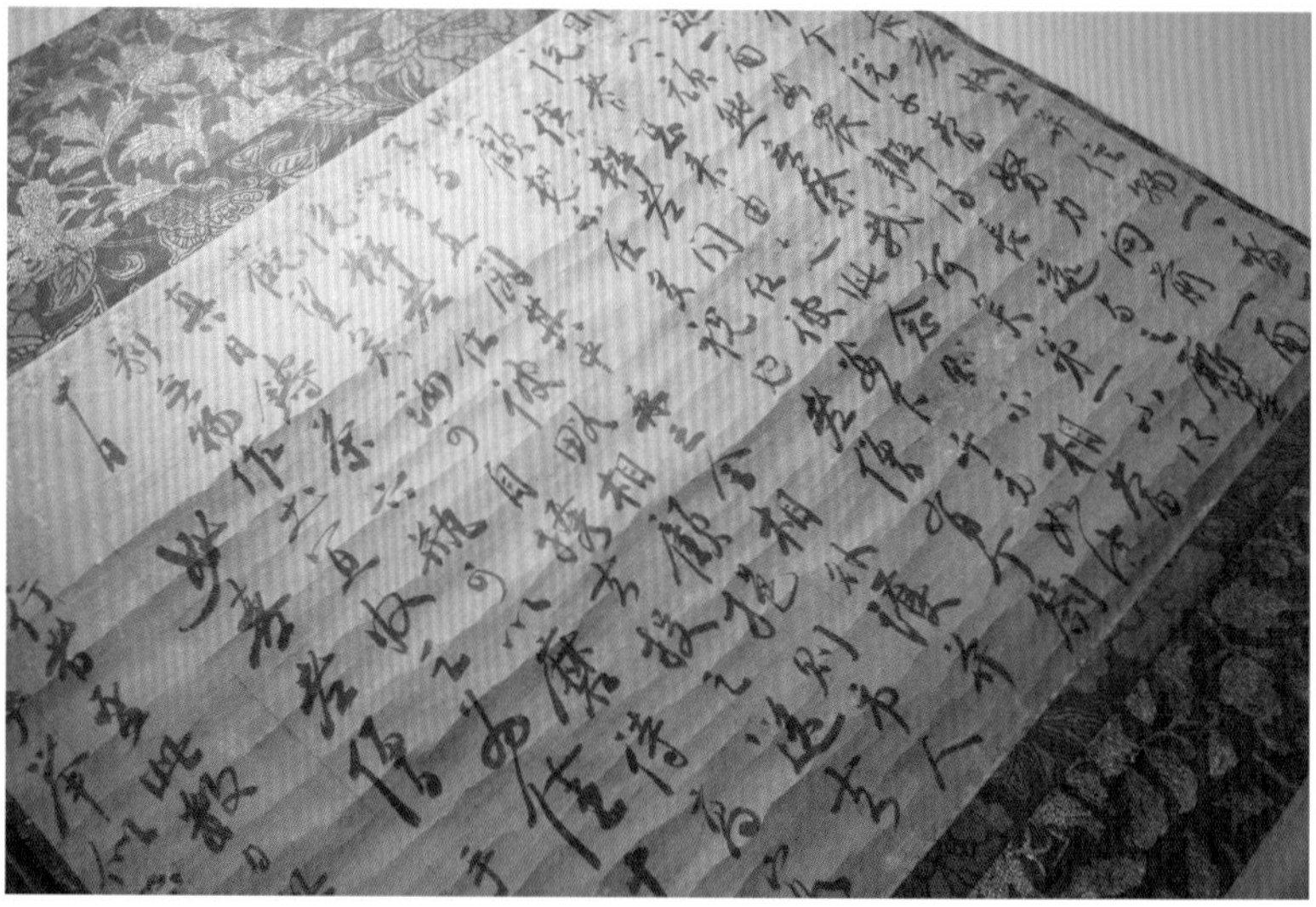
[図02]…修理前の本紙

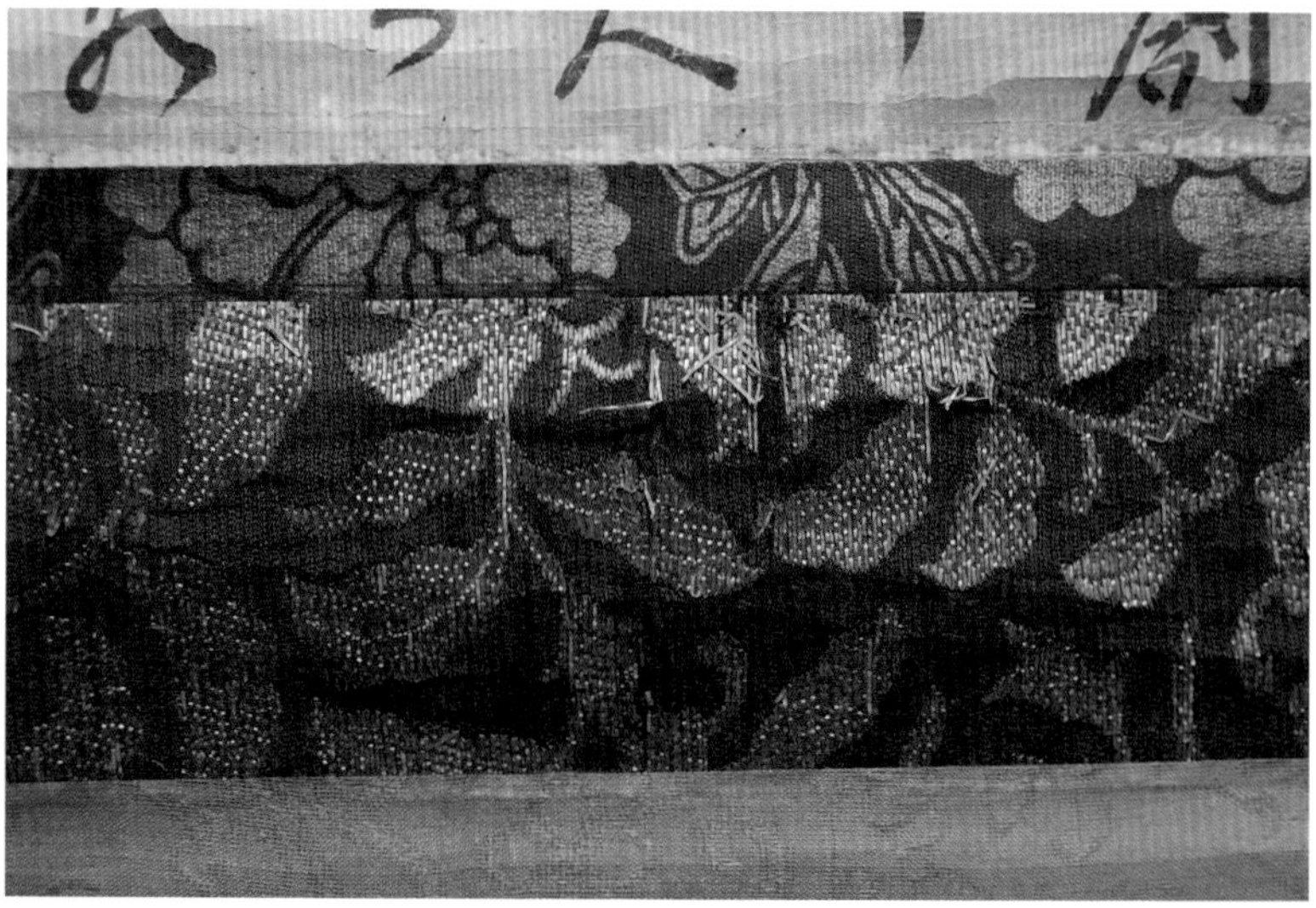
[図03]…修理前の表装裂地

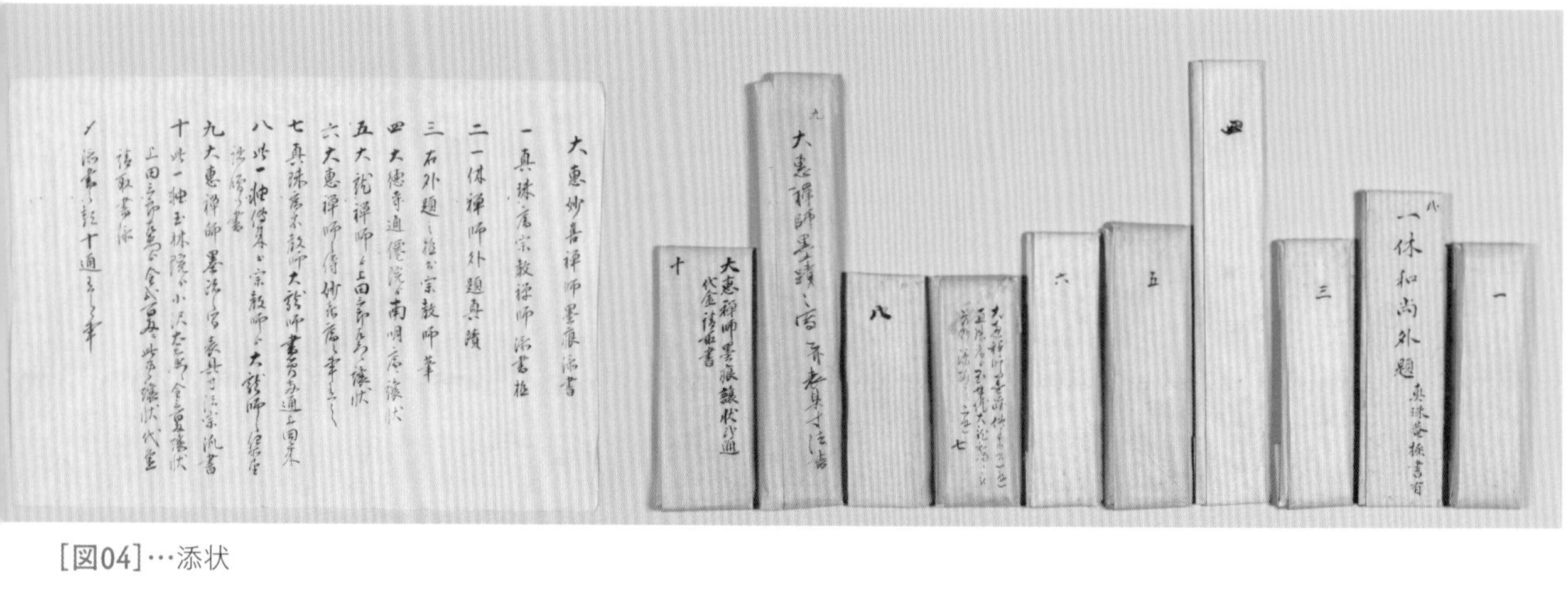
[図04]…添状

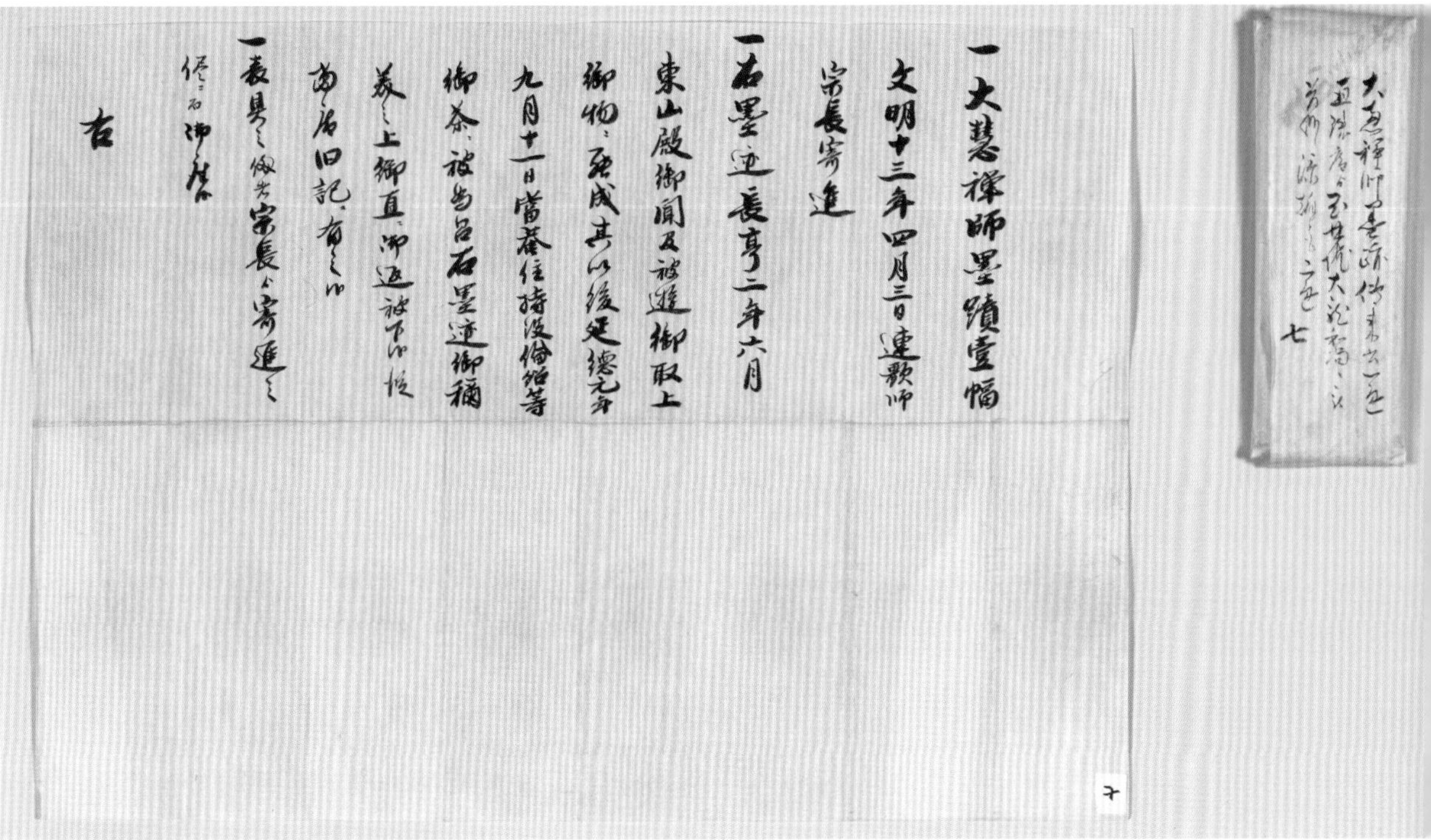

［図05］…「大慧禅師墨蹟伝来書」

［図06］…「大恵禅師墨蹟之写并表具寸法書」

△上下　浅黄絹　軸唐木
△中　紫地織金紗唐草
　風帯同行
△一文字　萌黄地牡丹
　　唐草印金
　　風帯同行
△外題　一休和尚

ここで言う一休の外題は、図07の符号二「一休和尚外題」に当たると推測される。以上は、「宗長寄進時のまま」と伝えられる表具の記録と考えられる。本作の現在の表具と見比べると、裂地は、上下が浅黄地無地裂、中縁が紫地の金糸唐草文羅、一文字と風帯が萌黄地印金牡丹唐草文羅［図08］であり、「表具寸法書」の記載とほぼ一致する。つまり、現在の本作は、十八世紀前半と変わらぬ姿形である可能性が高い。

一文字と風帯に使われている印金の裂地は、大きな牡丹花とその中を交じり飛ぶ蝶の文様を表す。印金は加飾技法の一つで、紗・羅・綾地などの上に、型を用いて膠・漆・糊を置き、金箔を捺しあて接着し、乾いた後に型からはみ出した部分を掃き取って文様を表す。中国では古くからあって「銷金《しょうきん》」といい、宋時代に飛躍的に発展したという[3]。興福寺大乗院の門跡を務めた尋尊《じんそん》・政覚《せいかく》・経《きょう》尋《じん》の日記『大乗院寺社雑事記』に「色々ノインキン也、唐土ニテハ指シタル物ニテハ無、此方ニテ徳アリ（中略）五寸三寸モ大切」とあるように、日本では印金の端切れまでもが珍重された。桃山時代になると、茶会記に書画の表具も細かく記されるようになるが、それによれば墨蹟表具の一文字や風帯に稀に印金が使われていたという[4]。

　本作の印金の裂地と同じものが、東京国立博物館が所蔵する大慧宗杲の「尺牘 法属禅師宛」にも、中縁の裂地として使われている。こちらは松江藩七代藩主の松平不昧（一七五一～一八一八）の旧蔵品であり、本作よりも印金が広い面積に使われているため、より豪奢な表具と評せよう。一方、本作の伝来については、元文四年（一七三九）に真珠庵から同じ大徳寺内の玉林院へと移り、その後ほとんど時を経ずして、大坂中之島の豪商・上田三郎左衛門に譲られ、さらに寛政九年（一七九七）に奥村某という人物の手に渡ったことが添状から確かめられる。同じ印金の裂地を用いた二点の大慧宗杲墨蹟は、いずれかのタイミングで同じ所有者のもとにあった可能性もあるが、現段階では確かめる術がない。

　さて、香雪美術館所蔵の本作は、添状による伝承の通りならば、宗長によって真珠庵に寄進された十五世紀末から、同じ表具のまま六〇〇年の歴史を経てきたことになるが、大徳寺を離れる際に舶来物の印金を使った本作に、それらしき伝承

[図07]…「一休和尚外題」

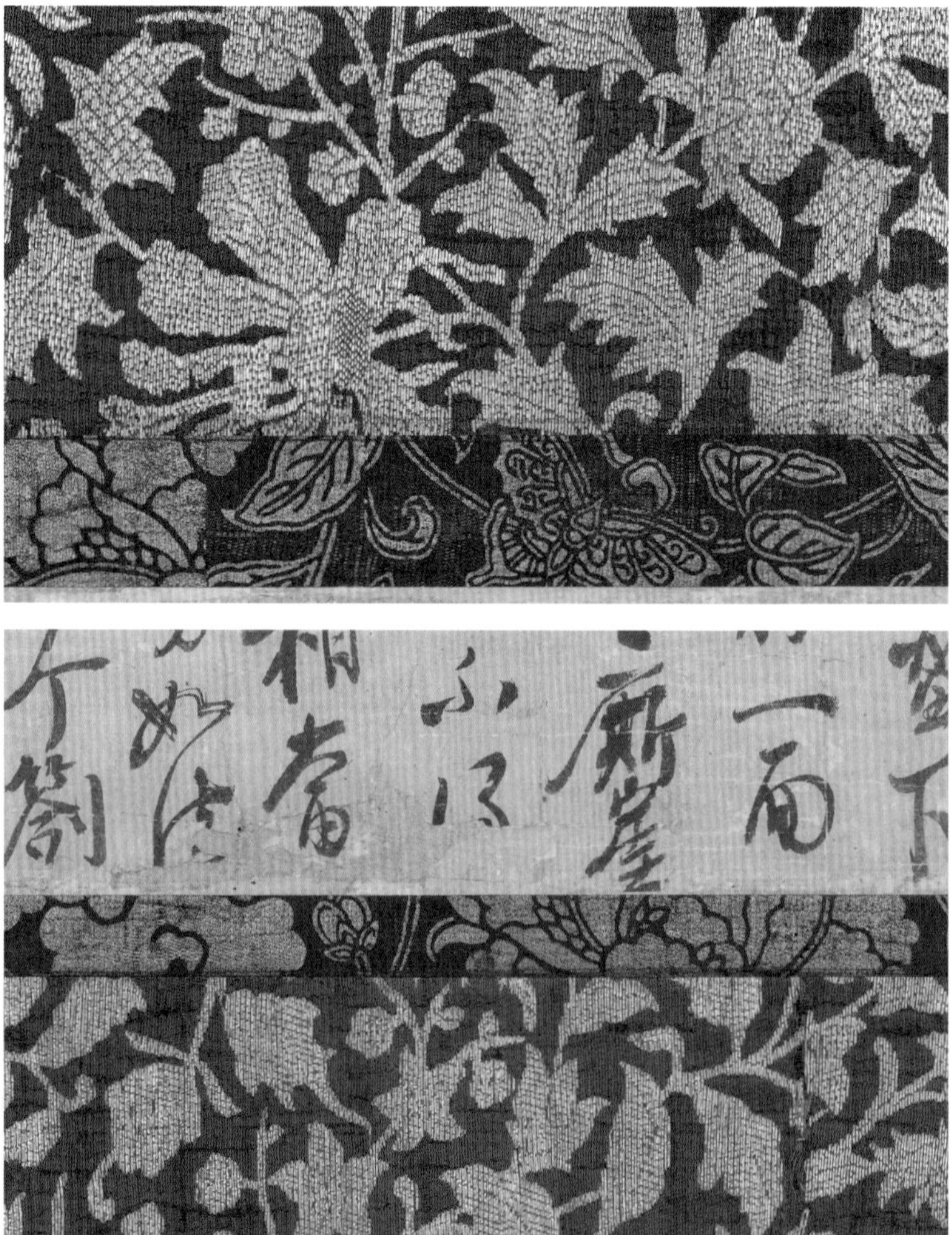

[図08]…修理後の一文字と中縁

がまとわされた可能性も考慮に入れなければならない。というのも、前述の表具に関する由緒書も含めて、添状の多くは概ね同時期に整えられたと推測され、その時期は、宗教が真珠庵の住持、大龍宗丈が玉林院の住持を務めていた頃、十八世紀前半と目されるからである。いずれにしても、以上のような膨大な情報量を持つ添状とともに、古くからの表具をまとったままの本作を未来に伝えることこそが肝要と判断され、修理においては旧表具を生かす方針となった[図09・10]。修理方針は、作品をめぐる歴史の全体像に思いを巡らせつつ、一つずつ丁寧に決定されていくのである。

[図09]…一文字の印金の補修(裏から補絹を入れる)

[図10]…補修した裂の付け廻し

注

(1) 作品概要は次の通り。重要文化財、一幅、紙本墨書、縦三八・二cm、横五二・〇cm。修理は株式会社松鶴堂によって、二〇一四年六月〜二〇一六年三月にかけて行われた。修理担当者は川村洋史、補彩担当者は池田奈央である。

(2) 本文の翻刻は以下の通り。

万寿才長老収書幷信物一々留下
既往却个院子当努力向前一面
[修]造一面安衆弁得長遠与之廝崖
則多々頑然無奈我何矣第一不得
説著甚来由[起]此念則不相当
[寺]径山粋老同在彼安下千万如法
照顧想不在多祝也老僧有个箚
子与
[太]守直閣其中再三合相外護幷
説粋老在彼略相顧掲則市人
観望矣汝可自携去投之送去
真日鋳茶六瓶可以磨待高客
別無物作土宜収之為佳十二月
十日　妙喜老僧　手白
　行者留此数日此中家風尽
　見必挙似也

(3) 小笠原小枝『染と織の鑑賞基礎知識』(至文堂、一九九八年)。

(4) 佐藤留実「墨蹟の表具について」(大阪市立美術館・五島美術館編『書の国宝 墨蹟』読売新聞大阪本社、二〇〇六年)、名児耶明「墨蹟の鑑賞」(大阪市立美術館・五島美術館編『書の国宝 墨蹟』読売新聞大阪本社、二〇〇六年)。

わざのコラム

「大慧宗杲墨蹟 尺牘 才長老宛」の修理から

——旧補修へのアプローチ

川村洋史……KAWAMURA Hirofumi

装潢師。㈱松鶴堂書跡担当課長、国宝修理装潢師連盟認定主任技師（書跡一類）。
近年担当した主な修理に国宝「醍醐寺文書聖教」（醍醐寺蔵）、重文「青蓮院吉水蔵聖教類」（青蓮院蔵）、重文「専修寺聖教」（専修寺蔵）などがある。

墨蹟の中には幾度も修理・改装を経て今日まで伝来している例が見られるが、過去の修理に際して古い修理の後補部分が維持された結果、「本紙」（オリジナルの料紙）中に様々な「旧補修」が重層的に残されていることがある。これらは後補とはいえ「本紙が鑑賞されてきた歴史」を形作る一部分とも捉えられ、処置には慎重な判断を要する。

「大慧宗杲墨蹟 尺牘 才長老宛」本紙料紙は修理中の調査から竹紙であることが判明したが、補筆を含めた複数種類の旧補修が混在しており、それらの一部には本紙と同様に竹紙が使用されていた。繊細な繊維から成る竹紙は墨書に適した滑らかな表面を持つ反面、楮紙などと比べて脆く、断片化・剥離等の損傷を生じ易い。このため劣化の進行によって旧補修との境界を見分けることが困難となり、本紙は複雑な様相を呈していた。

今回の修理では、旧補修に向き合うため次のようなプロセスを設定した。

①「損傷地図」による旧補修の可視化：
透過光等を用いた観察により旧補修を調査・記録し、オリジナルと旧補修との境界、補修状況を把握する。

②旧補修の評価：
旧補修の視覚的な影響（色や質感が本紙との違和感を生じている場合など）、保存上の影響（補修紙の重なりが本紙の劣化を促進させている場合など）を検討する。

③修理後イメージの可視化：
「損傷地図」と本紙のデジタル画像を重ね、旧補修の各層について除去する場合と残す場合、本紙にどのような影響を与えるか画面上で確認する。

④処置方針の協議：
①〜③を踏まえ、所有者・修理技術者間で処置方針を協議・決定する。

本作には大きく分けて4層の旧補修が存在していたが、広範囲の補修や補筆の存在により、除去することで本紙の視覚的印象を大きく変える可能性が懸念された。旧補修が本紙に与える保存上の影響が軽微である点を鑑み、今回の修理では特に鑑賞上の障害となる補修紙のみ除去し、紙質や色がオリジナルと調和する補修紙を作製して欠失個所に補塡する方針を採った。

文化財の修理は、修理対象に蓄積された歴史を吟味し、未来に繋げてゆく行為であるとも言える。とりわけ書跡・典籍・古文書の分野では、書写当初の情報に加え、それが読まれ・形を変え・伝えられてきた痕跡が「もの」に刻まれた情報として意味を持つことも多い。修理の過程では、様々な局面で所有者と修理技術者とが綿密な協議を行い、現状と修理後のイメージを共有しながら柔軟に方針を組み立ててゆく必要があるだろう。

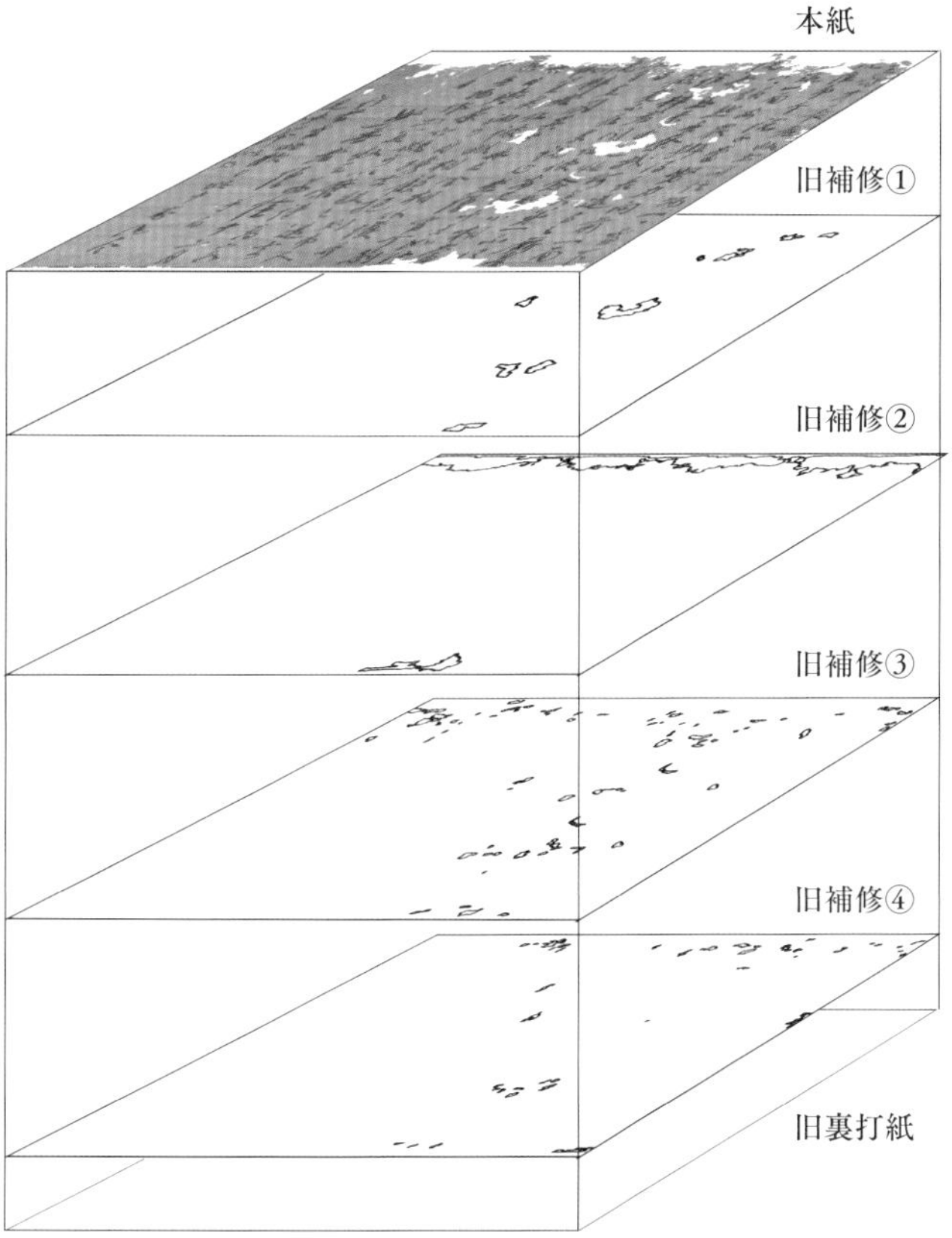

〈旧補修①〉本紙と同質の補修紙：本紙の余白を転用して補修されていると考えられる。
→維持

〈旧補修②〉茶褐色の補修紙：補筆あり。本紙と同様に竹紙が使用されている。本紙が掛軸に仕立てられる以前に生じたと考えられる、横方向の欠損に対応している。
→維持

〈旧補修③〉墨色の補修紙：本紙と同様に竹紙だが簀の目が目立つ。部分によって周辺の本紙との間に違和感を生じていた。
→一部除去・新規補修紙補塡

〈旧補修④〉明るい茶色の補修紙：最も新しい補修（楮紙）。色が明るく全体に点在しているため、鑑賞時にテクスチャの一体感を阻害していた。
→除去・新規補修紙補塡

〈旧裏打紙〉楮紙。旧補修が当てられていない欠失箇所では裏打紙が露出していた。
→除去・新規補修紙補塡

［図01］…「大慧宗杲墨蹟 尺牘 才長老宛」旧補修の構成

旧補修①
旧補修②
旧補修③
旧補修④

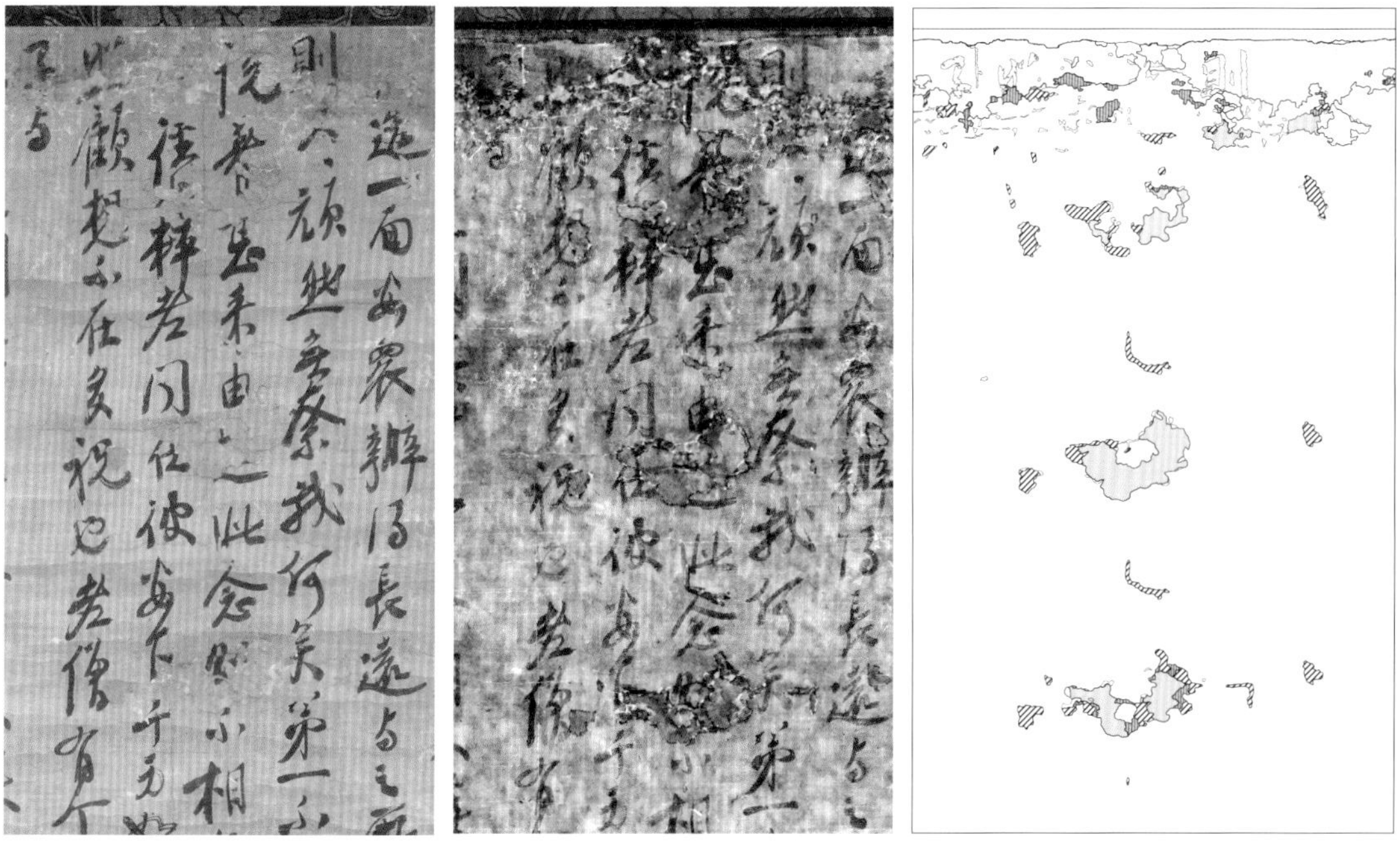

［図02］…修理前の本紙部分写真（左）・同透過光写真（中）・損傷地図（右）

文化財の本

日本の文化財

守り、伝えていくための理念と実践

池田寿［著］

本体3,200円

過去、現在、そして未来へ——

2019年4月に施行となった文化財保護法の改変により、日本の文化財は「活用」されるものとして、その存在が強く認識されることとなった。しかし、これら文化財がいまここに存在する背景には、人びとによる「守り、残し、伝える」という営みがあることを忘れてはならない。文化財はいかなる理念と思いのなかで残されてきたのか、また、その実践はいかなるものであったのか。長年、文化財行政の最前線にあった著者の知見から、文化国家における文化財保護のあるべき姿を示す。

地域と人びとをささえる資料

古文書からプランクトンまで

神奈川地域資料保全ネットワーク［編］

本体3,500円

資料とは誰のものか、誰のためのものか——

地震や津波などの大災害、過疎化による担い手の減少…。地域における資料は現在その存続の危機に直面する機会が少なくない。しかし、一方で危機的状況のなかで地域社会のアイデンティティを再認識させ、地域に根ざした人びとのつながりを強める役割を資料が果たすこともある。地域社会を形成する紐帯としての資料のあり方に着目し、文献、写真、伝承、地名、自然史資料など多種多様な地域資料の保存・保全、活用の現場での経験から、地域と人びと、資料と社会との関係の未来像を探る。

文化財としてのガラス乾板

写真が紡ぎなおす歴史像

久留島典子・高橋則英・山家浩樹［編］

本体3,800円

取り扱いから保存・活用・分析まで、写真と歴史をつなぐ新たな史料論
明治20年代から半世紀以上にわたり産業・学術等の分野を問わず、広く活用されてきた記録媒体、ガラス乾板。フィルム、そしてデジタル撮影という時代を経て、顧みられることのない存在として過されてきたが、近年、写真資料として、また、歴史史料としてガラス乾板の持つ文化的価値が見出されてきた。
いまなお各所に残るこの膨大な史料群にいかに対峙していくべきか。
写真史および人文学研究のなかにガラス乾板を位置付ける総論、先駆的に調査・分析・保全を続けてきた東京大学史料編纂所ほか、同様の取り組みを進める諸機関の手法を提示する各論を通じて、総合的なガラス乾板の史料学を構築する。

醍醐寺の歴史と文化財

永村眞［編］

本体3,600円

文化財を守り、伝える心を考える
仏像や仏画、そして聖教などの寺院伝来の文化財は、それを伝えてきた人々の信仰や祈りを背景に、いまここに存在している。平安時代の創建より、いまに至るまで仏法を伝え、その文化財の伝承・保存に力を注ぐ醍醐寺。その信仰と歴史に焦点をあて、これからの文化財との共存のあり方を再考する。

雑司ヶ谷鬼子母神堂開堂三百五十年・重要文化財指定記念

雑司ヶ谷鬼子母神堂

威光山法明寺
近江正典［編］

本体15,000円

寛文6年（1666）、雑司が谷の地にて開堂され、今なお往時の姿をとどめる鬼子母神堂。

江戸時代以来の人びとの信仰の中で守られ、伝えられてきたこの歴史的建造物は、2016年、国の重要文化財に指定された。

鬼子母神堂はいかなる文化と歴史を育んできたのか。

建築・彫刻・絵画・絵馬など200点を越えるカラー図版と解説、15本の斯界からの論文を収載し、その全てを明らかにする。

醍醐寺文化財調査百年誌

「醍醐寺文書聖教」国宝指定への歩み

醍醐寺文化財研究所［編］

本体3,800円

文化財はどのように守られ、伝えられてきたのか
醍醐寺は、平安時代の創建より今に至るまで、人々の祈りや信仰を背景に、文化財を守り、伝え続けてきた。

その醍醐寺に伝わる「醍醐寺文書聖教」は、仏教のみならず、政治・経済・芸能等の分野にわたって、日本の歴史・文化を伝える一級の史料として、平成25年、69,378点が国宝に指定された。

国内最多級の「紙の文化」の保存・伝承に尽力した人々の営みはいかなるものであったのか。

どのような理念の元で、総合的な文化財調査が行われてきたのか。

百年に及ぶ調査・研究の営みを振り返り、これからの文化財の保存と活用について提言する。

文化財と古文書学

筆跡論

湯山賢一［編］

本体3,600円

書流・書法にとらわれた従来の一面的な視点を再考し、書誌学はもとより、伝来・様式・形態・機能・料紙など、古文書学の視座との連携のなかから、総合的な「筆跡」論への新たな道標を示す。

博物館という装置

帝国・植民地・アイデンティティ

石井正己［編］

本体4,200円

帝国の欲望と、暴力の記憶
近代化に伴う「世界」の広がりは自他の認識を強固にし、他者を陳列し掌握するという欲望は「博物館」という装置を作り上げていった。

そこには帝国主義・植民地主義という政治性が色濃く反映していた。

また一方で、博物館は、歴史の暴力をいまに留め伝える役割を果たしつつある。

われわれは、いま博物館という装置を如何に考えていくべきか。

時代ごとの思想と寄り添ってきたその歴史と、アイデンティティを創出する紐帯としてのあり方。双方向からのアプローチにより「博物館」という存在の意義と歴史的位置を捉えかえす。

岩佐又兵衛「堀江物語絵巻」の修理と旧表装

林茂郎……HAYASHI Shigeo

「堀江物語絵巻」は制作当初二十巻以上とされる長大な作品であったが、各巻は散逸し、香雪美術館が所蔵する三巻の他、一部が知られるのみである。現存巻は、伝来の過程でそれぞれ修理されていることが現状からうかがえる。香雪本はどのような修理を経たのか、修理前の写真や、修理時に残された古巣（旧表具など）を手がかりに推測する。

岩佐又兵衛（一五七八〜一六五〇）とその工房による、古浄瑠璃等を題材とした、一連の極彩色かつ長大な豪華絵巻を「又兵衛風絵巻群」と呼ぶ。香雪美術館の所蔵する「堀江物語絵巻」はそのうちの一つである。[1] 制作当初は二十〜二十四巻にも及んだと推定されるが、全巻現存していない残欠本であり、確認されているのは当館の三巻と、他所蔵の三巻と断簡一幅である。

本作［図01］は昭和六十三年に解体修理が行われた。当時は絵画修理事業において、現在のような損傷の記録や修理内容、特記事項等を記した報告書の提出は一般的ではなく、本件も同様である。しかしながら本作には旧表具一式が旧箱［図02］とともに保管されていて、修理内容や修理前の状況等を考える手がかりとなる。見返しや巻末、表紙裂は交換し、保存用の箱も新調したようだ。

もう一つの手がかりとして、当館が所蔵する写真原板の中に、修理前の状態を撮影した4×5カラーポジフィルムが一枚ある［図03］。場面は物語の終盤、主人公の両親の仇である原を捕え、髻を落としてこらしめるところ。当該フィルムは昭和五十八年に改定版として出版された『香雪美術館名品図録』に掲載されているため、それ以前に撮影されたことは明らかである。フィルムからは、本紙に多数の折れや細かな傷が認められ、画面の上下にある霞には剥落が進行しているように見える。現状ではこうした傷みは目立たず、何かしらの処置が施されたことが考えられる。

中之島香雪美術館学芸員。専門は日本近世絵画史。論文に「村山コレクションの「伊勢物語図色紙」について」（『香雪美術館研究紀要』創刊号、香雪美術館、二〇一八年）、「源氏物語図屏風」（『國華』一五一七、國華社、二〇二二年）、展覧会図録「伊勢物語　絵になる男の一代記」（公益財団法人香雪美術館、二〇二二年）などがある。

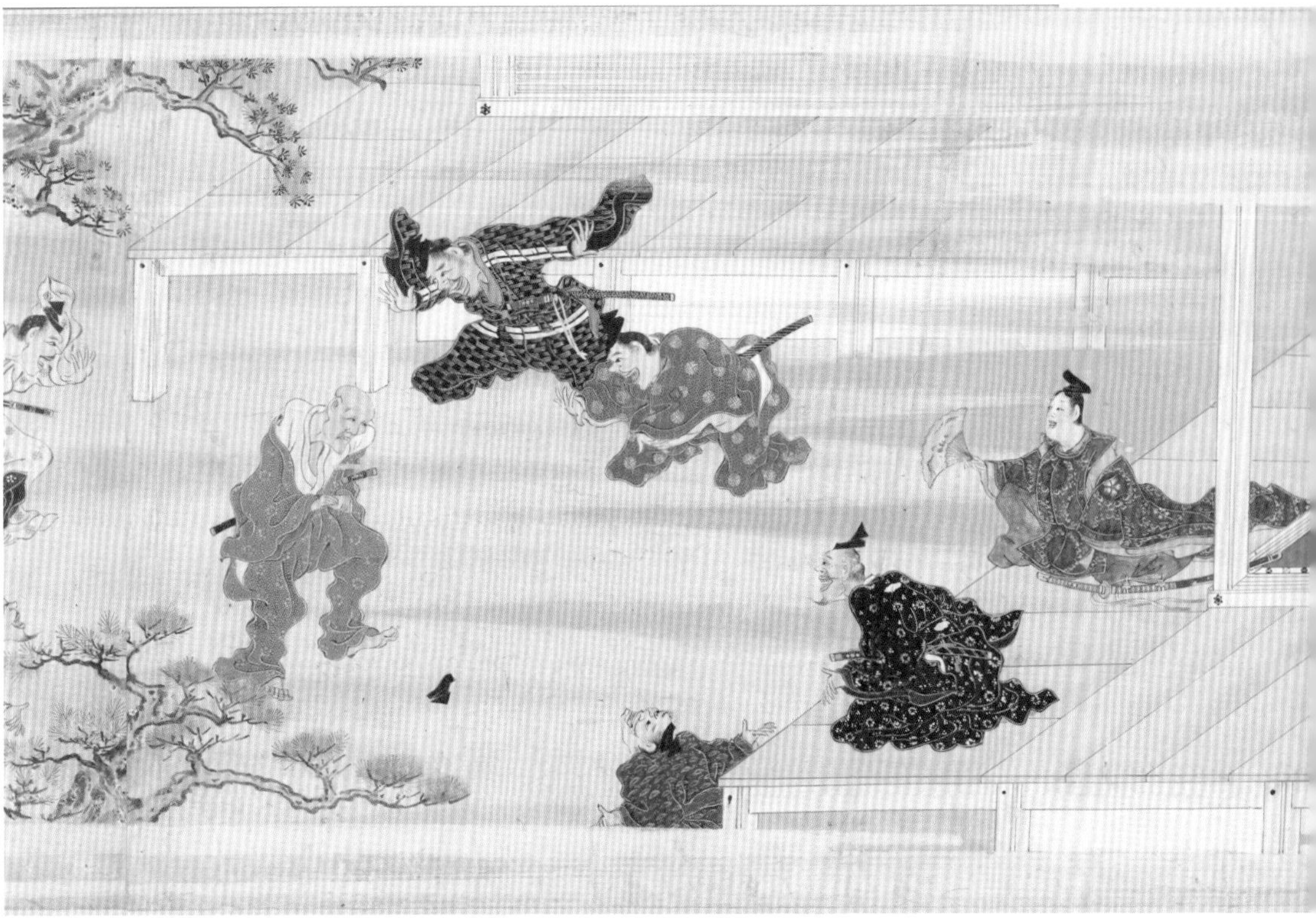

[図01]…岩佐又兵衛 堀江物語絵巻 部分(香雪美術館蔵)

[図03]…修理前の姿を写したカラーポジフィルム 部分

［図02］…旧箱

［図04］…本紙と天地保護の紙

さらに比較してわかるのは、天地（小口）保護の紙の有無である。フィルムでは絵画表現のある本紙が巻子の上下の端となっていたが、現状では無地の紙が数ミリほど本紙よりも余分についている［図04］。細かく見れば、本紙の天地よりも大きな裏打ち紙が接着されていることが確認できる。巻子は開閉（取り扱い）の際に、小口（開いた状態では天地）に触れることになり損傷や劣化の原因となる。そのため、近年の修理では本紙よりも外側に紙を取り付ける足し紙を施し、小口を保護し本紙への負担を軽減させる処置が行われる。フィルムの本紙天地は擦れ傷や細かな折れなどが目立っており、修理の際に、こうした天地保護の紙が取り付けられたのであろう。同時に掛幅など巻く作業を行う表装に対しては、巻経を太くする太巻きが付けられている。本作も太巻きをつけることで、取り扱い時の負担がより軽減されることとなった。

又兵衛とその工房の活動は未だ謎が多いが、近年、重要な発注者として、松平忠直《まつだいらただなお》（一五九五～一六五〇）が注目されている。その傍証の一つに、「絵巻群」の巻末軸付紙が金地に菊に流水文様の型押しを施された特殊な料紙であることがあげられる。この料紙は、元和四年（一六一八）に忠直が弟子に伝えたとする「稲富流鉄砲伝書」（大和文華館）のうち『直矢倉之巻』に使用されていることが明らかになった。[2] また、同書の詞書の筆跡が「絵巻群」の一つ「上瑠璃物語絵巻」（MOA美術館）と同筆の可能性が指摘された。[3] 料紙や詞書が共通する鉄砲伝書と絵巻群は、忠直の強い関わりを示唆するというのである。

菊に流水文様の料紙は、残欠本のうち京都国立博物館本や長国寺本に軸付紙として用いられていることが報告されている。本作の現表装には確認されず、また旧表具のうち旧見返し［図05］、旧軸付紙［図06］にも見られなかった。制作当初は同じ表装であったはずだが、伝来の過程で表具の改装が行われ、件の料紙は失われたのであろう。少なくとも二度は表具を改装する修理が行われていたことは確かであり、旧表具が残されていたことで、直近の修理よりも前の時点で失われていたことが明確となった。修理のあとから作品の姿を復元する一例として報告する。

注

（1）作品概要は次の通り。三巻、紙本着色、
〔上巻〕縦三三・八cm、横一三二一・四cm
〔中巻〕縦三三・八cm、横一三四〇・一cm
〔下巻〕縦三三・八cm、横一三四八・一cm

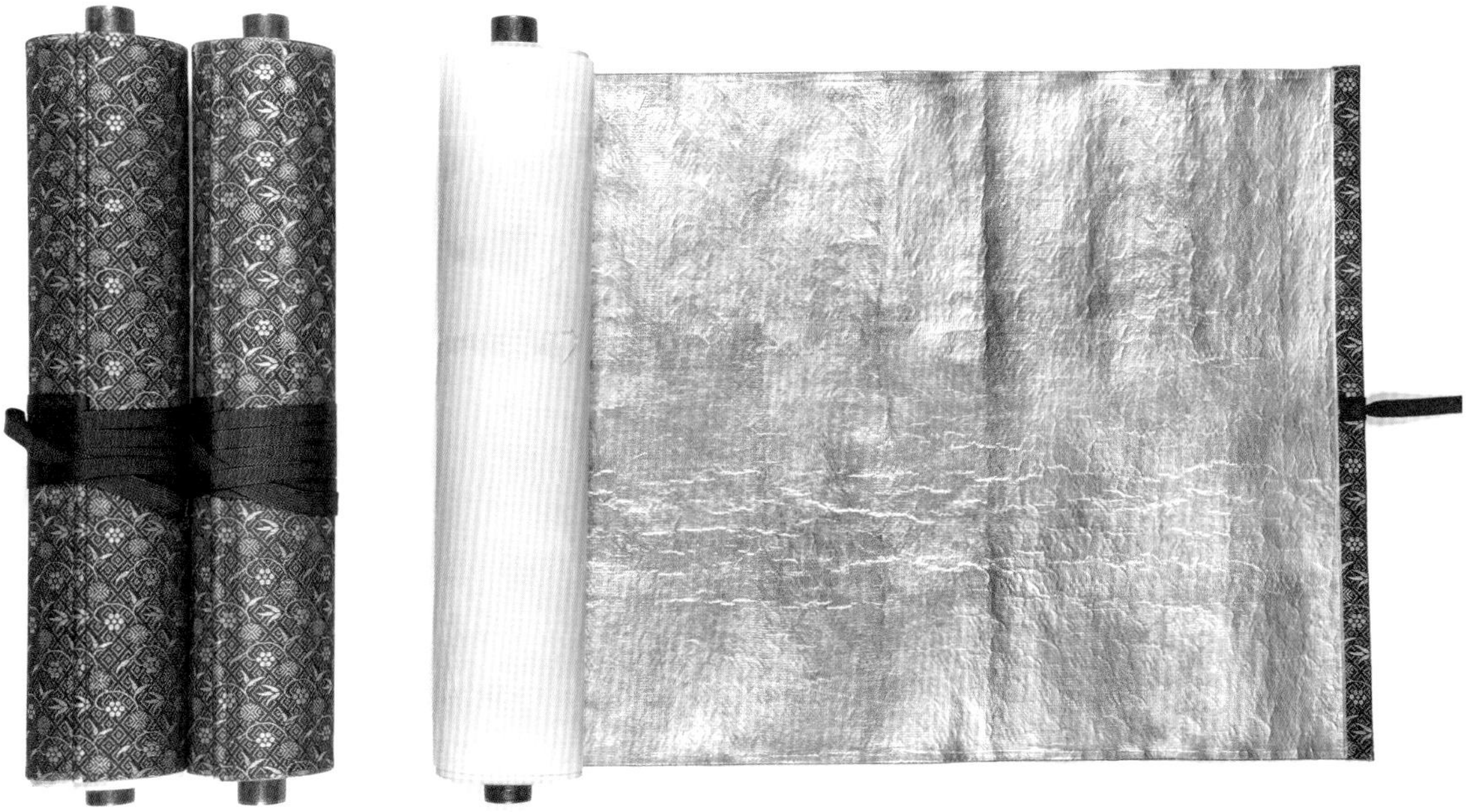

[図05]…旧表装と旧見返し

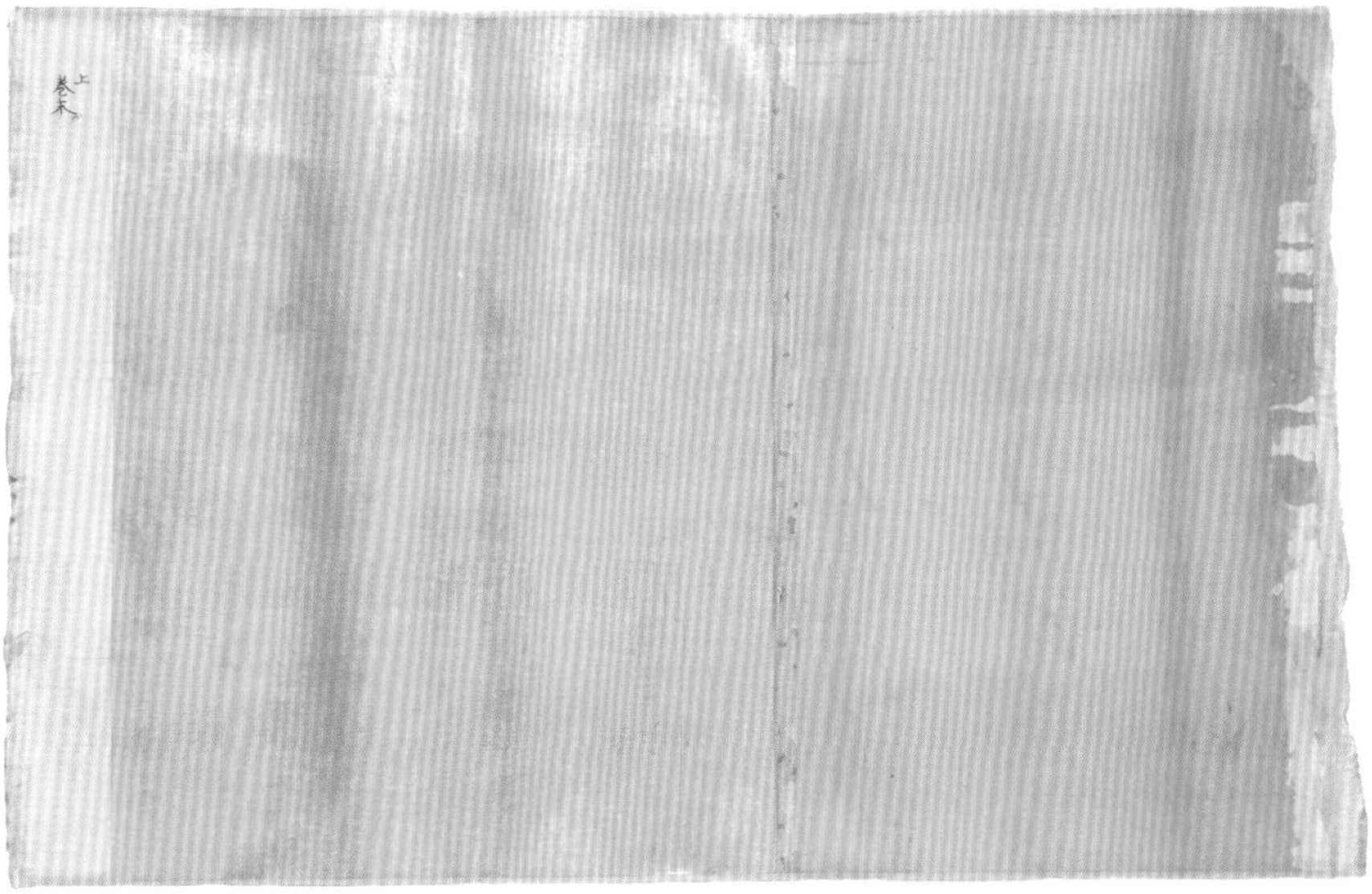

[図06]…旧軸付紙

修理は宇佐美松鶴堂によって、一九八五年五月〜一九八六年三月にかけて行われた。

(2) 四辻秀紀「料紙装飾――日本人が培ってきた美意識の系譜」(『彩られた紙 料紙装飾』徳川美術館、二〇〇一年)。

(3) 石川透「奈良絵本・絵巻の展開」(三弥井書店、二〇〇九年)四七八―四八七頁。

もののコラム

太巻添軸

星 育子……HOSHI Ikuko

太巻添軸（以下、太巻）とは、掛軸や巻子の折れの発生を防ぐために収納時に使用する道具である。保存箱と同じく桐が材料で、作品の軸木に取り付けて太く巻き取る軸カバーといったところだろうか。

それぞれの装丁形式において作品（本紙）の寸法に合わせた規定の装丁寸法があり、軸木の太さも決まっている。が、見た目のバランスは良くても、長い時間を経ながら巻き解きを繰り返すと必ず折れが発生する。太巻で巻き径を太くしておけば、折れが発生するリスクを相当低減することができる。本格修理設計では、すでに生じている折れの再発を防ぎ、新たに折れが発生しないように、太巻と桐箱の新調がほぼ確実に盛り込まれる。

太巻を使用するにあたっては、掛軸なら太巻に直接作品が接するのを避けるために、表装裂の下方の裂の長さが太巻の円周分付けられていることが望ましい。巻子であれば、太巻に巻いた作品の周囲を一周くるむことができる表紙の長さが必要となる。したがって太巻を使用するなら、装丁を新調するか、裂を再使用するなら寸法が充分にあるかということを考慮しなければならない。

現在の書画文化財の修理では確かに太巻は重要な役割を果たすが、例えば経巻などでは、料紙の状態に問題が無ければ太巻を使わず、修理前の巻き姿を維持できるようにする。それが作品本来の姿だからである。

掛軸もまた、新作を掛軸に仕立てるときは太巻を使用しないことが基本である。だから掛軸も同様に太巻で巻いた姿が本来ではないと考える人もいる。戦前に太巻が使用され始めた頃はあまり太くない太巻も多かったようだ。近年の修理で、昔の太巻が細めなので新たに十分な太さで新調するというケースがある。

今の修理技術者の大半にとって太巻は保存のために必須で、巻いた姿も「そういうものだから」という感覚ではないかと思う。その前提に立って、作品ごとに適切な太さはどのくらいか、どのような状況なら太巻を使わないという判断ができるのか考えることも、伝統的な技術を受け継ぐ修理技術者の役割であろう。

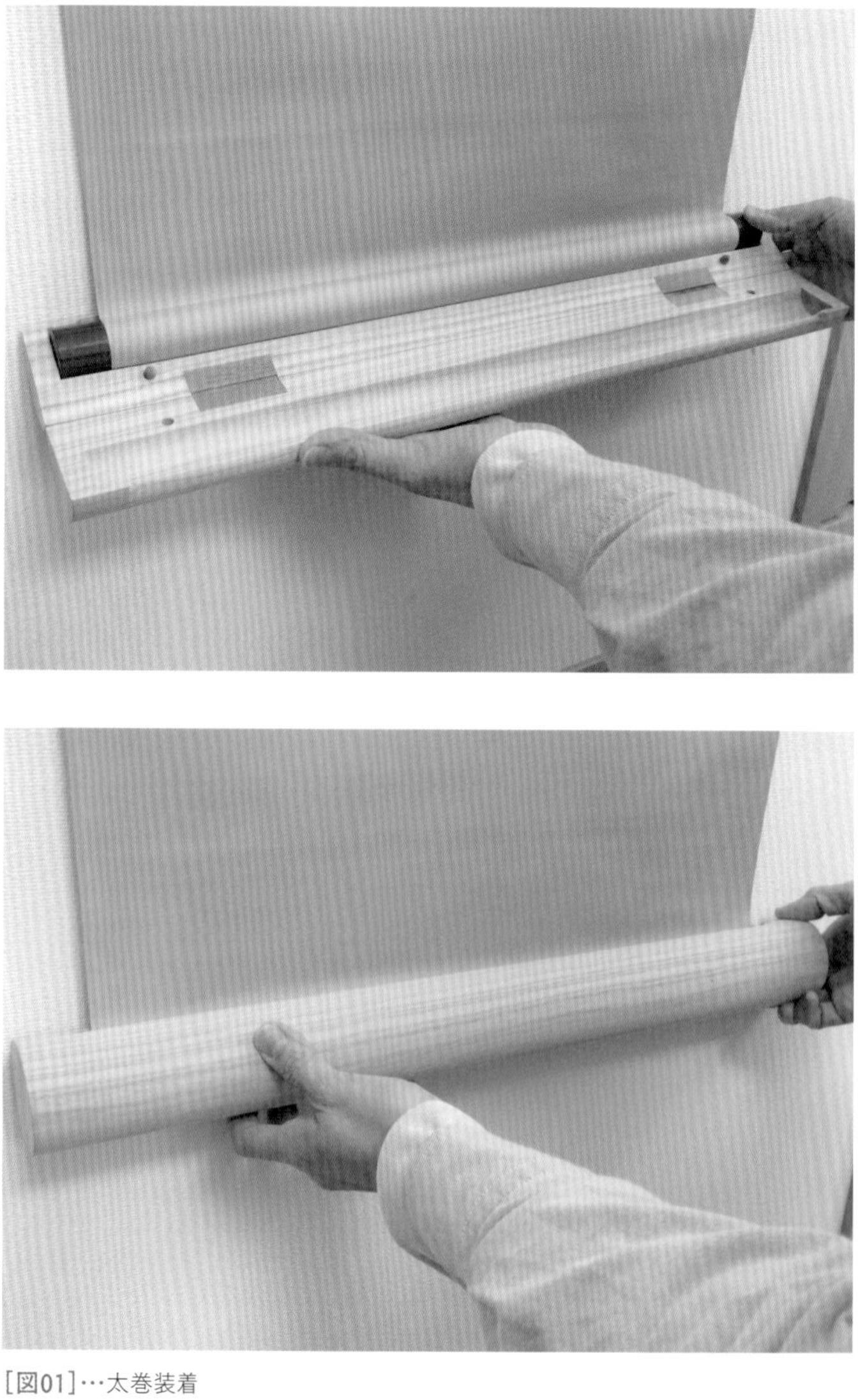

［図01］…太巻装着

鈴木裕　SUZUKI Yutaka

装潢師がみた紙

絵画、書跡・典籍、古文書など装潢文化財は一〇〇〇～一五〇〇年の期間で修理をしなければならないと言われている。修理には十八種類以上の手漉き和紙が不可欠だが、現在、その技術、また紙の産地そのものが失われようとしており、装潢文化財に及ぼす影響は計り知れない。基底材としての「紙」を改めて見直し、手漉き和紙を保存・継続していくための調査・研究の一助としたい。

装潢師。国宝修理装潢師連盟名誉会員。株式会社松鶴堂代表取締役を経て特別顧問。京都市立芸術大学大学院美術研究科保存修復専攻非常勤講師。国指定の絵画、書跡・典籍、古文書の基底材である料紙と修理に用いる手漉き和紙について調査・研究を進めてきた。論文に「古文書・古文書料紙の保存修理」（湯山賢一編『古文書料紙論叢』勉誠出版、二〇一七年）などがある。

装潢師と紙

絵画、書跡・典籍、古文書など、また歴史資料分野も含めた装潢文化財の保存修理を行う装潢師は、楮紙である美濃紙・石州紙、また胡粉や白土などの添加物を加えて漉く三栖紙・宇陀紙などおよそ十五種類以上の多種多様の手漉き和紙を使用する。それぞれの厚みの違いを含めると、ざっと六十種類以上になる。その他にも機械抄紙の楮紙や補助材料として使う化学繊維紙等も含めると、八十種類前後になる。なかでも手漉き和紙は文化財の本紙（装潢師は文化財そのものを本紙と呼ぶ）に密着する状態で使われることが多いため、原料や製法を精査し、紙質（原料の種類）や特徴を把握し選ばれている。装潢師の手漉き和紙を「もの」として見る目は繊細で、求める精度は高くなる。文化財に適した紙を選択するために、仲介業者を通さず、紙漉き工房や職人に直接発注することがほとんどである。近年では修理工房自ら欠損部に補塡する補修用の紙を作製することも行われている。

装潢師の紙の見方は研究者や紙を作る人々とは異なる。文化財の本紙の素地が紙である場合、本紙の紙質や添加物を速やかに判断し修理方針を立てなければならない。観察を見誤ると修理そのものが誤った方向に進行してしまう恐れがある。そして、本紙料紙の欠損部に補塡する紙は同質の原料が求められる。紙質の判定には、本紙料紙のごくわずかな繊維を採取して高知県立紙産業技術センターの専門の技師に分析を依頼する。三十年以上前のことになるが、装潢師たちは、平安時代末から鎌倉時代の絵巻物の料紙は、雁皮もしくは雁皮と楮の混合紙であると考えていた。しかし、同センターの紙質検査の結果、楮の打ち紙と判定されたのだった。装潢師が感じていた紙質の判断は完全なものではなかったのである。文化財の修理にあたり紙を見る時、研究者と科学者そして本紙修理に直接手を下す装潢師がそれぞれの立場で見届けなくてはいけないことは明らかである。

ここでは、一人の装潢師が修理の現場にあって、本紙料紙を前に感じ考えてきたことを述べてみたい。上述したような研究者・科学者の視点は抜け落ちてしまっていることを、あらかじめお断りしておく。一人の装潢師があらゆる種類の文化財を幅広く担当できるというわけではなく、また一つの文化財の修理を長期にわたりかかりっきりになることも多い。歴史的、科学的な確かな裏付けに乏しい点はご容赦願いたい。

素紙と熟紙・打ち紙

正倉院に伝わる文書料紙は素紙が多く、写本の経巻等の聖教は丁寧にきめ細かく打ち紙加工された熟紙である。素紙と打ち紙加工を施した熟紙とは、書かれる内容と使用目的によって明らかに使い分けられている。正倉院においては、素紙は経巻を作製するにあたり事務的な作業日誌であったりノルマの記載であったりと、写経事業を統括的に支える業務の中で使われている場合が多い。打ち紙は加工する労力や時間がかかることから貴重であり、写本の経巻等以外のために使用することは少なかったのではないだろうか。

平安時代の後半から版経には素紙に雲母引きをしているものが見られるようになる。厚手のふかふかしている紙も出現する。その一つが高野紙である。版経と呼ばれる聖教類は当初は打ち紙に印字していた。しかし紙が大量に必要になってくると、打ち紙のように時間や労力を費やす紙から、それほど加工に労力をかけなくて済む紙に代わっていったことが容易に想像される。また、打ち紙の表面は極めて密で、鏡面のような状況であり、印字しても紙の中までは墨が浸透せず、時間の経過とともに擦れて見えにくくなってくることも一因であったかもしれない。

高野紙は板干しの際、四辺をなぞるだけで、その内側は板に張り付けない。干し板に刷毛で貼り付けないことにより紙の密度は抑えられ、その状態で乾燥させるので、密度は低くなり簀の目の凹凸が表面に現れるほどふっくらした紙になる。すると版木の文字部分が深く食い込んでくっきりと印字できる。打ち紙から打ち紙加工をしない紙（加工に要する時間と労力という点で素紙に近い）への移行と考えられる。印字に効果的なふっくらした紙の利便性が優先されたのではないだろうか。

平安時代末から鎌倉時代に多く見られる絵巻物は、厚手の紙を打ち紙加工し描かれている。絵画の料紙を打ち締めるという技法は、私見であるが、聖教類の写本経巻用に作られた打ち紙から転用されたのが始まりではないだろうか。初期の絵巻物料紙が経巻用の料紙と酷似した寸法であり、

[図01]…打ち紙テスト、叩く回数を変えた試料サンプル作製。（京都市立芸術大学大学院美術研究科保存修復専攻提供）

[図02]…打ち紙製作（京都市立芸術大学大学院美術研究科保存修復専攻提供）

縦横比であることは単なる偶然とは思えない。写本経巻等聖教の打ち紙の技術は、絵画料紙にも引き継がれていると考えられる。

間に合わない紙から間合紙へ

桃山時代以降の障壁画料紙の多くはほとんどが雁皮紙であり、「間似合紙」「間合紙」と書かれ、「まにあいし」「まにあいかみ」と呼びならわされてきた。紙名の初出は『祇園執行日記』建治四年（一二七八）正月二十一日の条であるが、この時代に三尺幅の紙があったとは絵画・書跡類の修理に携わってきた経験上考えにくい。多少大きな紙であったか、何かに間に合った紙なのか不明である。いずれにしても「半間の間尺に合う紙」ほどの大きさではなかったのではないかと考えている。現代の解釈では「間似合紙」とは「半間の間尺に合う紙」を指す。

以前、狩野永徳筆の障壁画を年代順に並べ、料紙寸法を比較する試みを行ったことがある。初期の料紙はいわゆる襖の幅に間に合わない幅寸法であった。安永六年（一七七七）に出版された『紙譜』にみられる「屏風間に合い」とも寸法が異なる。ところが最晩年の作とされる檜図の料紙は明らかに三尺幅の料紙が使用された形跡が確認できる。時代背景を考えると障壁画の紙の需要は相当あっただろうから、少しでも大きな紙が求められたと想像するのは難しくない。この時代に「間似合紙」がまさに間に合う紙へと変化していったと考えられる。狩野永徳が作画していた時代に、紙が徐々に大きくなっていったのではないか(1)。しばらくすると雁皮原料に土を添加物として漉く「泥入り間に合い紙」が現れる。

江戸初期以降に城郭建造物の障壁画用として大量に作られた「間似合紙」（厚手の雁皮紙・厚手の雁皮紙に米粉添加）はその後、国絵図の料紙としても使われるようになる。現在の福井県で抄紙されていたと考えられる。

竹紙

竹を原料とする紙は、少なくとも江戸時代が終るまでは、どの時代にあっても舶来品がほとんどであったと考えられる。重要文化財名古屋城上洛殿障壁画の修理を行った際、紙質検査の結果、格式が高い上段の間、一の間、二の間の障壁画料紙が竹紙であった。三の間以降各部屋の格式は明白であろう。料紙は間似合紙（雁皮または雁皮に米粉添加）であった。入手しにくい紙や高価な紙はおのずと貴重であるがゆえに高い格式の場で使われたのだろう。舶来品であることを踏まえれば、やはり格式高い紙であることは想像される。竹紙の種類にもよるだろうが、格式の高い紙として扱われた時代があったと考えられる(2)。

安土桃山時代のいわゆる南蛮絵の本紙料紙は、茶色の竹繊維を用いた紙である(3)。繊維はさほど洗浄されておらず、叩解されずに残っている繊維もあり、どちらかというと生活の中で日用品として使われた種類の紙を思わせる。室町時代に見られる水墨画や前出の名古屋城上洛殿上段の間に使われた、白く厚手の現代の良質な画仙紙を彷彿とさせるような紙ではない。茶人が好む掛軸で紙表具があるが、この紙表具の貼り風袋に用いられる俗に「一番唐紙」と称される紙によく似ている。しかし南蛮絵の表面は絵具でおおわれ、料紙の素地は絵画表面には露出しない。このことから朝鮮半島の茶碗を好んで茶道の抹茶茶碗に用いたような、粗野な紙を料紙として用い、趣をめでたのとは異なる。南蛮絵の料紙の由来と経路をどのように理解したらよいか、まだ検討を要する。

保存修理の手漉き和紙

現在装潢師が使っている手漉き和紙（美栖紙、小判の宇陀紙と名塩で漉かれる間似合紙は除く）は、そのほとんどが吉井源太のいわゆる「改良漉き」方式という洗礼を受けて現在に至る紙である(4)。吉井

[図03]…絹本仏画の修理（京都市立芸術大学大学院美術研究科保存修復専攻提供）

[図04]…絹本仏画の肌裏打ち（京都市立芸術大学大学院美術研究科保存修復専攻提供）

は幕末から明治時代にかけて手漉き和紙の技法や添加物などの改良に尽力し、全国の紙漉き産地に指導に赴いた。それまで使っていた簀・桁は幅が二倍となり、さらに丈も二倍となって一度に四枚の半紙が漉けることができ、すなわち四倍の大きさの紙も漉けるようになった。坐って漉くことが当たり前だった産地では、立って紙を漉くようになった。もちろん今でも坐って紙を漉く産地もあるがきわめて少ない。吉井源太の「改良漉き」方式の漉き方は、明治時代中頃から本格的に始まる欧米から導入された工業的に紙を製造する機械漉紙、いわゆる洋紙の大量生産に対抗するうえで非常に有効だった。「改良漉き」方式の漉き方は、各産地での省力化に貢献し、産地の様相を一変させた。吉井が指導し提唱した方式は、国内の主だった紙漉き産地に及んだ。この時代を境にして以降、各産地ではビーターの導入、使用が浸透する。漉き舟に原料を入れる前段階で、ビーターを使用することで繊維を一度水洗いする。そうすると本来楮繊維が持ち合わせている非繊維物質が失われる。[4] 非繊維物質は紙の経年劣化を促進させる要因の一つという理解もあるが、適度に紙繊維を守り、紙が長期間の保存に耐えることに寄与する側面も持っている。

現代の紙漉きの基本的な漉き方は、吉井源太の「改良漉き」であり、古代、中世、近世の紙漉きの技法とは異なることを装潢師は理解しておいてほしい。

黒谷和紙の歴史と特徴

平家の落ち武者らが移り住み生活の糧として紙漉きを始めたことが黒谷和紙の歴史の始まりと言われている。江戸時代にはこの地を治めていた山家藩の庇護を受け発展する。田畑の耕地面積が少ない山家藩の財政を林業とともに支えていたともいわれている。明治になると養蚕産業の発展に伴い、養蚕に必要な繭袋や蚕卵紙、そして京呉服に関連した値札紙や繰り返し水や染料液にくぐらせる反物の札紙として、たくさんの紙が作られるようになった。

黒谷和紙の特徴は、一言で言うと「質実剛健」さにある。冬は寒く雪深い地域で育った楮は、繊維が強靭であり、こうした自然に逆らわずに楮つくりも紙作りも行われることで、丈夫で耐久性がある紙になっている。大正時代に、政府が強度試験（陸軍が乾パンを入れる紙を調達するにあたり行った）をしたところ、全国の紙の中から特等に選ばれている。

黒谷にはなぎなたビーターが無い。楮繊維を長時間打振機にかけ、ホーレンダービーターにとおし、抄紙する。非繊維物質が適度に残り、生成りのような色味が残る紙ができる。筆者が勤めていた修理工房では屛風の蝶番に用いる紙（関西では羽紙という）や障子紙、襖や屛風の下張りに使う和紙をお願いしていた。また、修理工房から出る紙の断ち落としを漉き返していただき、様々な古文書の補修用紙に使用した。令和二年度から重要文化財東大寺聖教（奈良時代から江戸時代に渡る一八〇六点の経巻・粘帖装本・折本等）の修理が始まったが、特殊な漉き方で補修・補強用の紙を黒谷和紙協同組合に発注した。

[図05]…黒谷和紙で楮蒸しのボランティアをする装潢師

[図06]…黒谷和紙で皮むきのボランティアをする装潢師

紙漉き産地と私たちの課題

終戦後、和紙の需要は減少し、技術者の高齢化と後継者不足が産地の課題となっている。黒谷和紙は協同組合を設立し、原料の確保から販売までを一本化し、広く全国に門戸を開き後継者を確保してきた。数少ない成功例と言える。しかし課題がすべて解決したわけではない。

装潢文化財の保存修理は継続的に行われなければならない。その技術を次の世代に引き継いでいく時、手漉き和紙が仮に無いとしたら、引き継ぐことはできない。装潢文化財の保存修理にとって手漉き和紙は必要不可欠な、まさに肝になる材料である。

もう一つの課題は、手漉き和紙が未開の研究分野だということである。日本には紙の学会が存在しない。身近な素材であるが故に、変遷の歴史や伝承される紙の名称と本紙料紙とが一致しないものが多くある。

手漉き和紙を作る人・使う人だけではなく、多くの人で手漉き和紙を守っていけるような枠組みを考えなければならない。こうした山積みの課題を解決するためには、紙漉き産地だけの努力ではもう限界である。

注

（1）拙稿「古文書・古文書料紙の保存修理」（湯山賢一編『古文書料紙論叢』勉誠出版、二〇一七年）より。

（2）「竹紙と現在と文化財修理」（一般社団法人国宝修理装潢師連盟編集・発行二〇二一年三月三十一日）参照。

（3）（一例）重要文化財泰西王侯図屛風　長崎県立美術博物館蔵。

（4）有吉正明「原料及び製造工程の違いが楮紙の特性に及ぼす影響について」（第1報）楮パルプの洗浄による影響、（第2報）楮パルプの打解による影響（「高知県立紙産業技術センター報告」VOL.25（二〇二〇年）、VOL.26（二〇二一年））参照。

亀井亮子
KAMEI Ryoko

補彩

絵画の修理に於いて、
修理後の印象に大きく影響を与える工程の一つが〝補彩〟である。
〝彩を補う〟とは如何なるものか、
具体例として近年修理が行われた絵画作品の中から、
絹と紙に描かれたものをそれぞれ示しながら、
その奥深い内容の一端を紹介したい。

はじめに

絵画の修理には多くの工程が存在する。その一つ一つが非常に重要で欠かせないものであるが、それらの結果のほとんどは修理後人目に触れることがない。ところが、〝補彩〟という工程は、処置の内容や効果が表立って見え、その結果如何によっては絵画自体の評価も左右する可能性さえある、非常に影響の大きいものである。欧米では、古くからその内容について頻繁に議論が行われ、さまざまな手法が研究され実践されてきたのに対し、日本の絵画における補彩については、これまで歴史的経緯や内容が具体的に取り上げられることも少なく、関係する論文も特に存在しないという状況にあった。

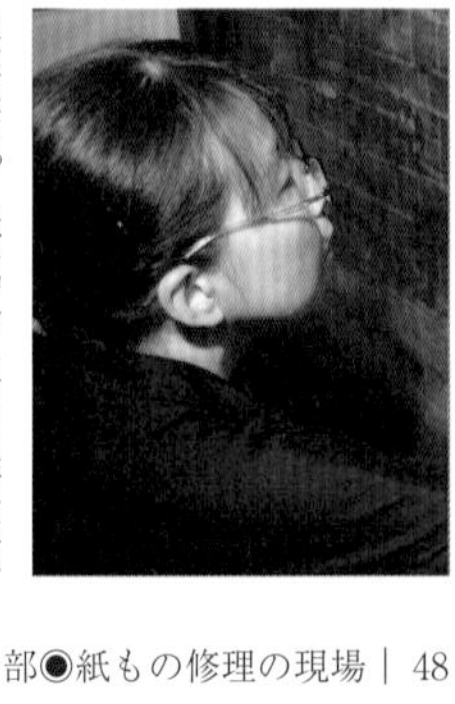

装潢師。株式会社岡墨光堂修復部技師長、国宝修理装潢師連盟認定技師長（絵画Ⅱ類）。
専門は装潢修理技術。
近年担当した主な修理に国宝「紫綾金銀泥絵両界曼荼羅（高雄曼荼羅）」（神護寺）、国宝「絹本著色不動明王像」（曼殊院）、重要文化財「板絵著色弁才天梵天帝釈天四天王像」（東京藝術大学）などがある。

補彩とその歴史

アジア圏の紙や絹をベースとする絵画の古いものには、多かれ少なかれ〝傷み〟がある。その原因は、劣化、焼損、虫喰い、破れなどさまざまである。こうした傷みや欠失箇所は、修理される際に、紙本絵画は紙で、絹本絵画は絹で補われる。その後、絹や紙の補われた箇所に彩色を施すことを補彩という[1]。

「絵画の欠失箇所を補う」という行為は往古よ

りあり、補われる箇所に手を加えるということも当然行われていた。絵の中の傷を見えないようにしたい、きれいな状態に戻したい、というのはごく自然な心理であり、元々は、補彩というよりも補筆の意味合いが強かったのではないかと考えられる。その最たる例の一つが奈良国立博物館蔵の「仏涅槃図」（奈良県生駒郡斑鳩町の高安村涅槃講伝来）[2]であり、軸裏の墨書銘によれば元禄十六年（一七〇三）に修理された。過去に「尊像の少々が焼失した」と銘文にあるが、その焼損した掛け軸の右半分が、そうとわからないほど見事に復元されている。銘文からは、長年切望していた修理が漸く叶った喜びが伝わってくる。それを踏まえると、古来〝直す〟とは、美しく作り直すという意味を持っていたのだろう。

　長らく前述のような状況が続いたが、補彩に対する意識に変化が起き始める。その時期はおそらく〝絵画〟が〝文化財〟として扱われるようになり、〝作り出す〟人々の中から〝直す〟行為に特化した担い手が現れ始めた時ではないかと推測される。具体的に、昭和三十年頃には未だ復元を行う場合もあり、特に原則というものは存在しなかったというが[3]、渡邊明義氏が文化庁の美術工芸課にて監督として現場に立ち会われるようになった昭和四十年代には、絵画の修理に際して「復元せず」という方針が存在していたという[4]。この〝復元は行わない、補う箇所に線は描き入れない〟という方針は、現在も補彩の大原則である。

近年の補彩へ

〝地色補彩[5]〟や〝基調色による補彩〟と表現され、指定文化財の報告書にもそのように記載される近年の補彩であるが、その方法や方針は初めから定まっていたわけではない。渡邊氏は、様々な方法による補彩が試行されていたという具体例を示しており[6]、中でも、大きな一つの欠失箇所の中に、くっきりとした線を書き入れることはしないが、そこに存在したであろう人物や船の一部を意識させるような複数の色をうっすらと入れるという、現在では決して行わないような方法で補彩が施されているボストン美術館蔵「吉備大臣入唐絵巻」巻頭[7]は、非常に分かり易い試行錯誤の例である。

　そして、補彩の内容だけに留まらず、工程を担う人々も変化していく。昭和三十年から四十年頃、修理を専門とする工房が作品を預かり施工を行うという形が確立していったが、補彩以外の工程は総て工房の技術者たちが行なったのに対し、補彩だけは絵を描くことを本職とする画家たちの手によって行われていた。京都においては、数人の補彩画家達が、複数の工房を掛け持ちして補彩を担っていたという[8]。しかし徐々に補彩も他の工程と同様に工房内で技術者自身によって行うようになっていく。例えば岡墨光堂においては、昭和四十四年から三ケ年に渡り修理を行なった絵巻「伴大納言絵詞」（東京・出光美術館蔵）が、技術者が主となって補彩を行なった初めの大きな作品となり、昭和四十五年から三ケ年に渡って修理を行なった「絹本著色両界曼荼羅図（敷曼荼羅）」（京都・教王護国寺蔵）以降、完全に技術者がメインとなって補彩を担当していくことになる。勿論その際、修理を監督指導する立場の人々、現場で実際に修理に携わる人々の間で、納得のいくまで打ち合わせが行われたということは言うまでもない。そして、いくつもの実感や話し合い、様々な実例[9]の蓄積によって、補彩は段々と方向性が定まっていくこととなるのである。

　これ以降、ここで定まった方針に基づき、補彩に携わる人々は、全く趣の異なる様々な本紙に対して共通した方向を向いて話をし、同じような立ち位置から物を見ることができるようになったのではないだろうか。つまり、私たち現場の技術者は、現在にも繫がる補彩の軸となる部分を、この時に獲得したのだと考えられる。

補彩の具体例

一言で絵画作品といっても、その種類は材質

[図01]…十王図　欠失箇所

[図02]…十王図　補彩前

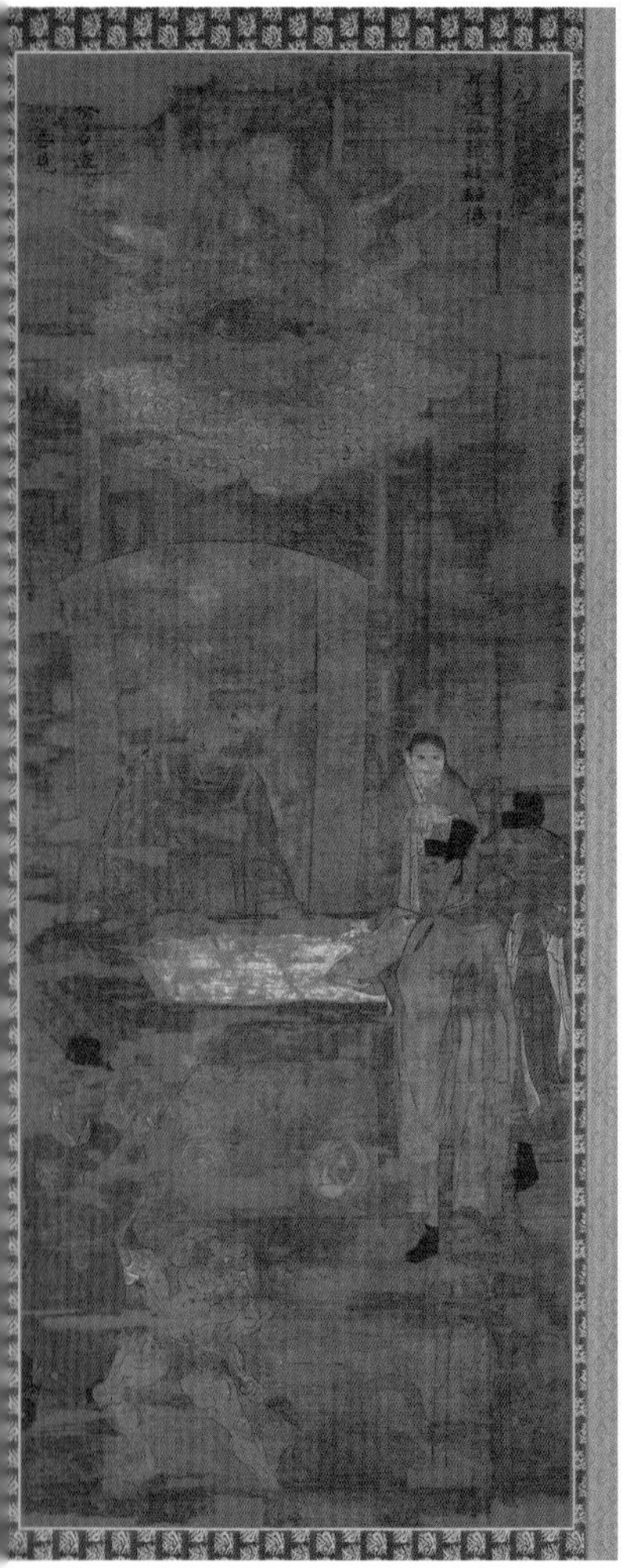

図03]…十王図　補彩後

も画題も形式も実に多種多様である。その中で、近年修理が行われたものから絹本の仏画と紙本の水墨画という全く異なる二点の作品を通して、補彩の実例を見ていただこうと思う。ポイントは、補彩がただ単に欠失箇所を見えないようにしているのではない、ということである。

先ずは絹本絵画「十王図」の内の一幅である。**図01**は主な欠失箇所をグレーで表したものである。この作品は欠失箇所が非常に多く、それが影響して絵画自体を見え辛くしている。**図02**では、グレーで現した画絹の欠失箇所に絹が補われている。しかしこの状態では欠失箇所が目立っており、まだ図柄がはっきりしない。そこで、補絹箇所に補彩を行なった後のものが**図03**になる。

この「十王図」のように、絹に様々な絵具を使って描かれた絵画の補彩を行う場合、地色とともに意識するのは〝剥落調子〟、つまり「表面の絵具が剥落したと仮定して、下からのぞく絹の色調と質感」[10]である。また、このように極めて欠失箇所が多い絵画において、各欠失箇所に入れている色はいずれも同じ色ではない。しかし、全体を通して〝同じような調子に見える〟ように色を入れている。

次に、紙を基底材とする紙本の作品である雪舟筆「山水図」を見ていただく。まず絵画の主な欠失箇所をグレーで表したのが**図04**、そしてその部分に補紙が行われた状態が**図05**である。二つを

[図04]…山水図　欠失箇所

[図05]…山水図　補彩前

[図06]…山水図　補彩後

見比べるとわかるように、この作品は前述の「十王図」と比べて欠失箇所が少なくはあるが、水墨画の画面の中にかなり面積の大きい欠失があり、静けさを湛えた本作のせっかくの雰囲気が壊され、鑑賞する際の妨げとなっている。また、各欠失箇所の周辺は、本紙の色味が微妙に異なっており、もし全ての欠失箇所に同じ色を入れた場合、どこかが全く合わない状態になってしまう。

このような紙本の補彩は、非常に難しい。なぜなら、まず絹本絵画の補絹部分よりも、補紙に入れることのできる色の要素が極端に少ないということが挙げられる。また、紙は極めて繊細で、見る角度や当たる光によって色味が全く異なって見えるため、慎重な作業が必要となる。繊細な作品の補彩を行う場合は、水と見紛うような薄い絵具を何度も塗り重ね、調整しながら進めていく。そのような作業を経た後の形が図06となる。

この二例で行っているのは同じ補彩という工程であるが、アプローチは全く異なる。また、色のみでは解決しないこともある。いくら色が絶妙に決まっていても、風合いが全く異なっていると、違和感は否めないのである。つまりマチエールも補彩において重要な要素であるということを忘れてはいけない。

おわりに

芸術大学の通信教育部に在籍している時に、卒業論文のゼミで「伴大納言絵詞」を例に補彩について考えるという論文の趣旨を発表した[11]。すると、五人ほどいたゼミのメンバーから〝何について論じているのか意味がわからない〟との指摘を受けた。理由をよく聞いてみると、例示した絵画作品の場面に〝欠失箇所がある〟ということが見えないということであった。物理的に〝見えない〟のではなく、〝そちらに目がいかない〟という方が近いかもしれない。約五十年前にこの補彩を手がけた諸先輩方の格闘が、見事に功を奏しているということを実感した。

〝補彩という仕事は哲学と感性との摺り合わせにより一つの結果を出す仕事である。そこにあるものは悩みであり、悩むことを通して一つの結果と認識を生み出すのである。〟とは、補彩を通して私たちと苦楽を共にしてくださった渡邊明義氏の言葉である[12]。保存状態や環境にもよるが、修理はおおよそ五十年から百年のスパンで行われる傾向にある。補彩の重要性が明確に認識されるようになっておよそ五十年、今なら様々な作品を実見しつつ、補彩の変遷をたどることが可能である。拙稿により、絵画の欠失箇所が気になって仕方がなくなってしまった方には是非、先人の、先輩たちの、そして私たちの悩みの痕を、補彩された部分から感じ取っていただければと願っている。

注

(1) 〝補彩〟とは、辞書に載っている言葉ではなく、主に修理の業界で使われている造語である。

(2) 『保存と修理の文化史』(京都文化博物館、二〇一八年)二四、二五頁。

(3) 岡興造氏へのインタビューによる(二〇一四年)。

(4) 渡邊明義「絵画の修理をめぐって――補彩の苦労を友とする」(『守り伝える日本の美 よみがえる国宝』九州国立博物館、二〇一一年)五四頁。

(5) 『装潢文化財の保存修理 東洋絵画・書跡修理の現在』(一般社団法人 国宝修理装潢師連盟、二〇一五年)一七一、一七二頁。

(6) 渡邊明義「絵画の修理について」(『佛教芸術』一三九号、毎日新聞社、一九八一年)五三頁。渡邊明義「文化財の修理について――特に日本画の場合」(『在外日本美術の修復』中央公論社、一九五五年)一四二頁。

(7) 「第十五回 日本の文化財修理における〝地色補彩〟について(2)」(岡墨光堂ホームページWeb修復、二〇二二年、十一月号、https://www.bokkodo.co.jp/web/2211_vol15.html)。

(8) 前掲注7に同じ。

(9) 前掲注4渡邊論文、五四、五五頁。岡興造(岩太郎)「応徳仏涅槃図の修理」(『国宝応徳仏涅槃の研究と保存』株式会社東京美術、一九八三年)八五―八八頁。渡邊明義氏も岡興造氏も、補彩が近年のような方針に変化していった転機としての作品に「伴大納言絵詞」、「両界曼荼羅図(敷曼荼羅)」を挙げている。当時の状況については、渡邊氏の文章と共に、注7で示した文中でも述べているので、参照していただきたい。

また、先述の『国宝応徳仏涅槃の研究と保存』や、岡墨光堂九十年を記念して出された『神護寺国宝肖像画三幅の修理』(一九八三年)では、それぞれ「絹本著色仏涅槃図(応徳仏涅槃図)」や、「絹本著色伝源頼朝像、伝平重盛像、伝藤原光能像」に施された補彩について、実際にどのようなところにどのような補彩を施したのかということが、施工した技術者側の言葉で具体的に説明されている。これは、現在とは異なり、まだ全ての修理作品に対して修理報告書が作られているわけではなかった時代において、貴重な資料であると言える。

(10) 『装潢文化財の保存修理 東洋絵画・書跡修理の現在』(一般社団法人 国宝修理装潢師連盟、二〇一五年)一七二頁。

(11) 前掲注7に同じ。

(12) 前掲注4渡邊論文、五五頁。

「聖徳太子絵伝」の修理と補修絹

郷司泰仁……GOJI Yasuhito

絹に表された書画は、折れたり、切れたり、穴があいたりして料絹が失われることがある。
このような箇所には修理の際に、絹を補う「補絹」という作業が行われる。補絹はただ単に、なくなった部分に絹を補うだけではない。料絹自体の状態や作品の損傷状況などにより、それぞれ作品に応じた対処が必要となる。
今回は「聖徳太子絵伝」について、補絹の大まかな流れと、修理に求められた対応方法をみてみる。

絹にかかれた絵画や書は、絹に含まれるたんぱく質のセリシンが経年劣化によって失われて強度が弱まる。さらに、虫食い・折れ・浮きなどによって繊維が断裂し、一部が欠落して絵絹に穴が開いてしまう。そのような作品を修理する際に、欠失した部分の絹を補う「補絹」という作業が行われる。ここでは香雪美術館が所蔵する「聖徳太子絵伝」(香雪本)【図01】を例に取り上げる。(1) 本作は二〇一五年四月から二〇一八年三月までの三年をかけて修理を行った。なお、本稿とともに袴田尚志氏(松鶴堂)のコラムを読んでいただくと、より「補修絹」についての理解が深まると考える。

「聖徳太子絵伝」とは、日本の礎を築いた政治家であり、日本への仏教導入を牽引した聖徳太子の誕生から葬送、埋葬、逝去後の事象、さらに太子の前世での出来事を絵画化した作品で、掛幅と巻子が存在する。(2) 香雪本はもともと九幅セットであった作品の一部で、第3幅、第7幅、第9幅にあたると考えられる。愛知・本證寺蔵「聖徳太子絵伝」(絹本着色、十幅)と同一の図様、構図で描かれている。香雪本と本證寺本は制作時期もほぼ同時期で、聖徳太子絵伝の受容を考える上でも重要な作品といえる。

図02は修理前の第7幅の部分「太子三十七歳

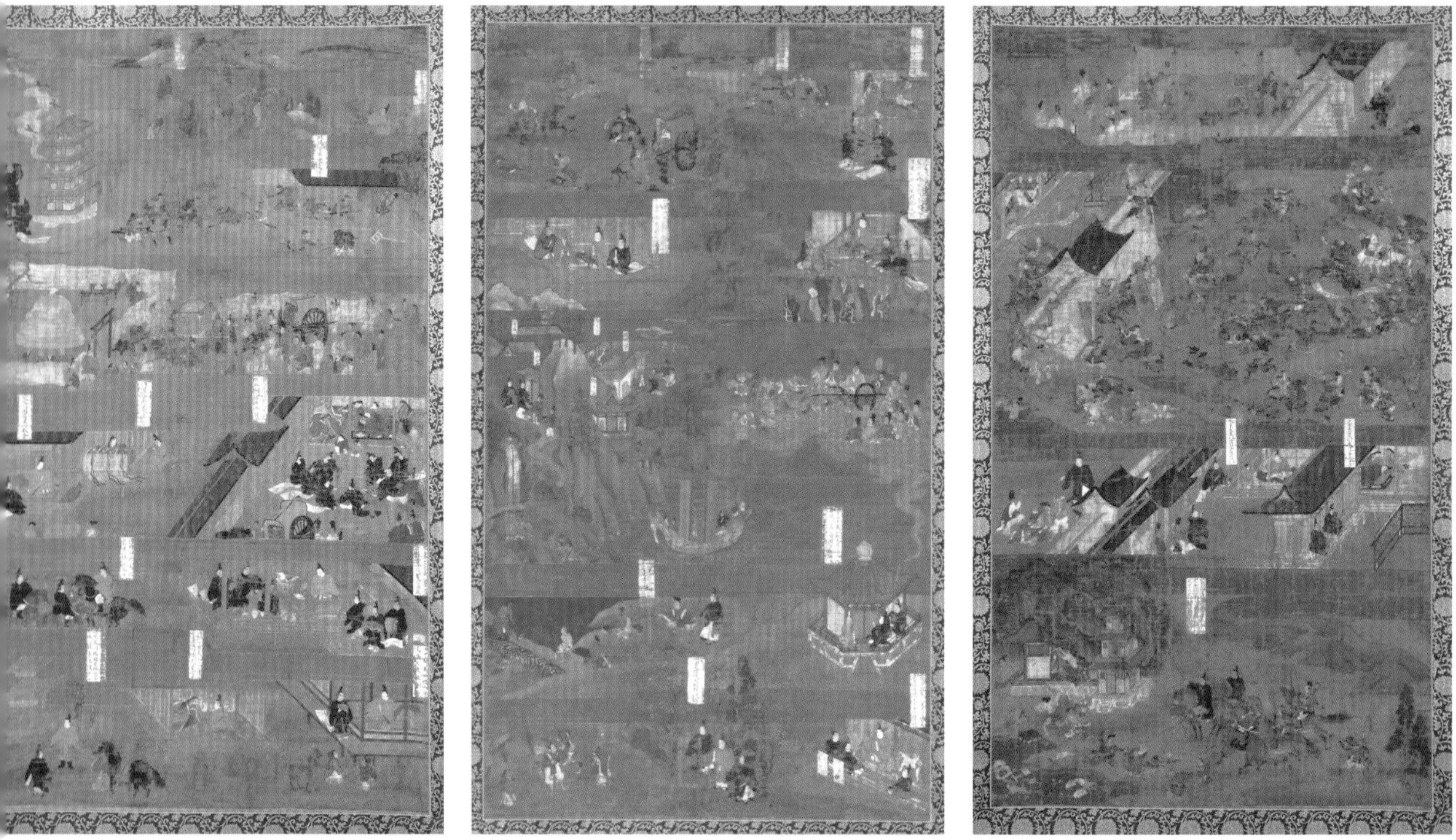

［図01］…聖徳太子絵伝　右から第３幅・第７幅・第９幅（香雪美術館蔵）

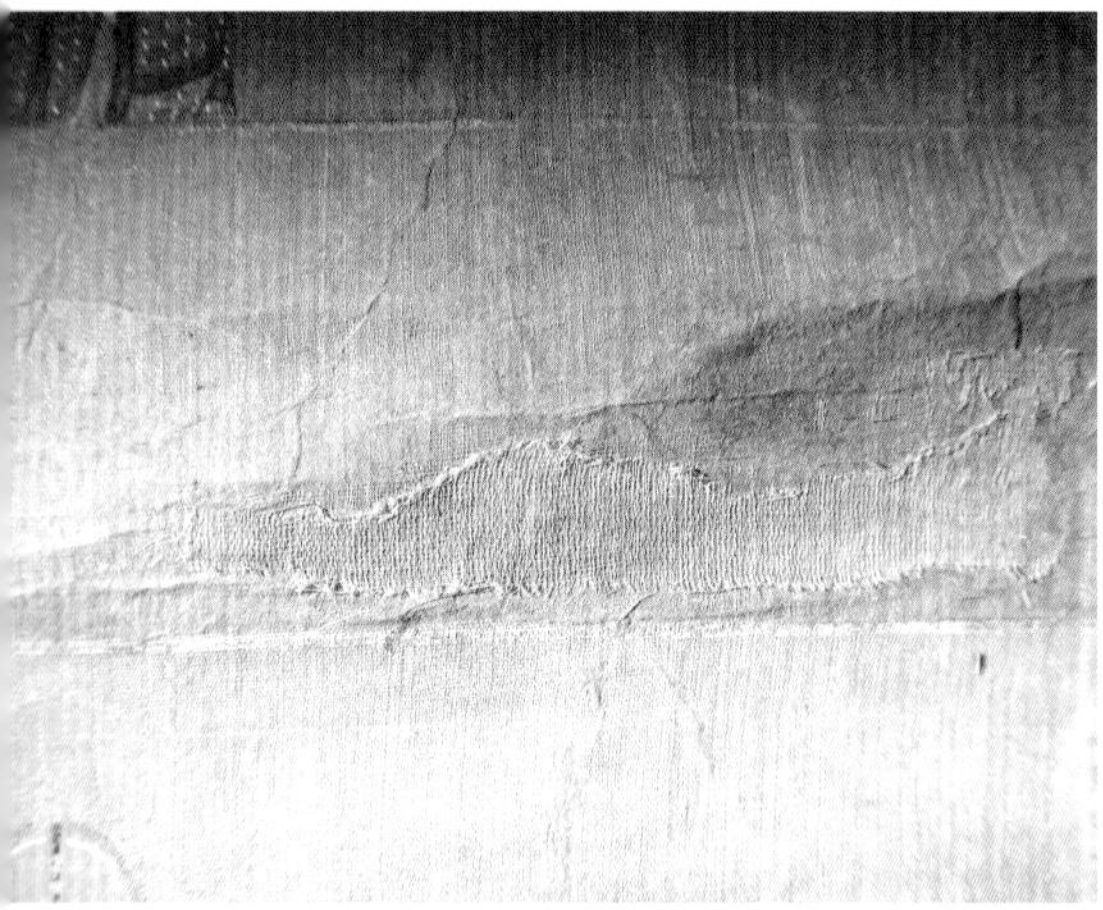

03］…聖徳太子絵伝　第７幅　部分

［図02］…聖徳太子絵伝　第７幅　部分

夢殿にて瞑想」の場面である。図柄が途切れたグレーの部分は、絹が欠失して、本紙料絹の裏を支える肌裏紙が見えている場所である。絹本作品では、過去の修理で補絹が施されていることがある。その際は往々にして作品の当初料絹とは織組織の異なる絹を充てがっていることが多い。本作の場合は図03(3)のように、オリジナルの絹よりも糸が太く織りの粗いものが過去の補修絹として採用されていた。これらの補修絹は、わずかに本紙料絹に重なっており、作品の表面から施されていると考えられた。

また、それとは別に、本作ではオリジナルの料絹と織組織が極めて近似した絹を使って補絹されている箇所も認められた。昔の修理ではほかの絹本作品の絹を切り取って補絹するという事例も時々見られ、本作もそのような事例のひとつといえる。九幅セットのうち現在確認されているのは香雪本三幅のほか、ボストン美術館に五幅所蔵されており、残る一幅は所在不明である。特徴的な絹を補絹に使用していることから、所在不明の一幅から切り取って使用し

た可能性がある。(4)

本紙料絹が欠失した箇所には、作品の画面をフラットにし、画面にかかる力の均衡を保つために「補絹」を行う。まず、画面の表面を詳細に観察し、当初の本紙料絹がどのように残存し、欠失している箇所はどうなっているのかを確認、記録し、「損傷地図」[図04]を制作する。青色を塗られた部分が損傷し、今後絹を補わないといけない場所である。すでに補絹されている場合はそのことも注記する。ここでは損傷地図の一部しか紹介していないが、本紙全体をカバーするように、また複数点セットの作品はその全部にわたって作成しなくてはならない。本作の場合も三幅分が作られた。この損傷地図をもとに補絹を施していく。

本作の本紙料絹はおおよそ縦一六二cm、横九四cmで、絹継ぎのない一枚絹である。織組織は糸が細く均一で、織密度も詰まって繊細である。一寸間(約三・〇三cm角)に経糸《たていと》が筬《おさ》数五五～六〇枚二ツ入、太さは一四中《なか》～二一中デニール、緯糸《ぬきいと》は打込六五～八〇、太さは一四中～二一中デニールの糸が三本で織られている[図05]。(5)

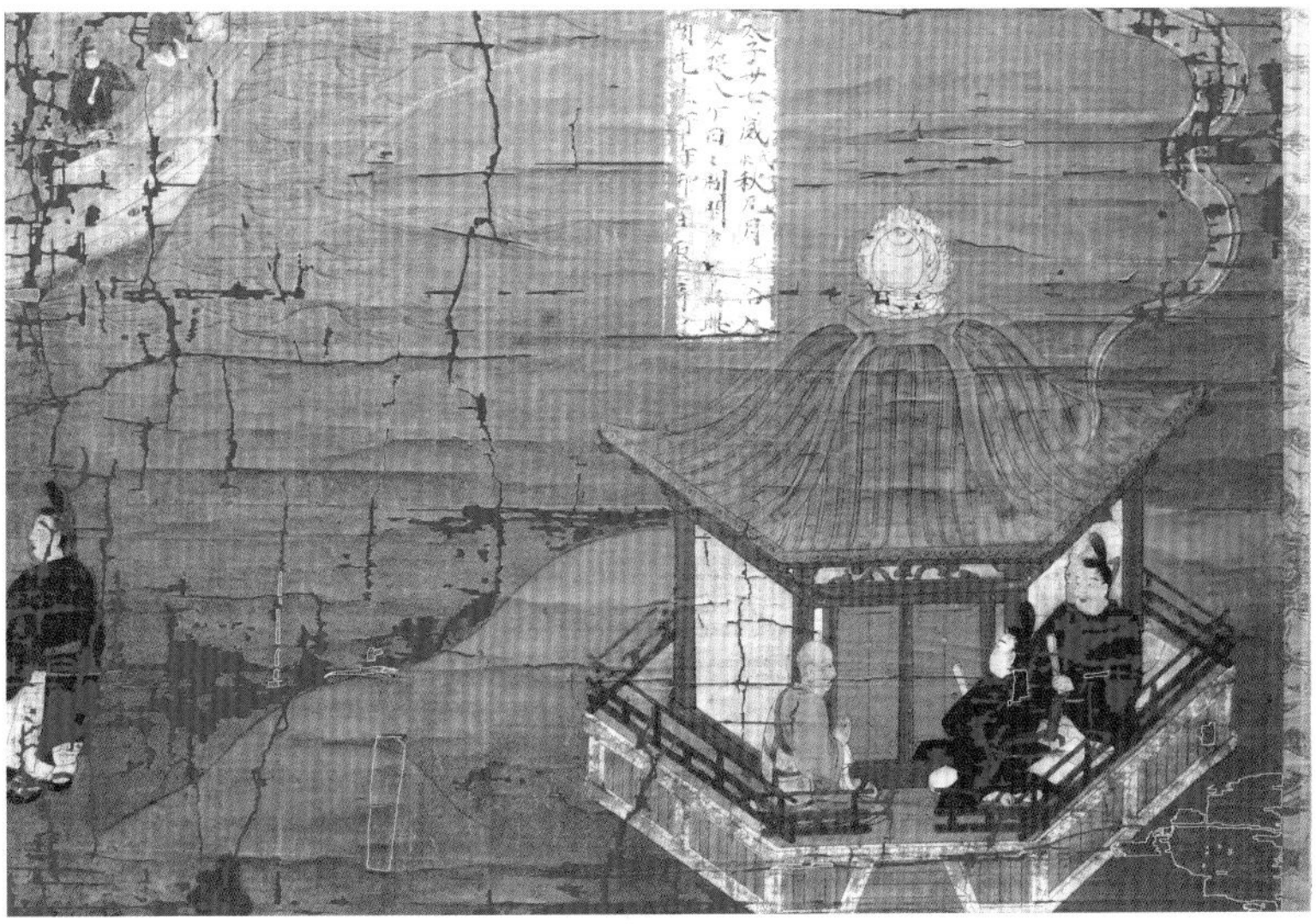

[図04]…聖徳太子絵伝　第7幅　損傷地図(部分)

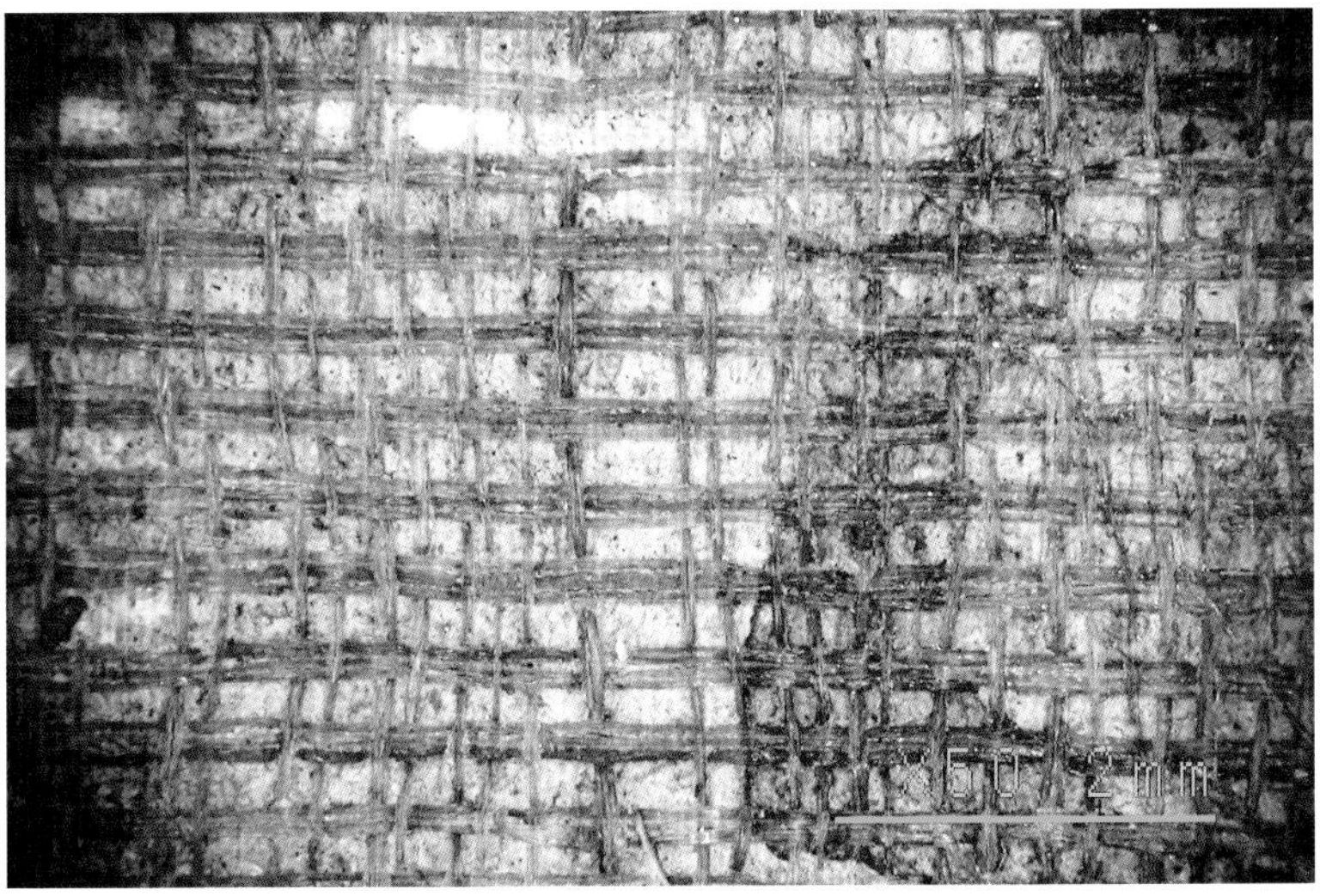

[図05]…聖徳太子絵伝　当初の料絹アップ(本紙裏面より)

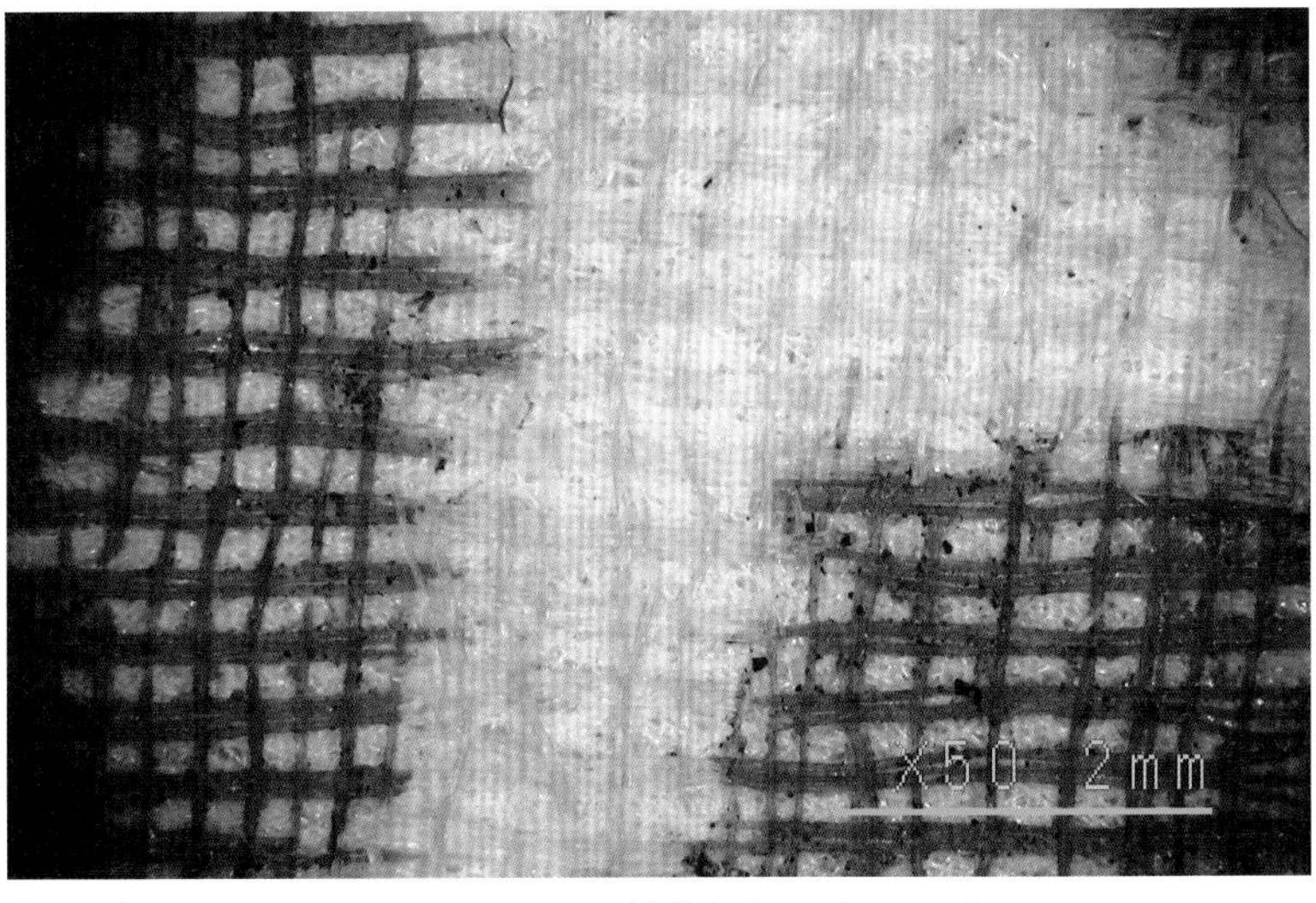

[図06]…聖徳太子絵伝　あてられた補修絹(本紙裏面より)

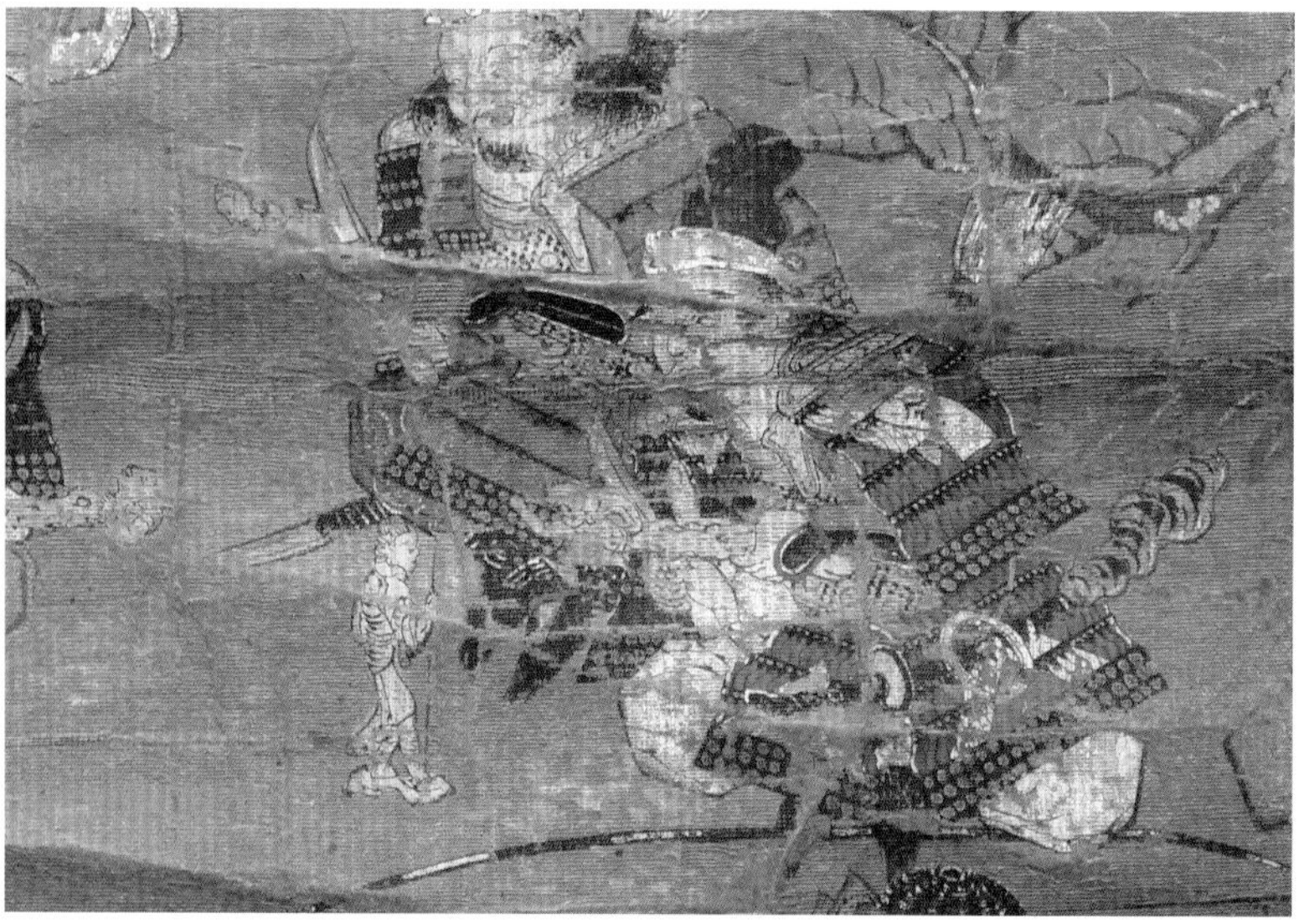

［図07］…聖徳太子絵伝　第３幅（部分）　修理前

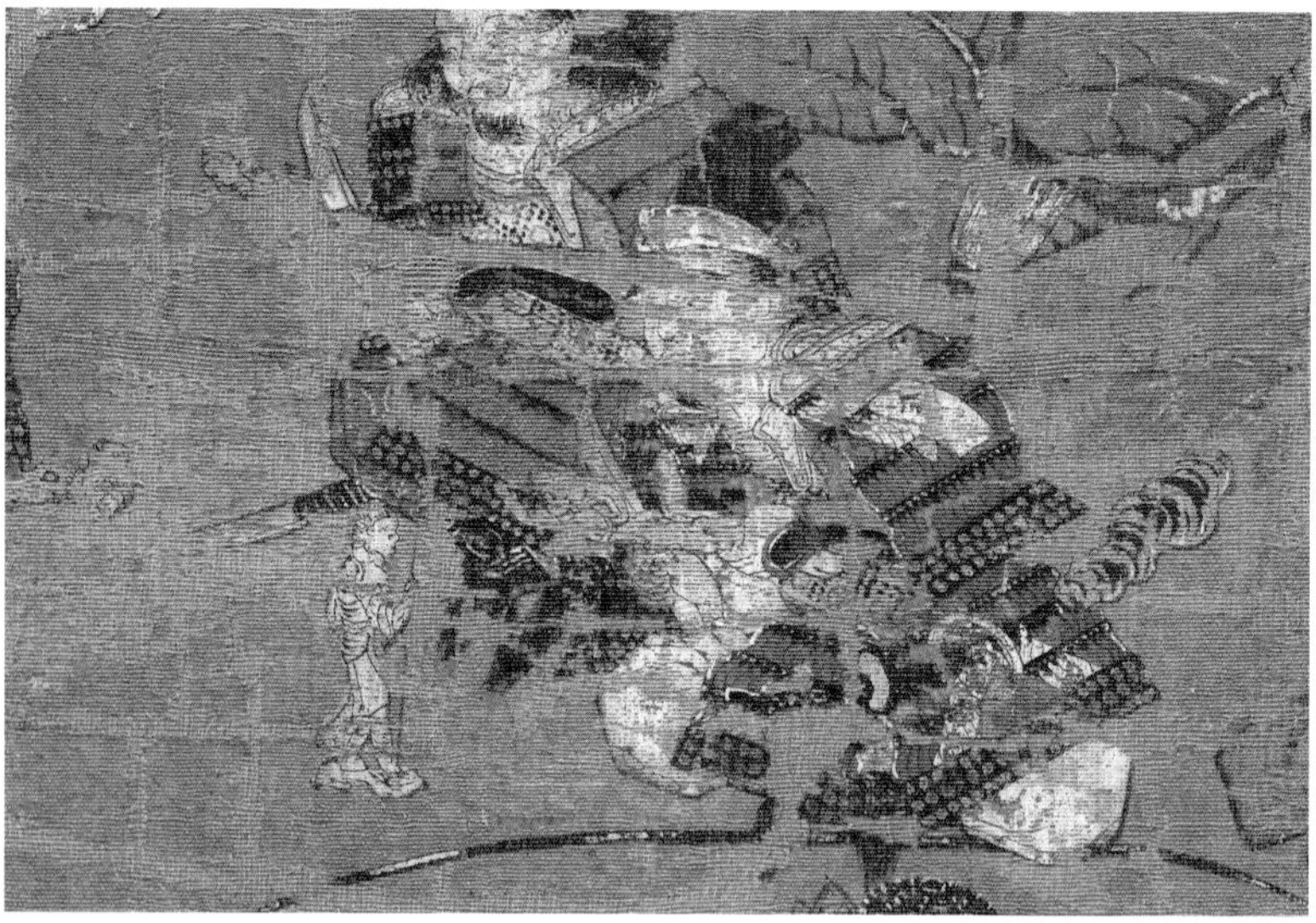

［図08］…聖徳太子絵伝　第３幅（部分）　修理後

　江戸時代以前の絹本作品の補絹には、新たに補修用の料絹を制作し、それを電子線によって強制的に劣化させ、糸の太さや織組織を作品の当初料絹に近いものにする。この強制劣化させた絹を「劣化絹」と呼ぶこともある。これは、当初の料絹と補絹の糸の太さ、織組織を均一化して作品の風合いを崩さず、劣化の程度を合わせることで、料絹の伸縮性、柔軟性を統一し、作品全体のバランスを整え、今後著しく劣化しないように安定化を図るためである。

　複数幅セットになっている作品は各幅で、経糸の本数にバラつきがある。さらには同一画面内でも場所によって同様の状態が確認できることもある。今回はこれが特に顕著で、一種類の補修絹では作品にうまくなじまず、バランスを崩しかねないことが予想された。そのため、複数の補修絹を作成し使い分けることにした[6]。この補絹を充てる際は、先に作成した損傷地図をもとに、欠失箇所の大きさに合わせて切断し、当初の料絹に被らないように、または欠失箇所より小さくならないようにしながら、画面裏から補絹を施さなくてはならない。修理技術者の繊細な作業、技術の高さが求められる場面でもある。大きくなってしまうと重なって盛り上がり、小さいと隙間が空いて段差が生じる。この微細な厚みの違いが作品を巻き解きする時に極端にこすれあい劣化を進める原因となる。

　補絹した箇所には、最終的に当初料絹の地色に近い色を塗り（補彩）、画面の調整を図る。補彩については、亀井亮子氏（岡墨光堂）のコラムを参照いただきたい。修理前の状態［図07］と、補絹作業を含めた作品状態の改善を行った状態［図08］を比較すると、修理前は画面に凹凸が生じ、肌裏紙が露出していたことで、これらの部分が目立って鑑賞上の障害になっていた。修理によって画面がフラットになり、作品表裏に付着した汚れやシミが除去され、淡墨によって染色されたグレーの肌裏紙が少し明るいものへと変更されたため、補絹した箇所も気にならず、画面全体の調和が図られた。

作品の表装を解体して肌裏紙を除去し、補修絹を施すなど、本紙の状態を改善して再度表装し直すという解体修理では、作品の状態悪化を促進している要因を極力取り除かなければ、本格的な改善は図れない。このような作業は修理業者の繊細な技術によるもので、思いのほか、時間と資金がかかる。これは、これまで受け継いだ貴重な文化財を未来に伝えるために必要な処置である。

注

(1) 作品の概要は次の通り。
三幅、絹本着色、〔第三幅〕縦一六一・八cm、横九三・九cm、〔第七幅〕縦一六二・二cm、横九三・六cm、〔第九幅〕縦一六二・一cm、横九四・〇cm。修理は株式会社松鶴堂によって、二〇一五年四月～二〇一八年三月にかけて行われた。施工担当者は森田健介、補彩担当者は池田奈央である。
今回の内容は、大島幸代・郷司泰仁「修理報告　香雪美術館所蔵　聖徳太子絵伝について」（『香雪美術館研究紀要』創刊号、二〇一八年）、および香雪美術館『聖徳太子　時空をつなぐものがたり』（二〇二〇年）、特に『聖徳太子　時空をつなぐものがたり』に掲載される株式会社松鶴堂「レポート　修理現場から2　聖徳太子絵伝」によるところが大きい。

(2) 大阪・四天王寺蔵「聖徳太子絵伝」（一帖、紙本着色、室町時代［十五世紀］）のように画帖に貼られた作品が存在するが、元は絵巻と推測される。

(3) 図03は香雪本第七幅の太子三十八歳百済僧十人の漂着の下方、太子三十七歳青龍車に乗って衡山に行く場面の上方にある霞の部分である。

(4) 失われた一幅から絹を使用している可能性については、大島幸代「序論　ものがたりを未来へつなぐために」（香雪美術館『聖徳太子　時空をつなぐものがたり』二〇二〇年）で既に指摘されている。

(5) 筬は織機のうち、経糸を整え、交差する緯糸を手前に引いて固定させるもの。筬数とは、一寸あたりの経糸の本数で、「枚」と数える。打込とは、一寸あたりの緯糸の本数。中は平均の意で、絹糸は太さが均一ではないため、複数の繭から糸繰りする際に近似値に揃えたもの。デニールは繊維の太さを示す単位。現在でもタイツやストッキングの質量を示す単位として使用される。

(6) 具体的には、経糸の太さは一四中デニール・二一中デニール・三一中デニールを二：六：二の割合で配合、六〇枚二ツ入を共通として、緯糸の太さは一四中デニール一本と二一中デニール二本の計三本緯としたうえで、①打込数を六五（部分的に六〇）、②打ち込数七〇（部分的に六五～七五）、③打込数八〇（部分的に七五）の合計三種類を作り使用した。

わざのコラム

補修絹

袴田尚志……HAKAMATA Hisashi

装潢師。株式会社松鶴堂取締役・国宝修理装潢師連盟認定技師長（絵画Ｉ類）。
修復実績に「弥勒菩薩像」（宝山寺蔵）、「上畳本三十六歌仙絵　猿丸大夫」（香雪美術館蔵）などがある。

絵が描かれている絹（絵絹）は、単に平面的なものではなく、経糸《たていと》と緯糸《ぬきいと》（横糸）で織り成された織物である。絹に描かれた絵（絹本絵画）は、大袈裟に言えば網戸の網のようなものに絵が描かれており、網目状に無数の隙間がある。網戸は、その向こう側が見えるように、この絵絹の隙間からは裏打紙の色が覗いている［図01］。古い絵画を目にする際、実は絹に描かれた絵と共に、修理で施された裏打紙の色を作品として複合的に鑑賞しているのである。絵絹には平安時代から現代に至るまで、織目の詰まり方や、糸の太さ等、時代的な個性とでもいうような大まかな特徴があり、更に同じ時代のものでもそれぞれに織目の密度などが異なっており、なかなか同じものに出会うことがない。絹本絵画の修理を行うにあたり、先ず考えなければならないのは、作品にあわせた補修絹の準備となる。

絹本絵画の修理において、補修絹の果たす役割は非常に大きなもので、どのような補修絹を用意すべきか常に気を使う部分である。本紙と織目が異なっていると、視覚的違和感が生じるだけでなく、柔軟性等のバランスも不均衡となる。その為、本紙に合う絹がなければ新たに織らなければならない。古来、絹本絵画の修理で補修絹を用意することは苦労が付きものであったと思われる。以前、中国人修理技術者の作業場を訪れる機会があった際、師匠から譲り受けたという古い

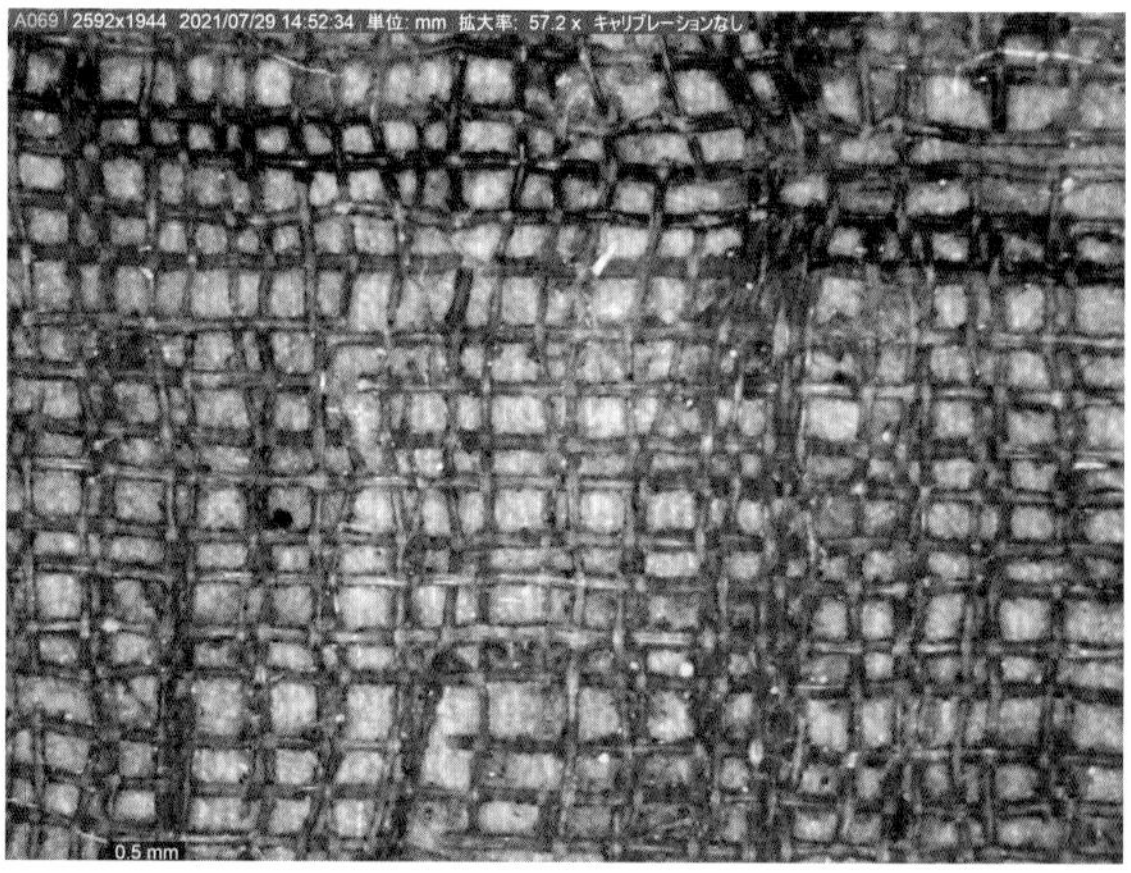

［図01］…十王図のうち宋帝王図（香雪美術館蔵、室町時代）
肌裏紙が絹目の隙間から見える。

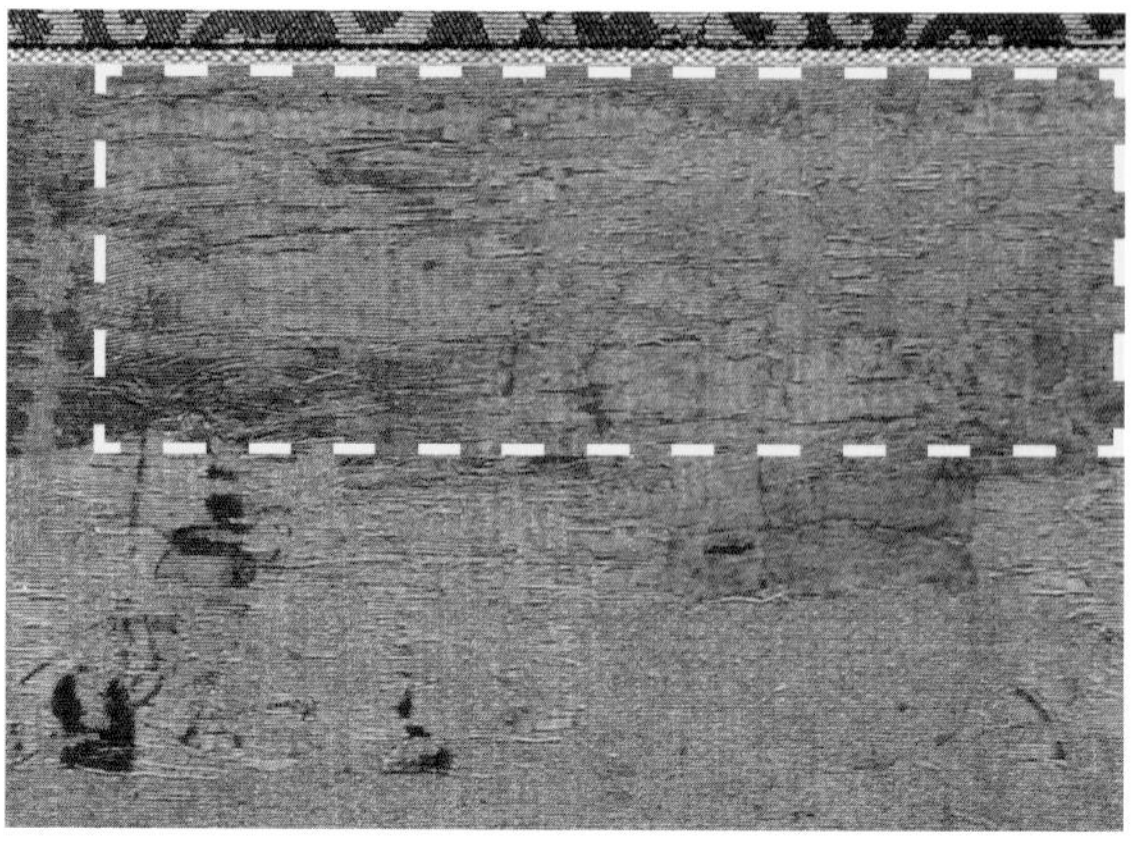

［図02］…聖徳太子絵伝　第3幅部分（香雪美術館蔵、以下「香雪本」）
修理前　点線枠内に、何らかの絹本絵画から絹を補っている。

［図03］…聖徳太子絵伝　第７幅部分（香雪本）修理前
従者の黒袍に組織の異なる補修絹がある。

時代の補修絹を見せて頂いたことがある。とっておきの仕事に使うのだと、宝物のように大切にしているのと同時に、そのような貴重なものを譲り受けたことをとても誇らしげに語っている姿が印象的であった。ひと昔前の修理では、傷みの激しい何らかの絹本絵画を大量にストックしておき補修絹として転用したり[図02]、または織目の全く異なる絹を用いたり[図03]、同じ作品の一部分を切り取って補修絹とするなど、様々な修理が行われている。現在では本紙の織組織に合わせて絹を織り、長い年月を経て脆弱化した本紙を傷めないように電子線を照射して絹の強度を劣化させたものを補修絹として用いるようになっている。

さて、聖徳太子絵伝の修理においての補修絹であるが、本紙の絹は通常の絵絹に比べ特徴的なものであった。通常、緯糸は一本ないし二本を合わせて織られているが、聖徳太子絵伝の緯糸は三本を合わせたものであった[図04]。今回の修理では、過去に織った補修絹では合うものが見当たらず、新たに織ることとした。聖徳太子絵伝は一枚の絹の中でも、場所により緯糸の織密度が異なっており、それに対応出来るよう数種類の絹を作製して本紙とバランスが取れるよう配慮した。聖徳太子絵伝の欠失箇所は網目状の欠失が広範囲に連続しており[図05]、絵絹の複雑な欠失箇所にあわせて補修絹を正確に整形する作業が非常に時間を要するものであった[図06]。また、そのように時間をかけて補修した箇所の全てに、補彩と称する、作品の色調にあわせた色調整を行うことも同じように難しい作業であった。このように苦心した修理作業であるが、修理の痕跡は目立たないようにすることを理想としており、補修箇所の存在に気付くことなく作品を鑑賞してもらえたのであれば、我々の役割が果たせたのではないかと思われる。

[図04]…聖徳太子絵伝(香雪本)当初の料絹アップ(本紙裏面より)

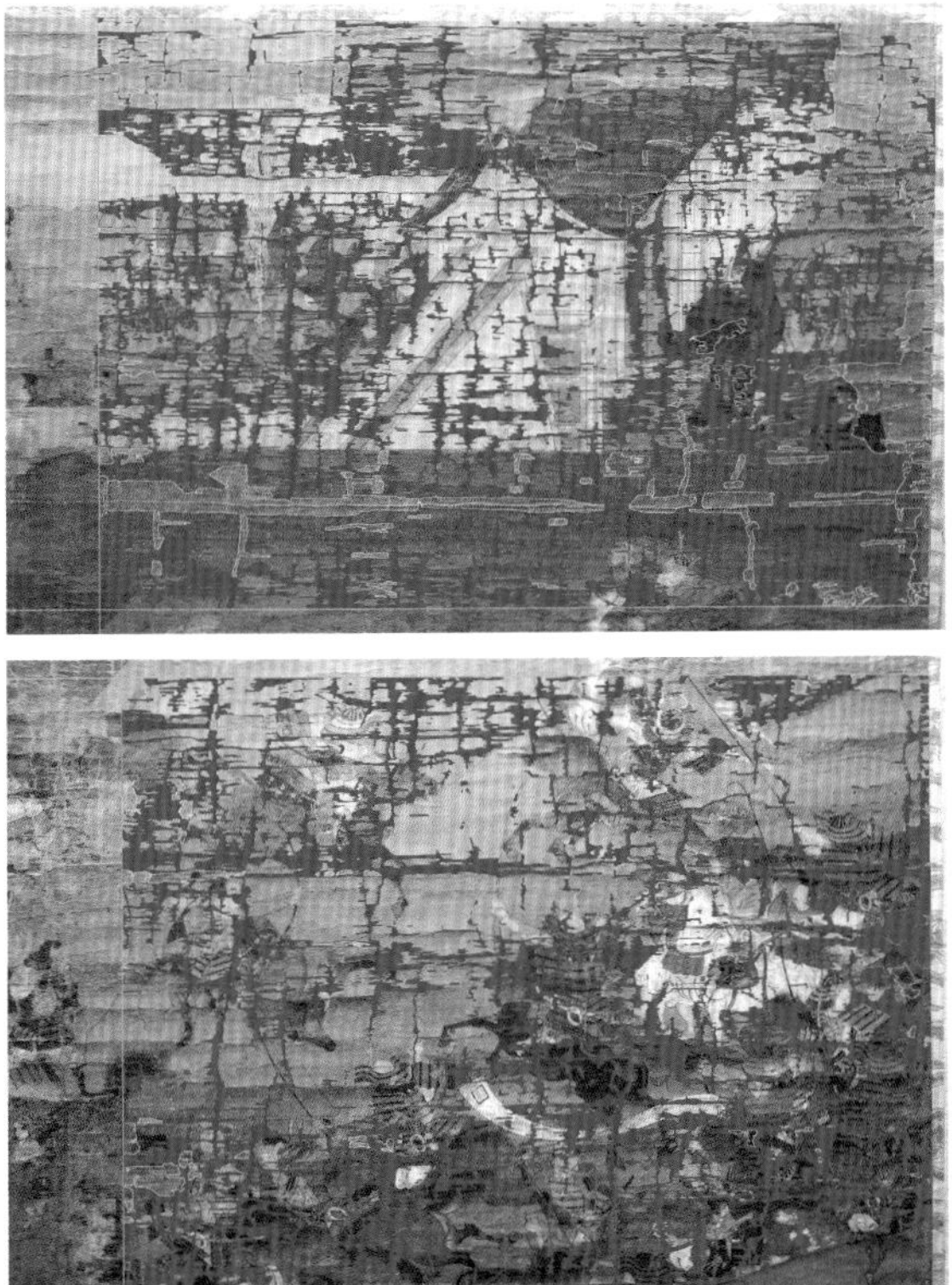

[図05]…損傷地図　(上)第3幅―2　(下)第3幅―4
青色で示した部分が本紙の欠失箇所

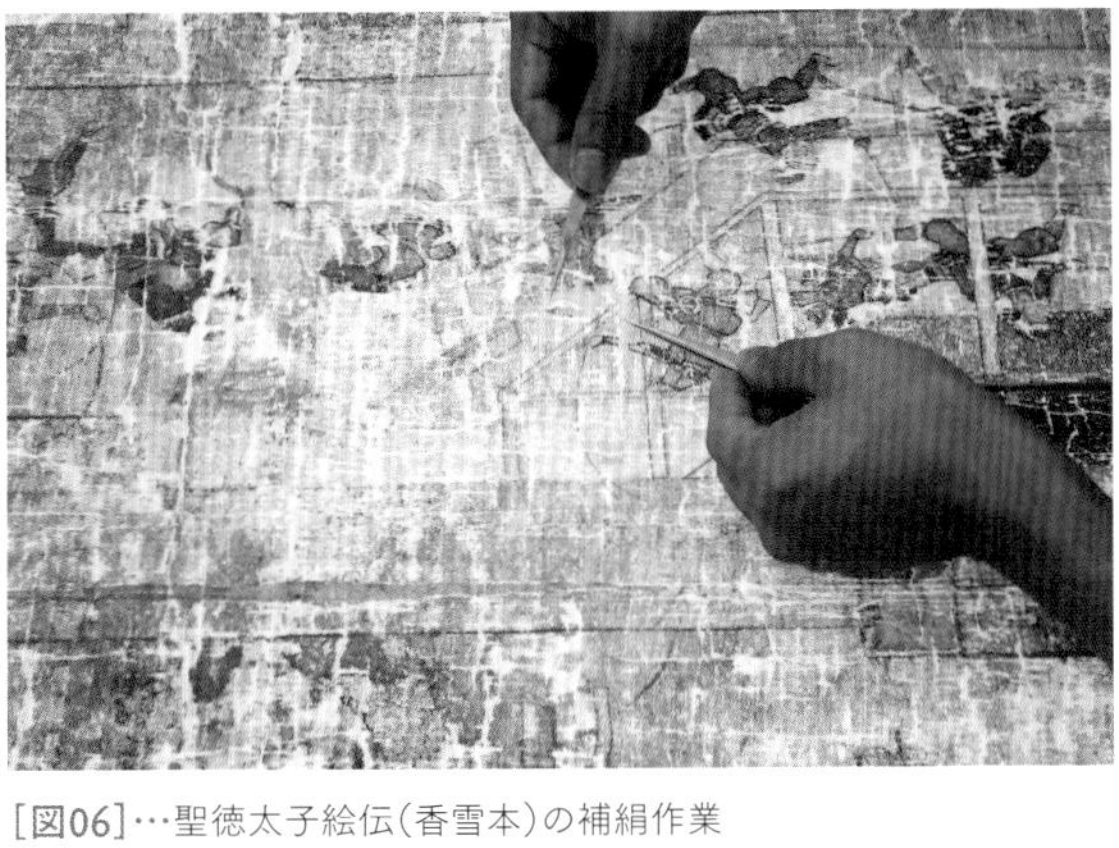

[図06]…聖徳太子絵伝(香雪本)の補絹作業

林茂郎……HAYASHI Shigeo

鳥文斎栄之「美人夏姿図」の裏側（肌裏紙と裏彩色）

修理における解体作業によって、作品の本紙裏側が一時的に明らかになる。通常見ることのできない裏側には有益な情報が溢れている。中でも、裏彩色と肌裏紙に注目する。それらは、裏から絵画を物理的に支えるとともに、絵画表現にも影響を及ぼす。本件修理はそうした効果を示す好例であり、また肉筆浮世絵における技法の検証のための具体例である。

江戸時代寛政期に喜多川歌麿（一七五三〜一八〇六）に並び活躍した鳥文斎栄之（一七五六〜一八二九）による肉筆美人画[1]［図01］。団扇を持って赤い机にもたれかかる遊女と蝶を指差す禿の姿を描く。二人の白い肌はしっとりと張りがあり、遊女のうなじが団扇から透けて見える様子は艶めかしい。

本作は、横方向の折れがいくつか発生し、折れ山部分が擦れて亀裂に進行している箇所や、本紙を裏側から支える肌裏紙の接着力が弱まり、一部本紙から剥離する浮きが生じ、また経年による表装の硬化によって、収縮の差が発生して本紙を波打たせるなど、修理が必要な状態となっていた。二〇一九年六月から本格解体修理を行った。

掛軸などの装丁には、本紙の背面に何層かの紙を貼り付ける「裏打ち」が施される。本紙に直に接するのが「肌裏紙」、最後を「総裏紙」とし、その間に裏打ちが入る場合は、二層目を「増裏紙」、三層目を「中裏紙」とする。裏打ちの目的は主に本紙の補強であるが、絵画表現にも影響を及ぼす。特に作品に直接触れる肌裏紙は影響が大きい。例えば彩色のない無地場では、絹目の間からその色が覗くことで、絹色と混ざりあって見える。また、絹本絵画では、彩色を裏面からも施す裏彩色がある。裏彩色は絹目の間や絹の透明性を利用して、表面に和らいだ色を示すなど彩色表現の幅を拡げる。そうした裏彩色が施されている場合でも、肌裏紙の色が影響することもある。肌裏紙は基底材の表裏にある色材（絵具等）のさらに外側から絵画表現に影響する要素といえる。

このような構造を踏まえて行われる絹本作品の解体修理において、肌裏紙の除去（肌上げ）は本紙を傷つけないことはもちろんのこと、裏彩色

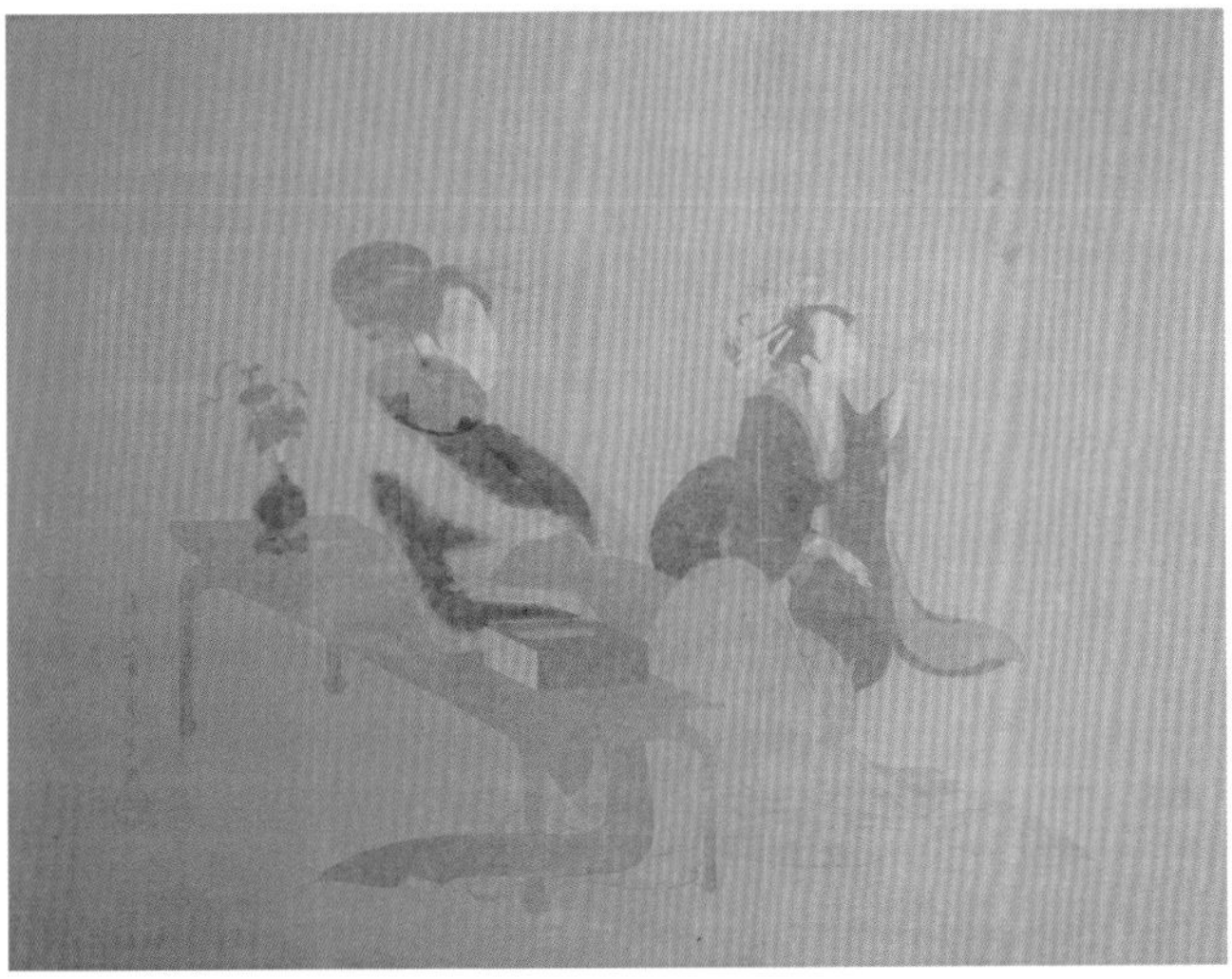

[図02]…中裏紙除去後の本紙裏面
団扇を持つ遊女の胸元、両腕、花瓶に薄墨色、その他は白茶色の肌裏紙。

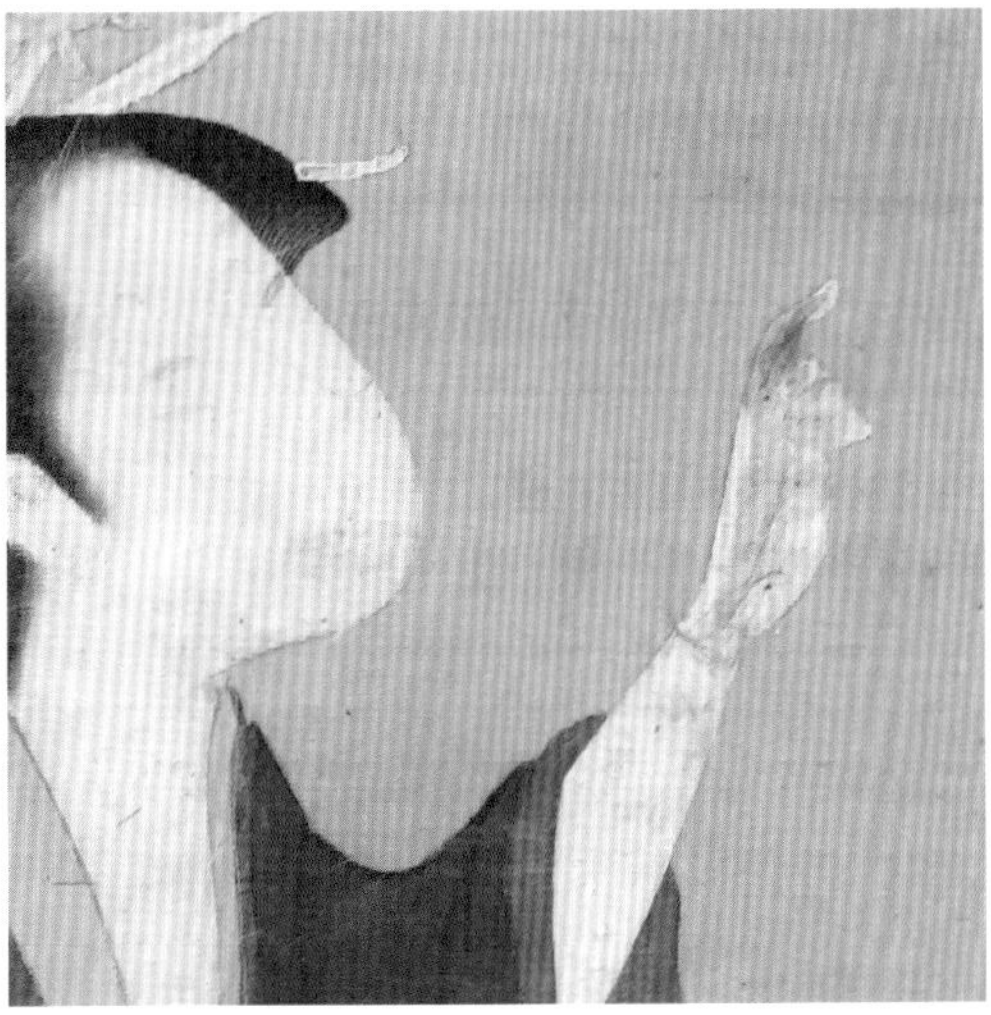

[図03]…白茶色の肌裏紙除去後の本紙裏面
禿の左手に薄墨色の紙繊維の残存が認められる。

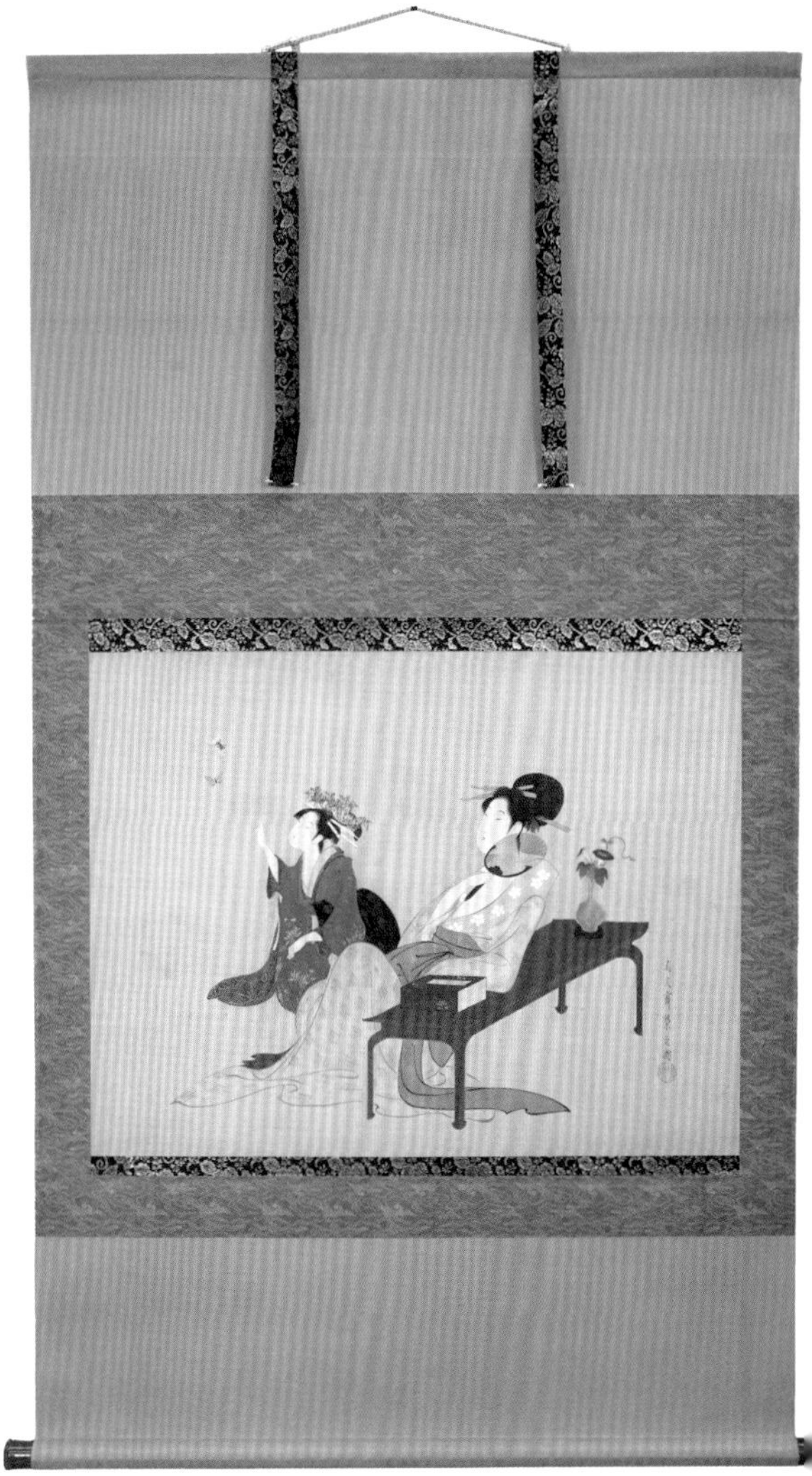

[図01]…鳥文斎栄之 美人夏姿図(香雪美術館蔵)

の絵具を損なわないことが要求され、最も難度の高い作業とされる。

修理の具体的内容について、株式会社岡墨光堂の岡松一雲氏、橋本志保氏による報告書をもとに紹介する。解体によって肌裏紙を白茶色と薄墨色の二種に打ち分けていたことが明らかになった[図02]。はじめは何らかの表現を意図して打ち分けたと推測されたが、白茶色の肌裏紙を除去したところ、除去箇所に薄墨色の紙繊維が残存していることが確認された[図03]。薄墨色の肌裏紙は、白茶色の肌裏紙よりも前に施された可能性が高い。

現在の肌裏紙の除去は、より安全、かつ精密になっており、薄墨色の肌裏紙はすべて除去することができ、裏彩色の確認が容易となった[図04]。近年、修理実績の増加に伴い、肉筆浮世絵における裏彩色の有無や用例について言及されるようになっている。担当した修理事例をもとに、各作品における裏彩色の用法の展開を紹介された廣海伸彦氏の論考は重要である[2]。こうした議論をさらに展開していくためにも、未だ少ない裏彩色の用例を、修理ごとに積み重ねていく必要があるだろう。

本作の裏彩色は人物の肌や着衣、机や花瓶に確認できる一方、机上の書物を納める帙、朝顔には裏彩色が認められなかった。団扇を持つ女は、髪と帯を除き裏から白色の絵具が施されており、肌と浴衣で濃度を変えている[図05]。加えて、着衣の下の肌も白の裏彩色で表されており、浴衣部分を薄く、肌はその上から濃く施す。また、朝顔をいける花瓶は、裏から白色の絵具を、表は薄い墨を施す。さらに花瓶の口から胴にかけて、表面には朝顔の茎を表す薄い緑色が確認され、透明なガラス質の表現と思われる。栄之は裏彩色の効果を把握していた可能性が高い。少なくとも、彩色箇所によって使い分けていたことは明らかだ。

本紙絹の組成も記しておく。組織は平織で密度は一寸間（約三・〇三cm角）で経糸は八〇〜九〇枚

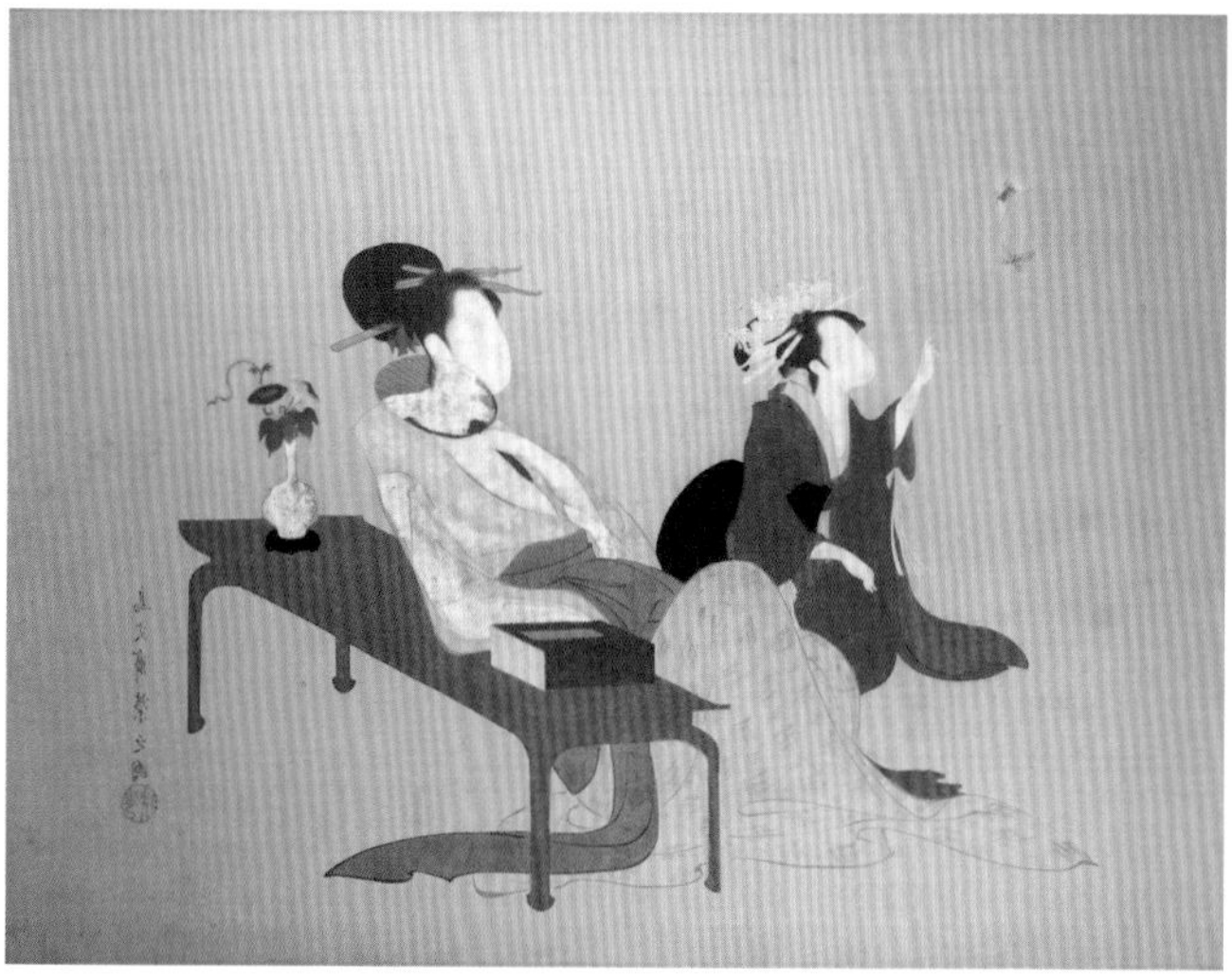

[図04]…肌裏紙除去後の本紙裏面

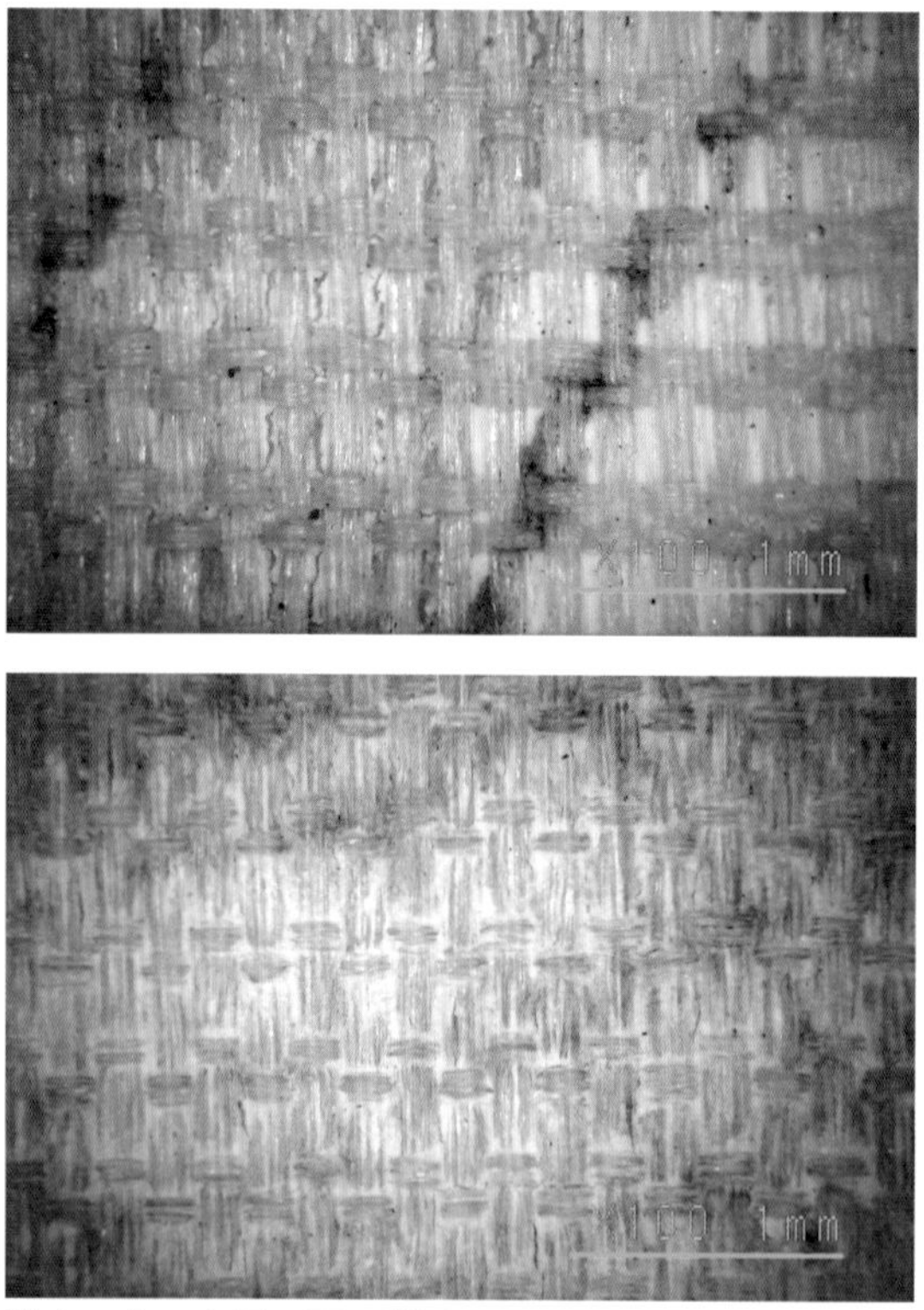

浴衣　上：表面　下：裏面

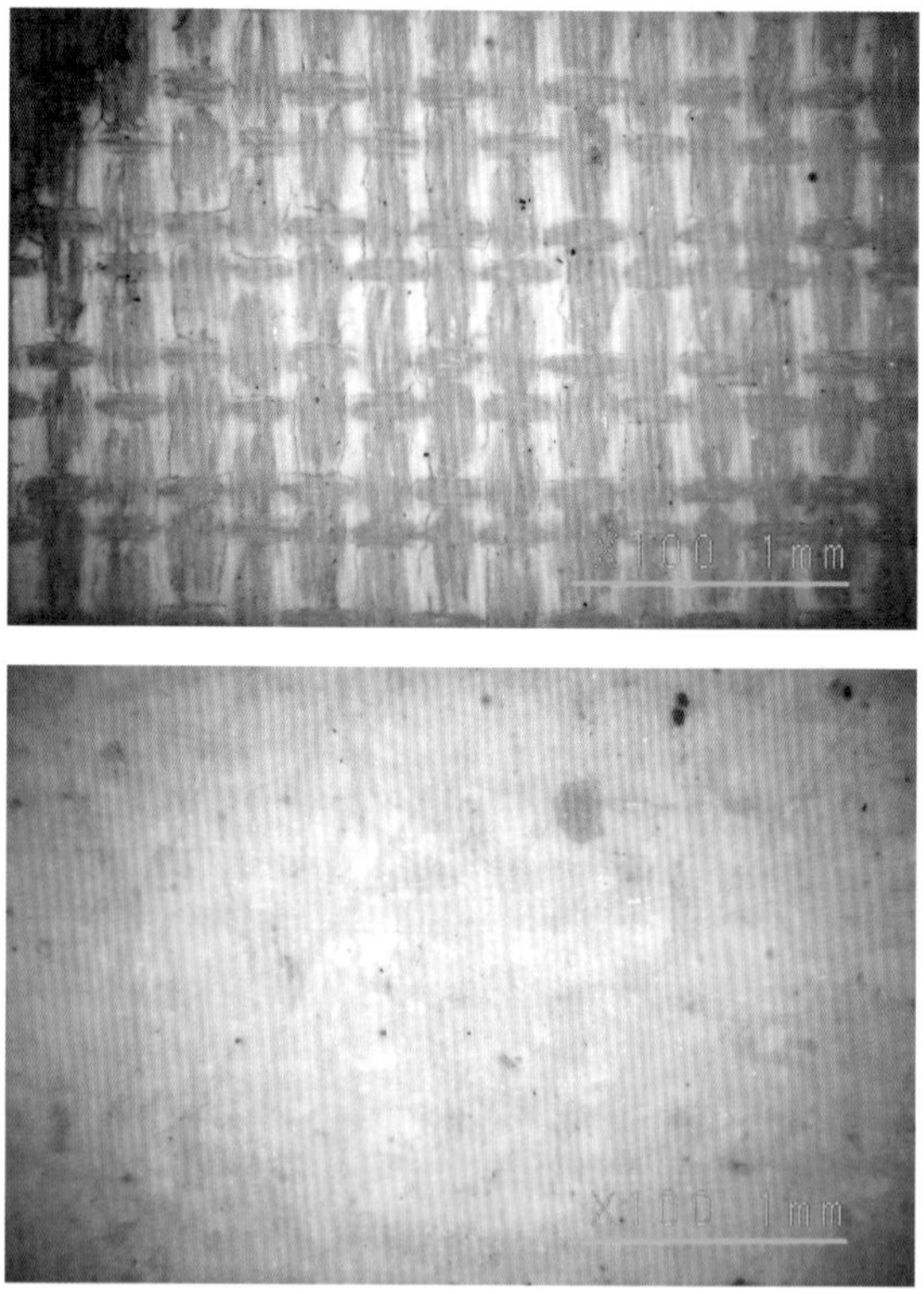

顔　上：表面　下：裏面

[図05]…顔(右列)と浴衣(左列)顕微鏡写真
裏彩色の厚さが異なる

の太さ二一中デニール、緯糸は一六〇～一七〇枚の太さ四二中デニールとなる。

ところで、肌裏紙の選択によっては、作品の見え方が大幅に変わるため、各修理でも常に慎重な検討が行われる。近年行われた「宮女図（伝桓野王図）」（個人蔵）の修理でも、修理前の風合いを変化させないという前提のもと、肌裏だけでなく増裏の色を調整し、作品のもつ雰囲気を保持に努めたことが報告されている。(3)

［図06］…修理前の本紙
顔と胸元および右手の肌色の明暗が異なる

本作においても、修理前の遊女の肌を観察すれば、白茶色の肌裏紙の顔は明るく、対して薄墨色の胸元と右腕は暗く沈んで見える［図06］。薄墨色の肌裏紙が制作当初のものと仮定し、今回も踏襲すると、画面全体が暗く、修理前の印象と大きく異なる。また、裏彩色の一部が剥落している箇所では、薄墨色の肌裏紙が表面に透過するため、損傷箇所が目立ち鑑賞の妨げとなることが予想された。こうしたことを踏まえ、修理工房において肌裏紙の色味の違いで絹の表面がどう見えるかのサンプルを製作するなど具体的に検証し、今回は白茶色の肌裏紙を選択した。修理の実際が、机上の論ではなく、常に実物を前に個別具体的に判断しなければならないことを示している。肌裏紙を取り替えたことにより、全体が明るく、女性の肌もより艶めかしさが増した。

注

(1) 作品概要は次の通り。
重要美術品、一幅、絹本着色、縦五〇・九cm、横六八・七cm。修理は株式会社　岡墨光堂によって、二〇二〇年六月～二〇二一年三月にかけて行われた。修理担当者は岡松一雲・橋本志保。

(2) 廣海伸彦「肉筆浮世絵の修理による知見（上）――裏彩色技法をめぐる予備的考察」（『出光美術館研究紀要』二十四、二〇一八年）。

(3) 呉孟晋、岡岩太郎「修理報告国宝絹本著色宮女図（伝桓野王図）」（『学叢』四三、京都国立博物館、二〇二一年）。

わざのコラム

旧肌裏紙を剥がすこと

伊加田剛史……IKADA Tsuyoshi

装潢師。株式会社 岡墨光堂 修復部技師長、国宝修理装潢師連盟認定技師長（絵画一類）。専門は装潢修理技術。近年担当した主な修理に国宝 絹本著色「不動明王像」（曼殊院蔵）、重文 紙本墨画「遠浦帰帆図」（京都国立博物館）、重美 紙本墨画淡彩「五馬図巻」（東京国立博物館）等がある。

修理技術者が「旧肌裏紙の除去」と、かしこまって使う言葉は、わかりやすく言うと「現状の本紙（紙本・絹本等）の裏側に、第一層目として糊で貼り付いている紙を剥がす」という意味である。旧肌裏紙の除去作業は、本紙の表面を保護することで、安全に除去作業ができる「表打ち」等、様々な手法が考案されてきた結果、作品の状態に合わせて採ることのできる選択の幅が広がった。現在では、修理する作品の注意項目と照らし合わせ、より効果的で安全な肌裏紙の除去方法を選び、今の段階で最良と考えられる修理が行える状況となっている。修理の現場から、この作業について思うこと、感じることを述べてみたい。

前述した「注意項目」とは、本紙の傷みや経年による劣化度、温湿度変化など保存環境によって引き起こされる絵具層の変化に伴う劣化や害虫による傷み具合、裏打紙の接着具合といった、その作品の生い立ちや病歴のようなものである。具体例をあげれば、一般的に、日本画に用いられる絵具（顔料）は、多くが鉱物由来で金属成分が含まれている。これらが、私達の仕事にとっては厄介な存在で、その一部の成分は、紙や絹が弱く脆くなる所謂、「絵具焼け」と言われる劣化を引き起こす。すると、その部分は硬くなり、肌裏紙に水も浸透しにくくなる。結果、肌裏紙の除去作業が難しくなる場合は、部分的に作業方法を見直さなければならない。

「絵具焼け」した肌裏紙は、一枚の紙として剥がすと、剥がす際に生じる絵具層との抵抗によって表現等を損じる場合があり、その抵抗を減らすための様々な工夫が必要である。例えばピンセットを用いて、紙の繊維の結束を解すようにして少しずつこそいでいくこと等だ［図01］。その時は、細いピンセットの先を自分の手指のような感覚で動かすことになる。

もう一点。絹本において絵画表現が見られない無地場は、絹目の間に詰まる古い糊の層に、経年による茶褐色化が見られるので、出来る限り除去する必要がある。ただ、その作業は難度が高く、無理に作業を進めると本紙の絹を傷める危険性がある。こういう場合は、異なる方法を採る。肌裏紙と古い糊の層に少しずつ水分を与え、糊の層が緩むまでじっくり観察し、そして、こちらの問いに応じてきたのを見計らい、肌裏紙を取り外す。その際には、肌裏紙を一枚の紙の状態で、絹目に残る糊の層ごとゆっくりと剥がすように心掛けている［図02］。作業が順調な時は、毛穴パックでキレイになった時のような爽快感を感じることもある。

私の場合は、本紙や紙や糊が、水分により変動する様子を観察し、糊が緩んで接着力が変化していく様子との対話を楽しみながら本紙の息づかいに耳を澄ませるようにして、旧肌裏紙の除去を行うようにしている。

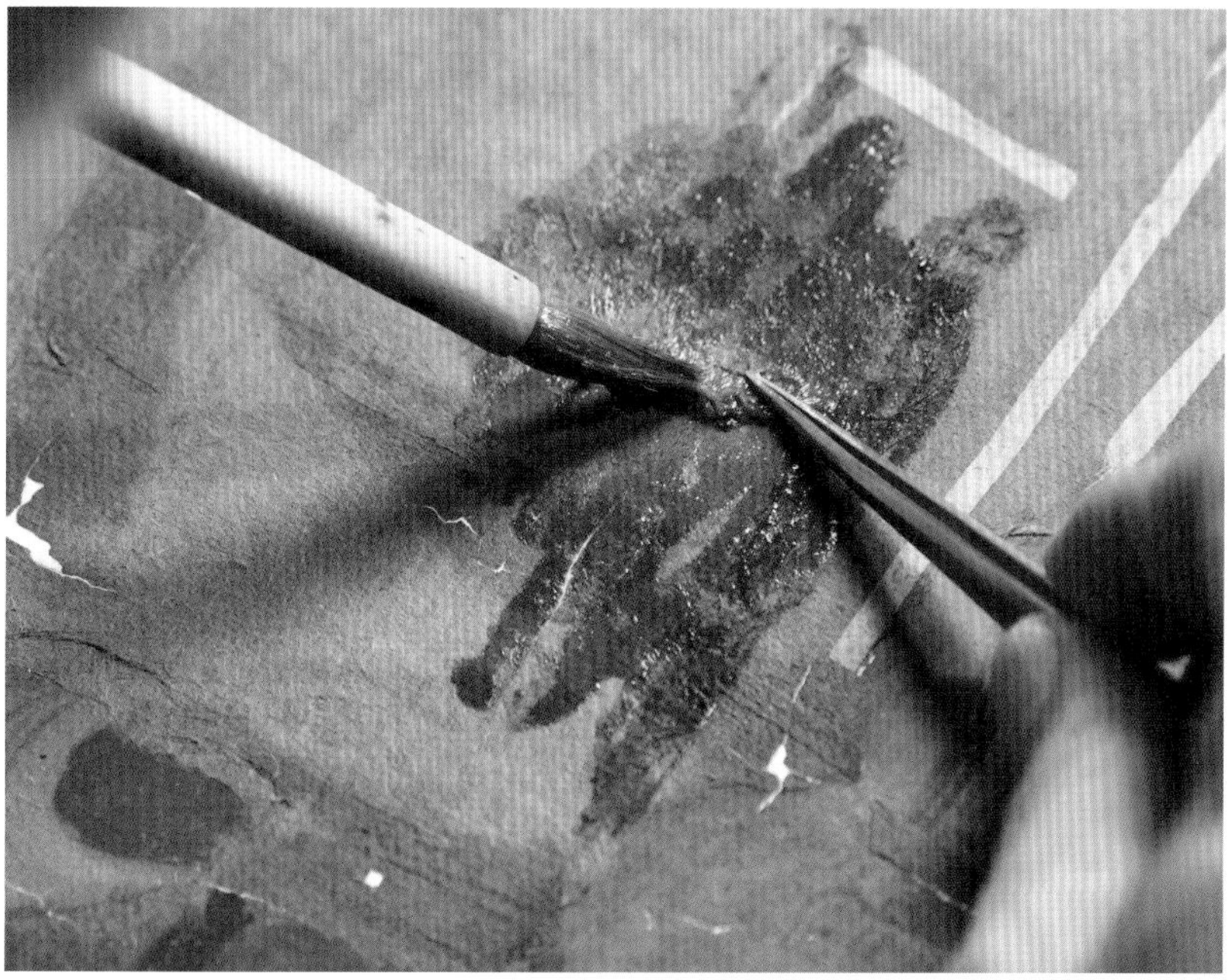

［図01］…旧肌裏紙の除去①

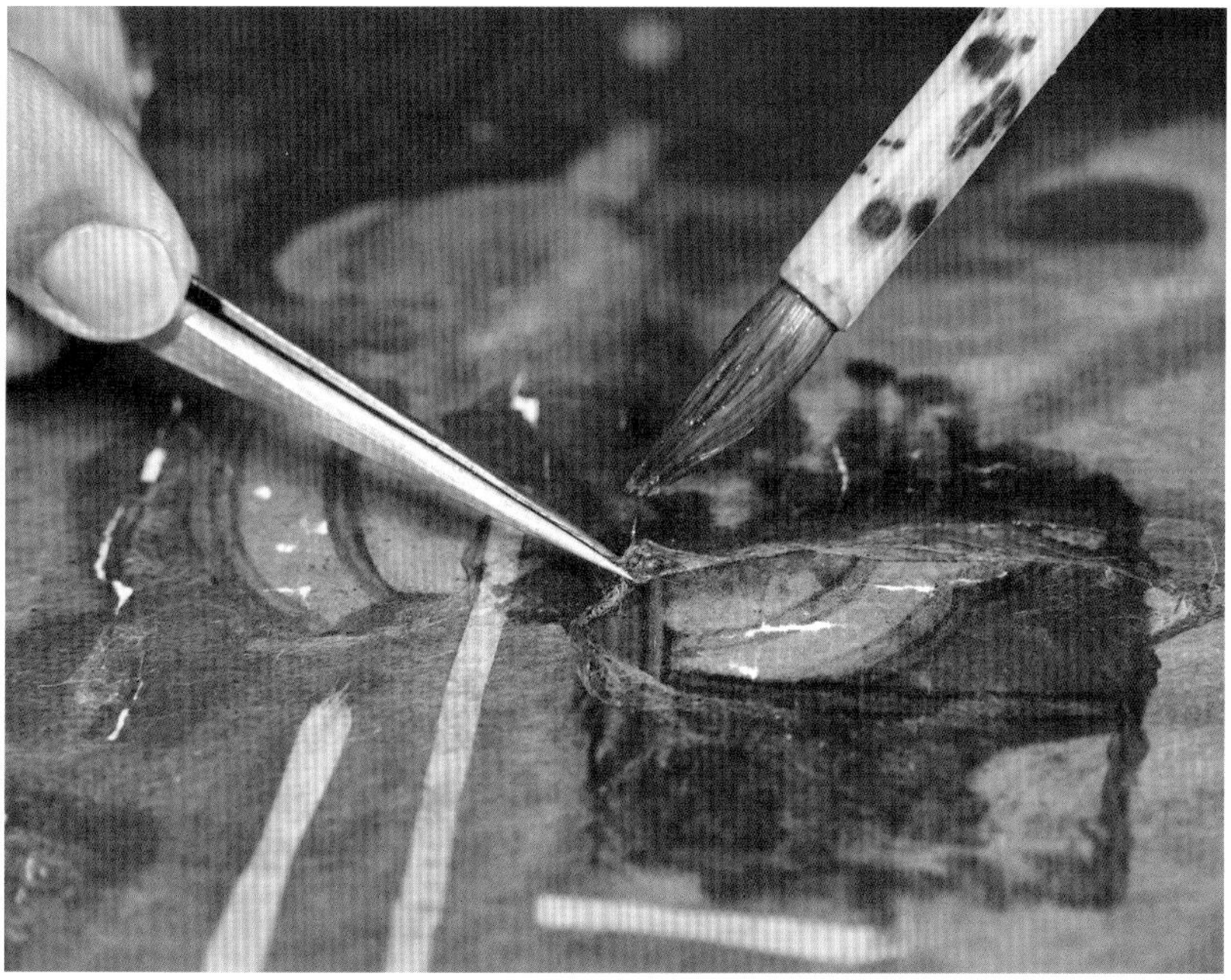

［図02］…旧肌裏紙の除去②

文化財の本

日本の表装と修理

岩﨑奈緒子・中野慎之・
森道彦・横内裕人［編］

本体7,000円

装い、繕い、伝える——

絵画や書、古文書など、紙や絹を用いた文化財は、表装によって、より美しく、より長くその存在を守られ続ける。

そして、これらの歴史的遺産を修理・保存し、伝えていくことは、そこに込められた人々の思い・願いをも共有していく営みである。

表装や修理は、どのような価値観や思想のもとに行われてきたものなのか。

文化財の修理・保存の第一線にあり、その困難な作業の中で、技術者たちはどのような試行錯誤を重ねてきたのか。

残し伝えられてきた「モノ」との真摯な対話の中から、表装と修理にまつわる文化史を描き出し、今日の我々にとっての文化財保護の意義と意味を照射する。

鳥獣戯画 修理から見えてきた世界

国宝　鳥獣人物戯画修理報告書

高山寺［監修］／
京都国立博物館［編］

本体10,000円

マンガ・アニメのルーツとしても名高い日本屈指の国宝『鳥獣人物戯画』。

近時完了した足掛け四年にわたる大修理では、同絵巻に関する新知見がさまざまに見出されることとなった。『鳥獣人物戯画』の謎を修理の足跡をたどることで明らかにする画期的成果。

書誌学入門

古典籍を見る・知る・読む

堀川貴司［著］

本体1,800円

豊穣な「知」のネットワークの海へ——

「書誌学」とは、「書物」という人間の文化的活動において重要な位置を占めるものを総体的に捉えること、すなわち、その書物の成立と伝来を跡づけて、人間の歴史と時間という空間の中に位置づけることを目的とする学問である。

この書物はどのように作られたのか。どのように読まれ、どのように伝えられ、今ここに存在しているのか—。

「モノ」としての書物に目を向けることで、人々の織り成してきた豊穣な「知」のネットワークが浮かびあがってくる。

紙の日本史

古典と絵巻物が伝える文化遺産

池田寿［著］

本体2,400円

書く、包む、飾る、補う…

古来、日本人の生活のなかに紙は常に存在していた。

時代の美意識や技術を反映しながら、さまざまな用途に合わせ、紙は作られ、選ばれ、利用されていた。

長年文化財を取り扱ってきた最先端の現場での知見を活かし、さまざまな古典作品や絵巻物をひもときながら、文化の源泉としての紙の実像、そして、それに向き合ってきた人びとの営みを探る。

古建築調査ハンドブック

山岸常人・岸泰子・
登谷伸宏［著］

本体1,400円

私たちの身のまわりには多数の古建築がある。過去に建てられた建物は、歴史的・文化的に価値があるだけでなく、我々の生活環境を形成する重要な要素として存在している。

古い建物を文化財として保存してゆくにせよ、改修して使い続けるにせよ、その建物の歴史的・文化的な価値を認識しておくことは不可欠である。

それでは、そのための調査はどのように行うのか。

寺社・民家など、古建築の歴史的・文化的価値や特質を調査する際の、調査項目・方法の要点を簡潔に解説。文化財調査において、常に座右に置いておきたい待望の一冊。

古文書料紙論叢

湯山賢一［編］

本体17,000円

料紙は何を伝えているか—

古文書をめぐる新史料論を提示する
古文書は歴史学における基本史料として、連綿と研究が積み重ねられてきた。

しかし、その基底材たる料紙については、あまり顧みられることがなく、その研究・調査は等閑に付されてきたといっても過言ではない。

近年の研究の進展により料紙の持つ情報が、当該史料の位置付けを左右するほどに重要であることが明らかになってきている。

歴史学・文化財学の最前線に立つ43名の執筆者の知見から、現存資料の歴史的・科学的分析や料紙に残された痕跡、諸史料にみえる表現との対話により、古代から近世における古文書料紙とその機能の変遷を明らかにし、日本史学・文化財学の基盤となる新たな史料学を提示する。

巻末には料紙研究の展開を一望できる文献一覧を附した。

日本建築の歴史的評価とその保存

山岸常人［著］

本体17,000円

私たちをとりまく社会・環境には、様々な時代に建てられた多種多様な建造物が混在している。

これらの建造物は、過去から現在まで積み重ねられた記憶、即ち歴史の蓄積を伝えており、それらが残され、使い続けられることにより、生活を豊かで味わいのあるものとしている。しかし、経済優先の現代社会においては、一面的かつ短絡的な価値判断により、多様な価値を有する歴史的建造物の意義が見失われ、破壊や場当たり的な改変がなされている。

歴史的建造物をどのように調査するのか、調査した建造物の特質をどのように読み取るのか、その特質を踏まえてどのように保存を行ってゆくべきなのか、その保存のための制度の課題は何か。

長年にわたり調査・研究・保存に携わってきた知見より、
歴史的建造物を保存し将来に伝えて行くための考え方と、その具体的な事例を提示する。

特集◉文化財をつなぐひと・もの・わざ

第二部◎絹もの修理の現場

菊池理予……KIKUCHI Riyo

絹織製作技術

――東京文化財研究所における調査を通じて

文化財を修理するには、修理に使う原材料や用具が必要である。
文化財を修理する技術、原材料や用具を作る技術は、
文化財の保存技術として国の保護の対象となっている。
これらの技術の担い手は、現代を生きる人々である。
文化財は、人々の「無形のわざ」により支えられ、受け継がれてきた。
それは、「これまで」も「いま」も「これから」も変わることはない――
文化財を支えている「いま」の絹の技術を紹介する。

はじめに

令和三年（二〇二一）三月、東京文化財研究所無形文化遺産部では『無形文化遺産（伝統技術）の伝承に関する研究報告書 絹織製作技術』（以下、報告書と表記）を刊行した［図01］。同報告書は平成二七～三十年度（二〇一五～二〇一八年）にかけて調査を行った長野県飯島町の勝山織物株式会社絹織製作研究所（以下、絹織製作研究所と表記）の絹の製作技術についてまとめたものである。調査時、絹織製作研究所では、志村明氏、秋本賀子氏の二名が製作を行っていた［図02］。

一般的に、絹に関連する技術は分業が主流だが、絹織製作研究所は蚕から絹織物になるまでの全工程を行っている。蚕品種や工程により絹の糸質や特性が変化することから、同所では、使用用途に合わせてそれらを選択し製作している。このように製作された絹糸や絹織物は、能装束や小袖等の染織文化財の修理にも使われてきた。[1] この技術が高く評価され、令和三年（二〇二一）、志村明氏は選定保存技術「在来絹製作」の保持者に認定された。現在では、弟子に宮島水音氏も加わり、新体制で製作を続けている。

独立行政法人国立文化財機構東京文化財研究所無形文化遺産部主任研究員。専門は工芸技術（主に染織技術）。論文に「青花紙の染織技術への利用」（菊池理予、半戸文。『青花紙制作技術に関する共同調査報告書――染織技術を支える草津のわざ』東京文化財研究所、二〇一八年）、「都道府県史から見る近世日本染織技術の伝播（中間報告）」（菊池理予、中村弥生。『無形文化遺産研究報告』14、東京文化財研究所、二〇二〇年）、「装潢文化財に関わる繰糸技術」（令和三年度一般社団法人 国宝修理装潢師連盟オンライン研修会報告書『絹と装潢文化財』二〇二二年）などがある。

本稿では、報告書の中から、絵画に関係が深いと考えられる画絹の製作工程・技術について、絹織製作研究所の製作を例に簡単に紹介する。

［図01］…『無形文化遺産（伝統技術）の伝承に関する研究報告書 絹織製作技術』（東京文化財研究所無形文化遺産部、2021年）東京文化財研究所ホームページでPDF公開中。

絹の概要

絹という言葉を辞書で引くと、繊維、糸、織物と様々な状態が含まれていることがわかる。そのため、絹をとりまく製作技術にも、養蚕に関わる技術、繭から糸にする技術、織技術等、多様な技術が含まれる。蚕は繭を作るために体内で繭糸を生成するが、その繭糸の主成分がフィブロインとセリシンである。蚕が吐出する繭糸は、二本のフィブロインがセリシンによって被覆された一本の繭繊維となり、吐糸口を経て凝固繊維化される。繭糸は、蚕の品種や繭の個体により一粒の繭でも外側と内側では大きさ（太さ）が異なる。[2] セリシンは、膠質《にかわしつ》で水やアルカリに溶けやすい順序に外側から内側へ向かってほぼ四層になっており、石鹸や炭酸ナトリウムなどの溶液で煮沸すると除去（精練）することができる。この精練を行った糸を練糸、精練加工を行わない糸を生糸と称する。

絹織製作研究所における製作とその特徴
——画絹（生経生緯）を中心として

絹織製作研究所では、近世以降に刊行された農業技術指導書や蚕業技術指導書等を参考に、糸質や出来上がった絹織物の質感に関わる工程、織設計について選択している。

織設計とは、事前に製作する織物の質感を想定し、織組織や織密度、それに見合った織糸（絹糸）の繊度[3]（太さ）を決定し、必要な糸量を把握することを示す。同所では、織設計の段階で、蚕品種と繭の保存法、繰糸法、繊度、繰糸後の撚糸・精練、経糸と緯糸に対する生糸と練糸の組み合せ等の要素を決める。

また、蚕の飼育を春と秋に行っており、飼育する蚕品種の蚕種《さんしゅ》（蚕の卵）のほとんどを自家採種している。そのため、絹織物製作が始まる一年前には、製作内容を想定し、各蚕品種の製造量を決定している。蚕の種継ぎは毎年行わないと種が絶えてしまうため、使用しない蚕品種に関しても行っている。蚕品種は明治時代後半には一〇〇〇種を超え、大正時代には多糸量品種も登場するなど品種改良がおこなわれてきた。現在では、在来種や改良種、突然変異種など五三四品種が山梨県北杜市小淵沢町の国立研究開発法人農業・食品産業技術総合研究機構遺伝資源センター蚕保存チームなどで保有されている。(4) 絹織製作研究所では、多くの蚕品種（日本種や中国種の在来種、在来種の交雑種、三眠蚕など）の中から、繭糸繊度が細い品種で一・五デニール以下、太いものでも二・五デニールを超えない程度、繭糸長は短い品種で六〇〇メートル弱、長いものでも一〇〇〇メートル程度までの蚕品種を選び飼育している。複数の蚕品種を飼育することで、製作する絹織物の織設計に応じ、それに適した生糸性状を持つ蚕品種の生糸を選択し用いることができる。

[図02]…繰糸工程の撮影風景

絹織物の経糸と緯糸の構成には、両方に練糸を用いた「練経練緯《ねりだてねりぬき》」、経糸に生糸、緯糸に生糸を精練した練糸を用いた「生経練緯《きだてねりぬき》」、経糸と緯糸の両方に生糸を用いた「生経生緯《きだてきぬき》」の三つがある。

画絹を目的とした場合は、「生経生緯」を選択し、織組織は平織で、標準的な織密度は定めない。経糸の密度と繊度、筬一羽へ引き込んだ経糸二本の並び具合、緯糸の密度と繊度を組み合わせることで、織目の空間を横長、正方、縦長、空間のほぼないものを作りだすことができる。例外もあるが、その多くは撚糸をせずに、経糸を生糸一本、緯糸は生糸一本～二本を引き揃えた織糸で製作する。使用する筬の範囲は、二〇羽／cm～四〇羽／cmで、この筬で用いる経糸の繊度は、一〇デニール～四五デニール代を設定している。

「生経生緯」の生地を製作するには、繭の塩漬け保存の技術、(5) 繳掛《よりかけ》のない生糸の繰糸技術、(6) 生糸の引き揃え・糊付けの技術、(7) 仕上げの技術(8) が重要である。経糸・緯糸の両方に生糸を用いるため、製織時の張力や摩擦の影響を考慮した蚕品種や繭の保存法の適切な選択を留意する必要がある。特に、細繊度の生糸を用いたときの製織では、雨天等で湿度が七〇％を超える時には、織幅が縮みやすく、織りムラが生じやすいことから製織作業を控える。これは、絹織製作研究所で用いている絹糸が非加熱の塩漬けの繭保存で処置されているためと思われる。また、同所の所在地である長野県の三月～四月は、湿度が二〇～一〇％代と低くなることがあり、織機の経糸開口時の摩擦が他の季節よりも大きいため、経糸密度の高いものや細繊度の経糸を機に掛けると分織が生じやすい。そのため、このような織設計の生地はこの時季の製織を避けるようにしている。

同所で作られた絹織物には、蚕品種とその飼育の詳細、繭の保存法、繰糸法（繳掛の有無）、デニールと粒付数（何粒の繭で繰糸したか）、合糸・撚糸の情報、織組織、織密度、筬羽（例：筬一羽に二本通し）、経糸密度、経糸通し幅、経糸総本数、緯糸密度、織機の種類、精練方法、仕上げ工程の詳細、生地の長さ・幅・厚さ・重量などの情報を示した資料が添付される。これらを提示することで、使用者は、絹織物がどのような工程を経て製作されたものかを理解することができるのである。

おわりに

絹織製作研究所の調査に入り始めた頃、絹をとりまく技術の工程の多さや組み合わせの複雑さに愕然とした記憶がある。製作現場に入らなければ、蚕品種やその飼育方法、繭の保存法、繰糸法、筬羽や織機の選択、精練方法や仕上げ工程などが、これほどまでに絹織物の特性に関わることも実感できなかったであろう。技術記録の意義の一つは、有形の作品調査では情報を得ることが難しい無形の要素に注目できることではないだろうか。本報告書は、絹織物を用いた多くの有形の作品の技法を検証する視点の一つとして、近世以降の蚕糸や染織関連の技法書の記載を読み解く手がかりとして、技術史における現在地を知る資料として、さらには現代の技術を後世に伝えるための記録として活用することができるであろう。今後も、次世代へのメッセージをこめて、無形文化財、文化財の保存技術の調査研究を続けていきたい。

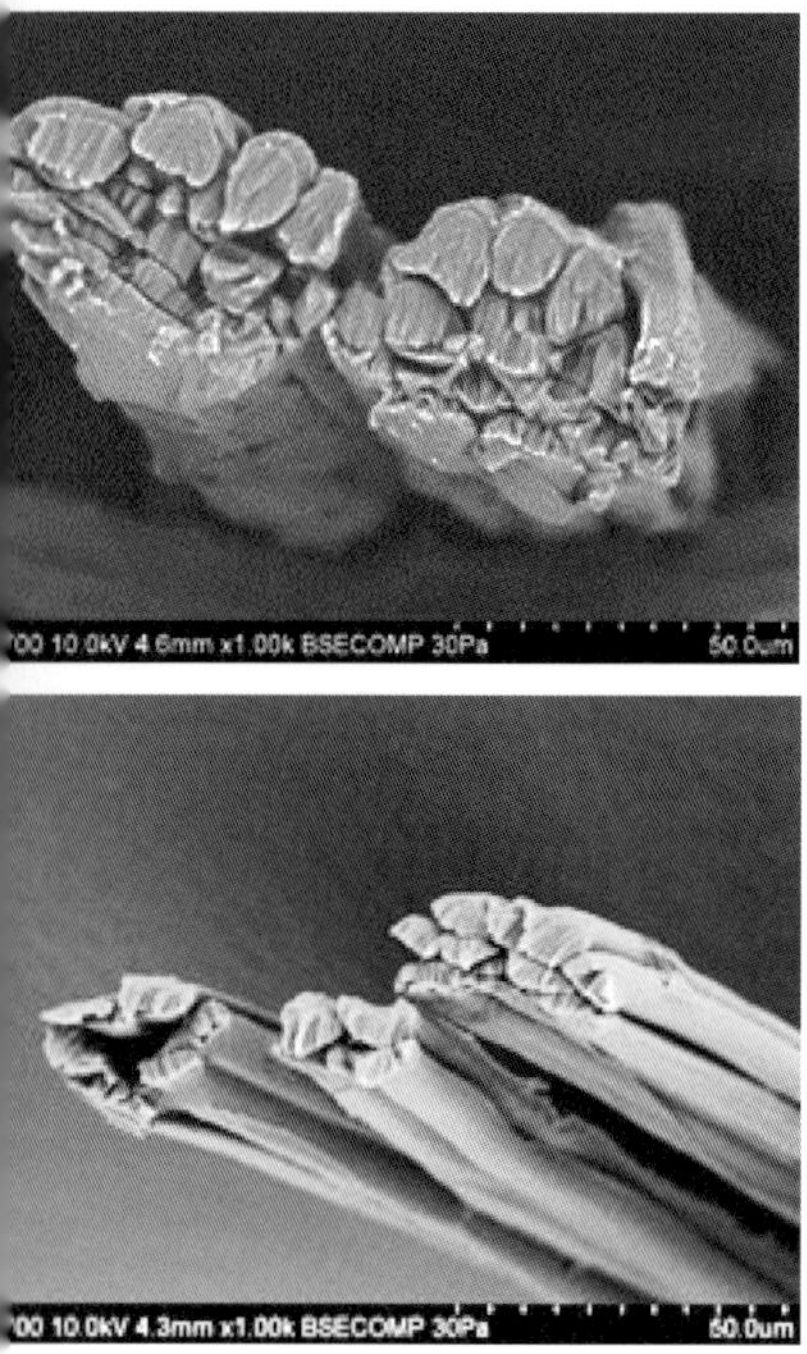

[図03]…参考図
（上）繳掛のある生糸の断面図
（下）繳掛のない生糸の断面図（1000倍）
（注1前掲書、64頁より転載）

注

（1）『無形文化遺産（伝統技術）の伝承に関する研究報告書 絹織製作技術』東京文化財研究所無形文化遺産部、令和三年（二〇二一）三月、同所ホームページでPDF公開中、五八・五九頁参照。

（2）注1前掲書、六―一一頁参照。間和夫監修『わかりやすい絹の科学』文化出版局、平成二年（一九九〇）一〇・一一頁参照。小学館国語辞典編集部編『精選版 日本国語大辞典 第一巻』株式会社小学館、平成十八年（二〇〇六）一三九七頁参照。

（3）繊度は、長さ九〇〇〇メートルで重さ一グラムの生糸の太さが一デニールと決められている。繊度は繭ごとに異なるため、収繭後の繭から、蚕品種ごとに今期の平均的な大きさと形のものを選び出し、その形質が去年と同等か差があるのかを確認する作業（繊度測定）を行っている。測定は生繭で行い、調べる項目は、単繭重、繭層歩合、繭糸長、繭糸繊度の四つである。蚕品種によって繭糸の長さが異なり、さらに繭の外層と内層でも繊度が異なるため、値の変化を把握することで、繰糸時、繊度の偏りに注意を払えるよう、より細かく区切って計測をしている。注1前掲書、四四・四五頁参照。

（4）蚕品種の歴史と現状については小瀬川英一「農研機構遺伝資源センター北杜研究拠点におけるカイコ系統保存」（『蚕糸・昆虫バイオテック』87（1）、平成三十年（二〇一八））を参照。

（5）塩漬けの方法は、漬物を作るときの要領と同様。塩漬け保存は、単に保存を目指しているのではなく、糸質の変化を目指している。塩と繭、この二つの組み合わせと、風乾する期間の長短によって糸質の変化が異なる。特にセリシン層は塩漬けの影響を大きく受け、糸質の変化が顕著に表れる。セリシンの性質や量が蚕品種によって異なるため、塩の影響も異なる。注1前掲書、四六頁参照。

（6）繳掛のない生糸は、断面が平らな糸（平め形状の糸）になる。それに対して、近代以降に主流となった繳掛をした生糸は、断面が丸い糸（丸め形状の糸）になる［図03］。志村明「日本の製糸技術――在来技術から近代技術への変遷」『絹文化財の世界――伝統文化・技術と保存科学』平成十七年（二〇〇五）、三四―四二頁。注1前掲書、五一―五三頁参照。

（7）緯糸に用いる生糸を引き揃えて用いる場合、複数の生糸を合糸し、その後、合わせた生糸同士が作業過程でズレを生じないように、糊で止める必要がある。セリシンが残っている生糸に対しては引き揃えの生糸同士の接着をよくするため、フノリに膠水を混ぜた糊を用いる。注1前掲書、五三頁参照。

（8）仕上げの技術では、画絹は、製織に必要だった糊を落とすことだけを行い、同所では砧打ちは行っていない。注1前掲書、五五・五六頁参照。

泉 武夫 ……IZUMI Takeo

絵絹は時代によって変化する
――『古代中世絵絹集成』刊行に寄せて

仏画を中心に日本古代・中世絵画の素材となる絹組織は、時代に応じてどのように変化するのか。数世紀のスパンで観察した分析結果を提示し、平安時代後期を頂点とする絹組織の変遷の詳細を通史的に明らかにする。鎌倉時代以降に登場する巾広の絹組織についても、中国宋代の絵画の例も含め、はじめて比較の視点を提唱する。

東北大学名誉教授。専門は仏教絵画史。著書に『仏画の造形』（吉川弘文館、一九九五年）、『仏画の尊容表現』（中央公論美術出版、二〇一〇年）、論文に「古代・中世仏教儀礼における造形の役割――行儀・図像・テクスト」（近本謙介編『ことば・ほとけ・図像の交響』勉誠出版、二〇二二年）などがある。

はじめに

古代・中世絵画の主要な基底材は絹であり、そのほとんどは絵絹《えぎぬ》（画絹《がけん》、料絹とも）と呼ばれる特徴的な織り方をされた素材が用いられている。絵画作品の素材がどのようなものであるかを認識することは、美術史研究者にも重要であるし、それを修理する立場の修復技術者にとっても無視できない問題であることはいうまでもない。ましてや、絵絹は時代によって変化すると聞かされれば、関心をよせている作品を前にして、その絹組織（絹目の状態）がどのような位置にあるのかを知りたくなるのは、自然の成り行きだろう。

じつは、絵画史研究者の間では、制作年代の推移に応じて絹目も少しずつ様相が変わるというのは、共通の了解事項であった。しかし、それを一定の尺度から幾世紀にもまたがって概観するという試みは、まだなされたことがない。もちろん個々の作品が論じられる時に、作品論の中で、あるいは修理報告書の中で料絹について考究されることはあったのだが、それらの絹組織の画像を時間軸に沿って一覧できるというところまでは至っていなかった。私は昨年『古代中世絵絹集成――基底材の美術史』を上梓させていただいたが、刊行の目的はまさにその点にあった[1]。この本（本書と呼ぶ）は、絵画の基底材である絹組織がどのように変化し、絵画様式の変遷とどういった対応関

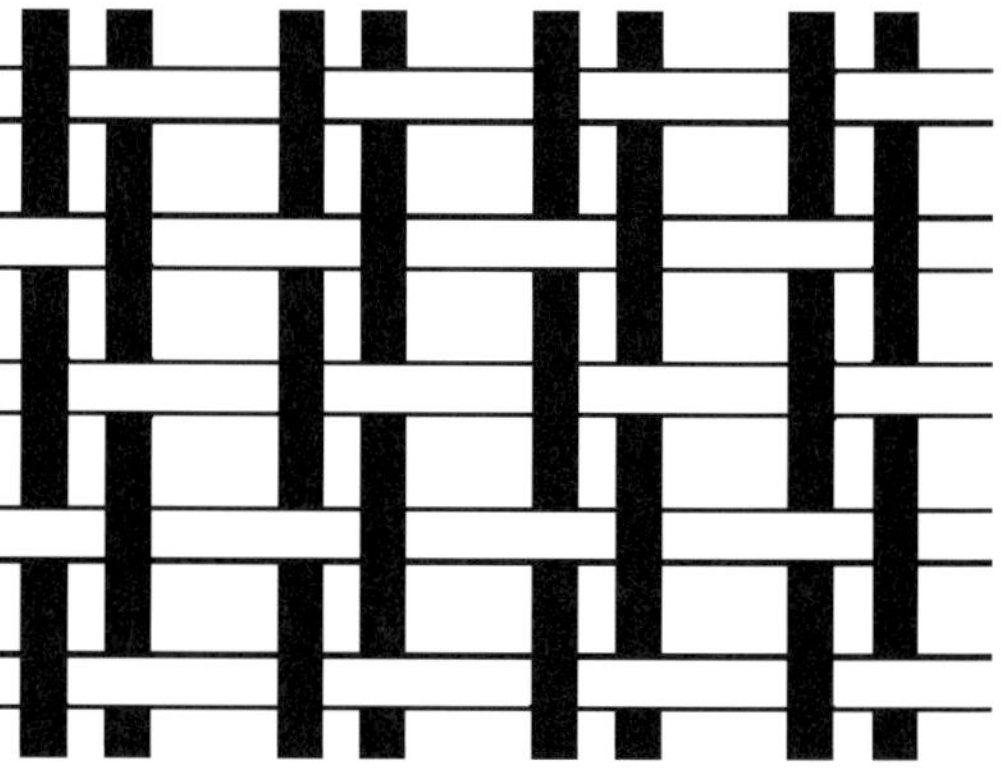

［図01］…絵絹の組織模式図

係になるかという点について、日本古代・中世絵画の遺品を中心に取り上げ論じたものである。本稿ではその要諦をかいつまんで述べてみたい。

まず、絵絹は縦横の糸から織り成され、縦糸を経《たていと》、横糸を緯《ぬきいと》と呼ぶ。特徴的なのは、経が二本でペアーをなすのを基本とし、緯のほうがやや太い点である［図01］。経は通常糸一本充て（一本分の太さ）、緯は二本充て（二本分の太さ）ほどの差が認められる（緯についてそれが実際一杼《ひ》あるいは二杼なのかは別問題）。巾は一尺九寸に満たない。これがいわゆる「常絹《つねぎぬ》」と呼ばれる標準的な絵絹であり、これに当てはまらない広い巾のものを「広絹《ひろぎぬ》」と言い慣わす。

絹目の比較には、これまでさまざまなやり方があり、一定の面積（一センチ四方が多い）内での経緯の数、あるいは絹糸の太さの測定値、経と緯の交差ポイントの数などを数値化して、年代変化に伴う傾向を導き出す試みなどがなされて来た。こうした数値判断は、明確な方向を示す場合もあるが、絹目の特色を単純化しすぎる嫌いもある。もちろん糸数の数値は場合によっては、絹目の特色の重要な指針になるのだが、私はあくまでも目で見た画像でのアナログな印象比較（風合《ふうあい》とでもいうべきもの）を重視している。その際、拡大率を高くすればするほど、より精密な観察ができそうに思われるかもしれないが、実際にはそうではなく、顕微鏡写真的になればかえって絹目の特色がつかみづらくなる場合もある。というのは、古代・中世の作品の絵絹には織りムラや経年変化によるよじれなどがあり、拡大撮影するポイントによって特色判断が違ってくることが多いためである。作品の実寸で縦一センチ相当をパソコン画面上で拡大して眺めるくらいが、もっとも観察に適しているというのが長年の経験からいえることである。

古代・中世の絵絹

概観

本書は第一部の総論と第二部の各論からなるが、第一部では、平安時代前半から南北朝時代までの作品（一部室町時代を含む）について、様式史的見地からの制作年代判断に即して、絵絹組織の変化の相を調べてみた。そして、以下のような区分設定が有効であるとの結論に至った。

A　平安時代前半から半ば　（九世紀～十世紀）
B　平安時代後半　第一区分　（十一世紀～十二世紀前半）
C　同　第二区分　（十二世紀半ば～十二世紀末）
D　鎌倉時代前半から半ば　（十二世紀末～十三世紀半ばすぎ）
E　鎌倉時代後半から末　（十三世紀後半～十四世紀前半）
F　南北朝時代
G　室町時代

各区分では、年代のわかる基準作をまず観察し、次にそれぞれの基準作の周辺作品を眺めるという順番で、当該期の絵絹の特色を探るという手続きを採った。平安時代後半は、まさに日本仏画の頂点をなす時期で、様式史的には十一世紀末あたりを分節点とし、それ以前は日本的仏画様式の完成期、それ以降は爛熟期とするのが定説である。ただ、絹組織の成熟の度合いは様式史の流れよりは少し後ろにずれている。B期とC期の区切りは十二世紀の三～四〇年代、D期とE期の区切りは十三世紀の六〜七〇年代を目安としている。また、鎌倉時代後半以降は広絹が登場し、常絹とはやや異なる組織変化を示すので、広絹の作例と常絹の作例は区分して記述する必要がある。

その検討結果を振り返ると、まず半世紀から一世紀ほどの時間幅で眺めた場合、絵絹の組織はゆったりと変化することが確かめられた。もちろん同一時期の作品群の中には、その変化の流れに即応しているものもあれば、先取的傾向あるいは逆に守旧的傾向を示すものもあり、画一的に進行するわけではない。しかし、総体的な変化の相は紛れもない事実と考える。

絵絹の変化史の着目点

変化の相を捉える場合の絵絹組織を眺めるポイントは、密度、斉一性、経緯の太さのバランス、絹巾などの項目が挙げられる。日本の場合、総合的な質という点からみれば時間軸上にC期を頂点とした山型をなしているとみなされる。A期はサンプルが少なすぎて状況がつかみにくいが絵絹組織の試行期、B期は経緯にムラがある状態から斉一性をめざす成長期、C期は完成期、D期はC期を受け継ぎながら経緯の間隙度が増す（密度の低減）傾向がみられる継承期、E期は広絹が登場して従来の絵絹と並び用いられる並行期、F期はE期を継承しながら次第に質が低下する漸衰期と呼べる。なお、G期の室町時代はもっとも絵絹の組織が疎らになる低調期に当たる。

基底材としての絵絹の変化についてのこの〈見取り図〉は、様式史的見解との相互参照から得られるものである。すべてがすっきりと位置づけられる訳ではないにしても、互いに齟齬をきたさないレベルの整合性は確保できていると考える。絵絹史の〈見取り図〉の精緻さが高まれば、逆にある作品について付きまとう様式史的判断のあいまいさを絵絹の〈見取り図〉から補完することも可能になるのである。

以下に、個々の事例について特に注意したい点、ないし絵絹の観察によって判明した問題点等を抽出しておこう。

［図02］…釈迦金棺出現図　絹組織 経緯数〔経〕36本×〔緯〕27越／1平方センチあたり（以下表記法同じ）（京都国立博物館蔵）〔＊絹組織の図はすべて1×1センチ〕

［図03］…十二天像のうち水天 絹組織　経緯数51×53（京都国立博物館蔵）

常絹の動向

絵絹の特徴は前述したとおりであるが、ただ絵絹組織が安定し、斉一化を迎えるのは十二世紀である。それ以前についてみれば、A期のうち平安初期はともかくとして、十世紀頃の有志八幡講《ゆうしはちまんこう》十八箇院《じゅうはちかいん》（有志八幡講と略称）本「五大力菩薩像《ごだいりきぼさつぞう》」では、ひとつの画幅の中に一本充てと二本充ての緯の絵絹が併在しており、組織の整合性が確保されていない。B期の十一世紀の東京国立博物館本「十六羅漢図」・金剛峯寺《こんごうぶじ》本「仏涅槃図《ぶつねはんず》」（一〇八六年）・京都国立博物館（京博と略称）本「釈迦金棺出現図」［図02］においては緯の太さと経の二本揃いにかなりのムラがあり、様式的な完成度に基底材が追いついていない状況が認められる。いっぽうB期でも十一世紀末の来振寺《きぶりじ》本「五大尊像」（一〇八八・一〇九〇年ほか）から十二世紀前半の京博本「十二天像」（一一二七年）に至ると、かなりの技術的進展が観察される［図03］。そして、B期の神護寺本「釈迦如来像〈赤釈迦《あかしゃか》〉」、C期の東京国立博物館（東博と略称）本「虚空蔵菩薩像《こくうぞうぼさつぞう》」［図04・05］に代表される十二世紀半ば前後の仏画諸作例に至って、見事な斉一性のある絵絹に到達す

図08]…山越阿弥陀図　絹組織
緯数47×47(禅林寺蔵)

[図06]…弥勒菩薩像　絹組織
経緯数43×44(ボストン美術館蔵)

[図04]…虚空蔵菩薩像　全図(東京国立博物館蔵)

図09]…仏眼仏母像　絹組織
緯数36×40(高山寺蔵)

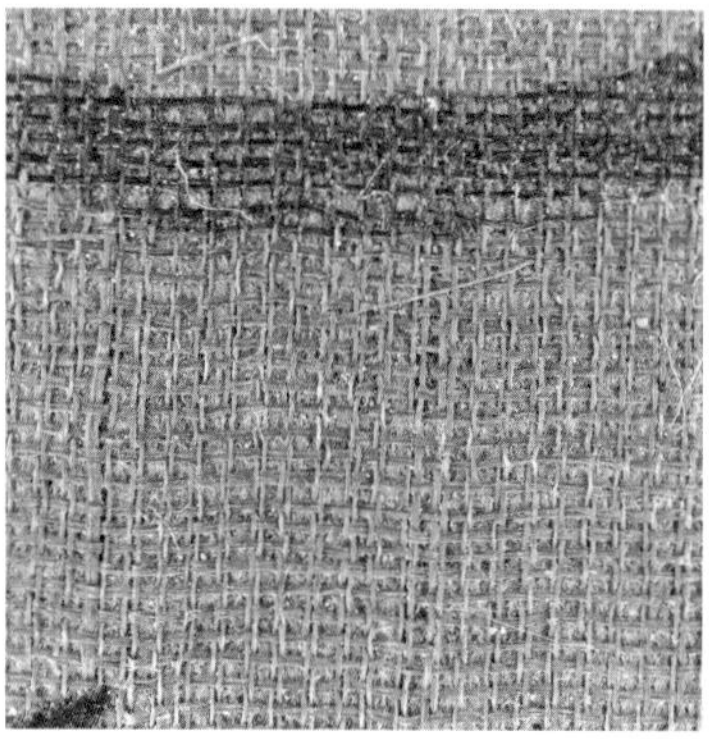

[図07]…仏涅槃図　絹組織
経緯数45×33(根津美術館蔵)

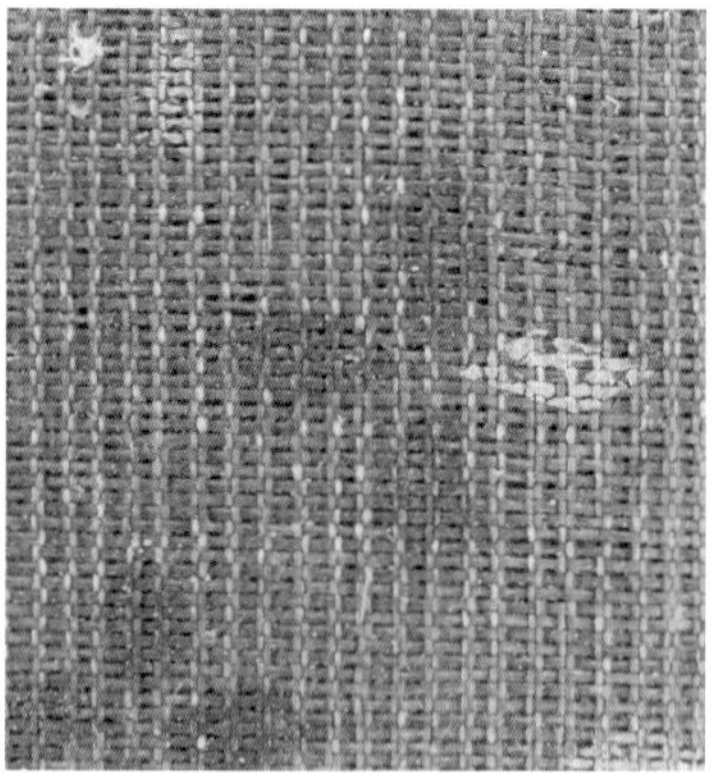

[図05]…虚空蔵菩薩像　絹組織
経緯数43×51

るのである。

　これ以降の絵絹は、糸一本充ての経、二本充ての緯という経緯の太さに落差のある組織を標準的なものとし、次第に間隙度を増してゆく傾向（密度の低減）をみせる。鎌倉時代の代表例としてD期のボストン美術館本「弥勒菩薩像」［図06］、E期の京博本「山越《やまごし》阿弥陀図」、南北朝時代の代表例としてF期の根津美術館本「仏涅槃図」（一三四五年）［図07］を挙げることができる。これが一般的な絵絹つまり常絹の変化の相である。

やや特異な常絹(一)

　ただその主流の中で、緯が糸二本充てではなく一本充てほどに細いため、経緯にあまり差がない絵絹が断続的に観察される点は注意が必要である。このケースには二種類がある。同一料絹内で太い緯（糸二本充て）と細い緯（糸一本充て）が併存している場合と、料絹全体が一貫して細い緯から成っている場合である。前者は例外的と考えてよいだろうが、有志八幡講本「五大力菩薩像」といった比較的早い作例のほか、奈良国立博物館（奈良博と略称）本「倶利伽羅《くりから》竜剣二童子像」・北野天満宮本「舞楽図衝立」など鎌倉時代の作例でも観察される。これらは織りムラとみなせるかもし

［図11］…同前　絹組織
経緯数31×28

［図10］…当麻曼荼羅図　全図（禅林寺蔵）

れない。いっぽう後者としては、C期の東大寺本「倶舎曼荼羅図」、D期の禅林寺本「山越阿弥陀図」［図08］、E期の藤田美術館本「春日明神影向《ようごう》図」（一二二二年）、F期の東福寺本「九条道家像」などと、一定数が挙げられる。とくに、「山越阿弥陀図」「春日明神影向図」などは確信的に細い緯を用いているようであり、常絹の別のタイプとみなさざるをえない。ただこのタイプの場合でも、C期からF期へと時代の下降に従って次第に経緯の間隙度が増す点は、主流の変化と同じである。なお、F期より後のG期室町時代の料絹は細い緯が当たり前となるが、これは意図したものではなく時代の趨勢であろう。

やや特異な常絹（二）

また、経緯の太さに落差がないという点では似ているが、緯が細いのではなく、経が太いという特色をもつ例外的作例がある。高山寺本「仏《ぶつ》眼仏《げんぶつ》母《も》像」［図09］・法華寺本「阿弥陀三尊及び童子像」の観音・勢至幅である。ほかに石山寺本「仏涅槃図」・海住山寺本「法華経曼荼羅図」なども同類として挙げられる。これらはいずれもD期のうちの鎌倉時代初めを前後する作例ばかりで、絹目の特徴が主流となる絵絹の変化の相からは浮いてしまい、位置づけが難しい。しかも絹巾が、「仏眼」五八・五、「観音勢至」六一・〇、「法華経曼荼羅」五八・六、「仏涅槃」六二・二センチと、該期にしては巾広のものばかりである。こうした諸問題については、舶載絹の可能性を検討すべきであろう。

広絹の登場

次に重要な事例は、E期の鎌倉時代半ば以降における「広絹」使用である。D期までの絹巾は、ほぼ一尺九寸を超えることはないが（「仏眼仏母」などの前節の四件は例外）、E期以降になると二尺以上（約六〇センチ）を超える事例が登場する。その嚆矢は、知恩院本「阿弥陀経曼荼羅」・東大寺本「四聖御影《ししょうみえい》（建長本）」（一二五六年）あたりかと思われ、それ以降万寿寺本「聖一国師像」（一二七九年）・東大寺本「華厳海会善知識曼荼羅」（一二九四年）・禅林寺本「当麻曼荼羅」（一三〇二年）［図10・11］、知恩院本「早来迎《はやらいごう》」［図12］など、陸続と類例が出現する。とくに禅林寺本は広大な料絹で、広絹の織成技術の熟成を示している。F期の南北朝時代にもこれは引き継がれ、海住山寺本「三千仏図」

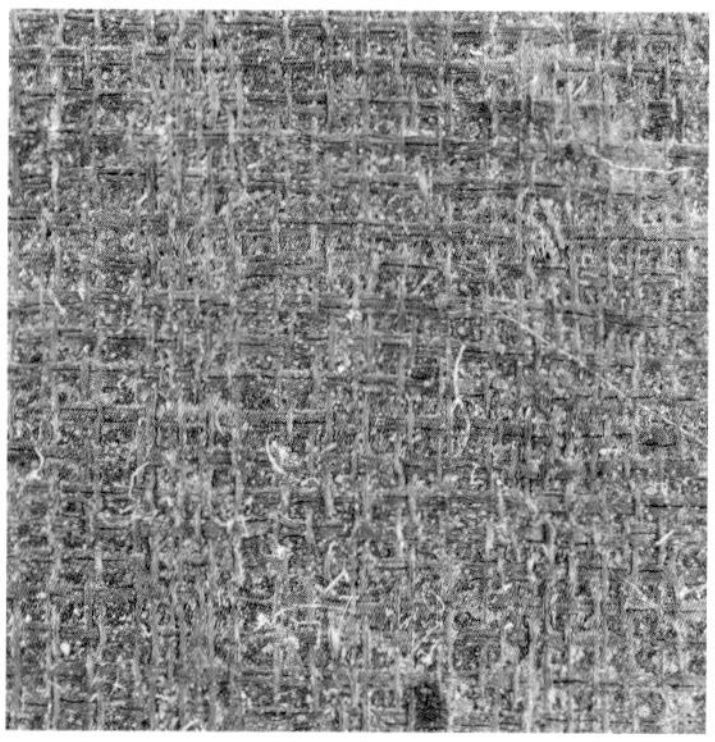

[図12]…阿弥陀二十五菩薩来迎図〈早来迎〉　絹組織　経緯数35×19（知恩院蔵）

[図13]…鳥羽天皇像　絹組織　経緯数33×22（根来寺蔵）

（一三三八年）、浄光明寺本「僧形八幡神像」「弘法大師像」〈互いの御影〉、東大寺本「四聖御影（永和本）」（一三七七年）などの仏画のほか、満願寺本・根来寺本「鳥羽天皇像」〔図13〕・妙智院本「夢窓国師像」のような肖像画にも用いられてゆく。

　このE期からF期に至る広絹は、緯がとくに太い傾向があり、糸三本充て以上のものもしばしばみられる。いっぽう経は、時代の下降に従って細くなる傾向が明瞭である。同様に経緯の間隙度も増す点は、主流の常絹の傾向と同様であることはいうまでもない。こうした流れを鑑みれば、いまだ制作年代に議論の続く〈神護寺三像〉（伝源頼朝・伝平重盛・伝藤原光能像）三幅は広絹であると同時に、経緯の落差が大きく、しかも経が細いという特徴があり〔図14・15〕、F期の南北朝時代に位置づけるのが妥当と思われる。なお、さらに時代が下る室町時代G期では、広絹であるにもかかわらず緯が一本充てしかない料絹が見受けられるようになる。奈良博本「山王宮曼荼羅」もこの種の例である。

　奇妙なのは、広絹をわざわざ横使いする場合があることで、京都国立博物館本「柿本人麿像」・西大寺本「文殊菩薩騎獅像」の二件が該当する。その理由は今後の課題である。

　以上が第一部での論究のポイントである。

中国の画絹、および絵絹の史料

　本書第二部では、はじめに連幅からなる重要作品をとりあげたが、ここでは省略することとし、次に日本中世絵画と関連の深い中国・宋時代仏画の画絹組織について観察した。

宋仏画の画絹

　サンプル数が限られているので断定的なことはいえないのだが、日本の同時期の絵絹に較べると概して密度が高く、しかも経が太めで堅牢感があるという傾向が認められる。北宋代のものは仁和寺本「孔雀明王像」と清凉寺本「十六羅漢図」の二例のみだが、前者では早くも広絹（巾一〇二・六センチ）が用いられ、しかも十分な密度がある。後者では緯が一本充てであるなど、特色のある織成である。南宋に入っても初期の金蓮寺《こんれんじ》本「阿弥陀如来像」は十分な密度を保っている。しかし、十二世紀半ば以降の清浄華院本「阿弥陀三尊像」・永保寺本「千手観音像」・大徳寺本「五百羅漢図」（一一七八〜一一八八年頃）・知恩院本「阿弥陀浄土図」（一一八三年）〔図16〕と年代を下降するに従って密度は漸減し、十三世紀の泉涌寺本「道宣律師像」「元照《がんじょう》律師像」（一二一〇年）〔図17〕・廬山寺本および禅林寺本「阿弥陀三尊像」（張思恭筆）・新知恩院本「六道絵」に至るとますますその傾向を顕著にする。

　ただし、日本のものと比較すると宋代の画絹はおしなべて経が太く、緯との落差がさほどない例が目に付く。たとえば南宋後半の廬山寺・禅林寺本「阿弥陀三尊像」では、経が太めで、緯は糸一本ないし二本充てのようだが経緯に差があまりない。「道宣・元照像」の画絹は、緯は二本充てが基本のようだが、同じ絹内でも一本充てのようにみえる箇所もあり、また経が太いせいで経緯の差はわずかである。第一部で、舶載絹の可能性を指摘しておいた高山寺本「仏眼仏母像」は、大徳寺本「五百羅漢図」第六八幅・泉涌寺本「道宣律師像」・京博本「羅漢図」［図18］などの画絹に、より親和性を感じさせる。同様の理由から海住山寺本「法華経曼荼羅図」や、とりわけ前述の法華寺本「阿弥陀三尊及び童子像」の料絹もまた、宋代の画絹を用いたとみなす方が理解しやすい。ちなみに高山寺本は明恵、海住山寺本は貞慶、法華寺本は重源という、いずれも宋文化の吸収に熱意あるいは理解のあった有力僧が制作をバックアップした可能性があり、舶載絹を入手できる環境は整っていたと考えられよう。

広絹の日中比較

もうひとつ、広絹使用についても注視する必要がある。広絹を北宋の後半（仁和寺本孔雀明王）から使い出すのは日本よりもかなり早いタイミングである。そして南宋には広い一枚絹の作例が増加する。それらの組織を注視すると日本中世の広絹より経が太く堅牢感がある。いっぽう日本の広絹は、緯が経に較べて極端に太い反面、経は細めで、E期の鎌倉後半からF期の南北朝時代に下降するに従い、次第に経は脆弱感が増す。同時に経緯の間隙度も大きくなる（密度の低減）。これらの指標をもとに日中の広絹を較べる限り、日本の広絹一枚の作品で舶載絹を用いたと推測される例は

［図14］…伝源頼朝像　全図（神護寺蔵）

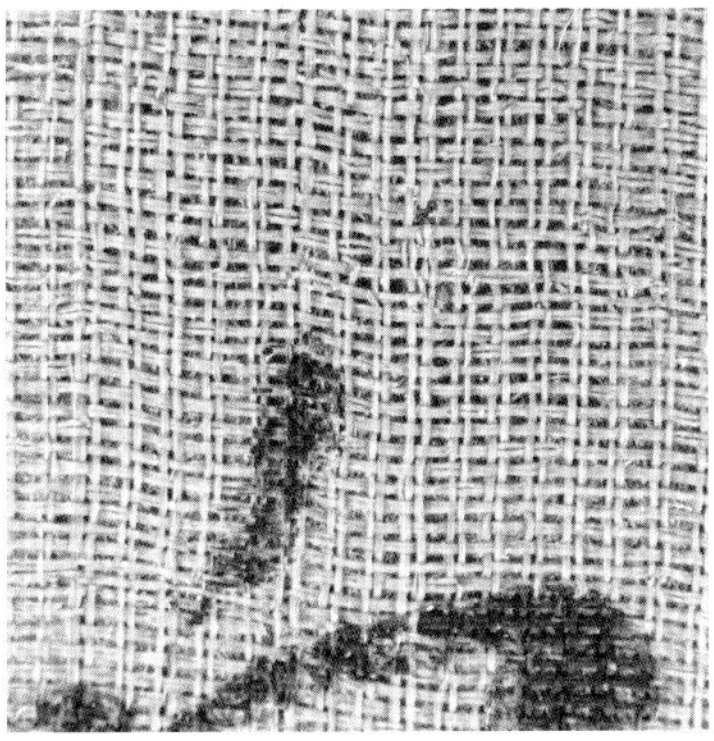

［図17］…元照律師像　絹組織
経緯数33×38（泉涌寺蔵）

［図15］…同前　絹組織
経緯数33×20

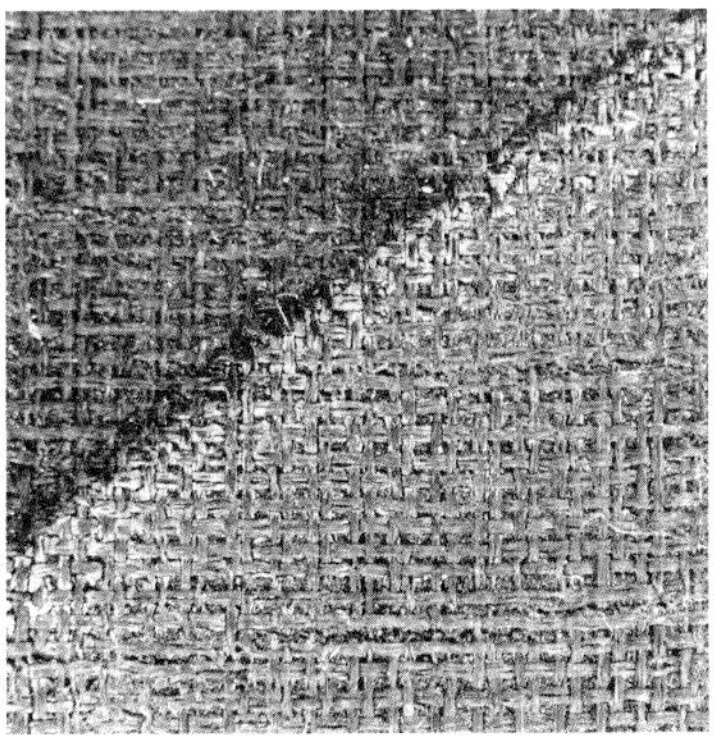

［図18］…羅漢図　絹組織
経緯数33×29（京都国立博物館蔵）

［図16］…阿弥陀浄土図　絹組織
経緯数36×40（知恩院蔵）

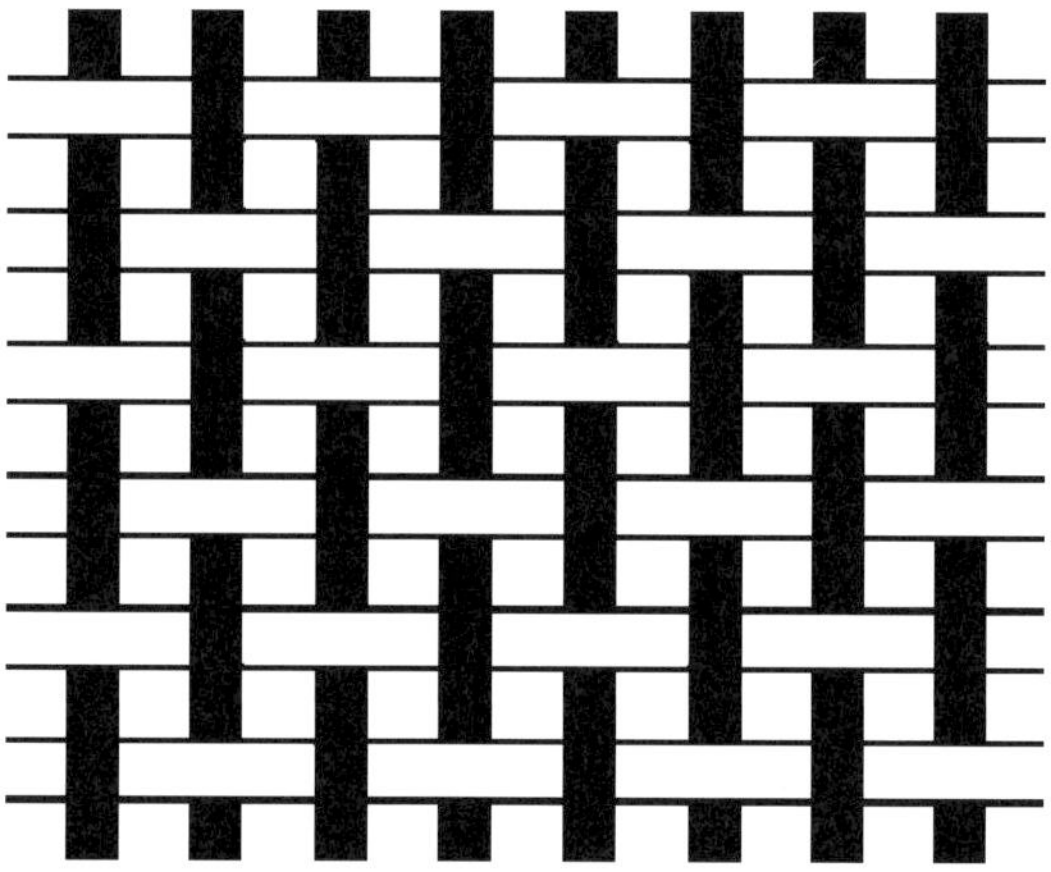

［図19］…〈平織〉の組織模式図

いまのところ見当たらない。舶載絹ではないかという意見があった〈神護寺三像〉の広絹は、こうした観察から日本製であるとみなしたい。

広絹の史料

広絹についてはさらに史料を探ってみた。日本古代の令によれば、広さ二尺二寸や二尺五寸の「広絹」もあったが、標準は一尺九寸だったようだ（『延喜式』）。平安時代の史料は乏しいが、広さ一尺五寸の「常絹」、広さ一尺八寸の屏風の料絹といった記述があり（『類聚雑要抄』）[2]、一尺九寸を超える例は見受けられない。平安仏画の絹巾が通常一尺四寸〜八寸ほどの範囲に収まるという従来の観察は[3]、これと対応する。巾二尺以上を広絹とみなす根拠のひとつである。[4]

史料の上で、相当な巾広の絹が織られた初例は、建保四年（一二一六）の「当麻曼荼羅」用料絹（御衣絹《みそぎぬ》）の織成である（西誉撰『当麻曼陀羅疏』[5]）。第一転写本作成のこの時点で一丈五尺の一枚絹の使用が開始されたかもしれず、その場合はD期前半に広大な広絹の嚆矢を認めることができるのだが、残念ながらそれを確認できない。証空が関与し嘉禎三年（一二三七）に完成した第二転写本は、宣秋門院が手ずから一丈五尺の御衣絹を織成したとされる（同）。これも現存しないが、いずれにしろその後の当麻曼荼羅転写の経過を眺めれば、この画題の制作が広大な一枚絹の普及に一定の役割を果たしたことは確かだろう。禅林寺本は原寸大転写本の現存最古例（一三〇二年）として貴重であり、経緯のバランスには日本の広大な広絹組織の特色が明確にうかがえる。

［図20］…春日鹿曼荼羅図　絹組織
経緯数36×47（陽明文庫蔵）

〈平織〉の絵絹

広絹調製には制作者側の何らかの強い意図が働いているはずであるが、現時点では資料に乏しく十分な分析ができない。いっぽう常絹の分野では絵絹ではない、いわゆる〈平織《ひらおり》〉[6]の料絹（経緯が一本ずつ交差する）［図19］を用いた例が断続的に現れる。それらは発願者と作品との個人的な強い繋がりによると予想される。つまり、生前、没後にかかわらず、発願者ないしその近親者が平素用いていた着衣素材などを料絹として採用したとみられ、その素材の所持・使用者が作善による功徳を受ける構図であったと思われる。遺品としては、C期の東博本「普賢菩薩像」、D期の陽明文庫本「春日鹿曼荼羅」［図20］、E期の浄土寺本「仏涅槃図」（一二七四年）、F期の奈良博本「文殊菩薩騎獅像」など、全期を通じて認められる。E期に該当する金戒光明寺本「山越阿弥陀図・地獄極楽図」屏風については、山越阿弥陀図だけが〈平織〉［図21・22］であるということも改めて確認され、一具性のありかたも含めてその制作意図を考える必要があるだろう。

これらの遺品のうちに発願者の具体的背景を語る資料は乏しいのだが、F期の個人蔵本「文殊菩薩騎獅像」［図23・24］は注目される。文観房弘真《もんかんぼうこうしん》が建武元年（一三三四）の亡き母の五七日法事として「亡者の小袖を御衣絹にして」図絵したという重要な情報が、紙背押紙に語られているからであ

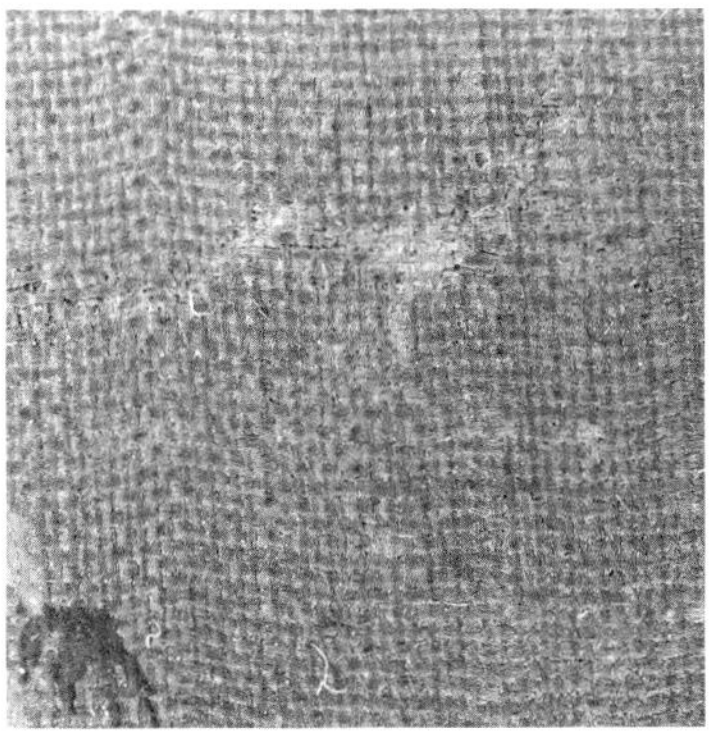

[図22]…同前　絹組織
経緯数47×40

[図21]…山越阿弥陀図屏風　全図(金戒光明寺蔵)

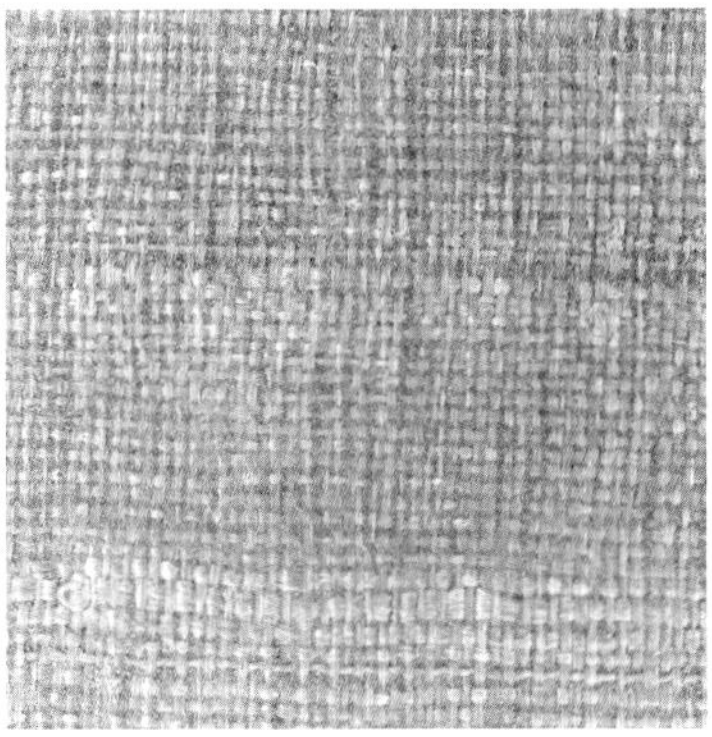

[図24]…同前　絹組織
経緯数49×38

[図23]…文殊菩薩騎獅像　全図(個人蔵)

る。同図様の奈良博本はこの三七日用のものだった。基底材の調製について個人との繋がりを示す明証であり、おそらく他の〈平織〉諸作品にもこうした背景を敷衍できるのではないだろうか。なお絵絹と違って〈平織〉の料絹の場合は、経緯の密度や糸の質が作品によってまちまちなため、時間軸に即した変化の相は現時点では抽出できない。

おわりに

以上が本書で論述したことの梗概である。

絵絹の変化の相の研究は、再三述べているように様式史研究との併用があってはじめて成り立つものである。制作年代がわかる数少ない基準作だけでは、料絹の画像データも孤立したままであって、他の周辺作品と関連付けることができない。様式史的観点からの作品の編年によって、一定の時期の作品数が認定でき、それによって絹目組織の画像データを有意の束として扱えるようになる。その作業を通じてその時期の絹目の特色を抽出できるようになるのである。逆に、この作業の結果、絵絹組織の変化の相＝〈見取り図〉が見えてくれれば、該期の作品について様式史的考察のみでは年代の位置付けがなかなか困難な場合、絵絹史の〈見取り図〉からの判断が大いに参考になると考える。修理作業に関してもなんらかの有益な判断材料を提供できると期待したい。

注

（1）中央公論美術出版、二〇二二年。泉「研究随想　素材への視線――仏画の絵絹」（『学叢』三四号、二〇一二年）も参照されたい。

（2）群書類従第二六輯雑部：五九三・五九七頁。

（3）高田修「仏教の聖画」『ブックオブブックス日本の美術九　仏画』（小学館、一九七四年）一五六頁。ちなみに佐藤武敏氏によれば、唐代でも両税法制定（七八〇年）以降は巾一尺九寸が標準的な絹の規格であり、二尺を越すものは五代以降と考えられるとしている（佐藤『中国古代絹織物史研究　下』風間書房、一九七八年、三三七―三五六頁）。

（4）中国でも二尺以上が広絹の規格と想定されることについては、佐藤氏論著を参照されたい。

（5）浄土宗全書第一三：四七三―四七四頁。

（6）絵画史研究での通称。染織史での学術用語ではない。

附記　挿図はすべて『古代中世絵絹集成』（中央公論美術出版、二〇二二年）からの複写による。

特集◎文化財をつなぐひと・もの・わざ
第三部◎装潢修理を支える理念

表装裂地取り合わせ考

岡岩太郎……OKA Iwataro

装潢師。株式会社岡墨光堂代表取締役。専門は装潢修理技術。論文に「文化財修理の今と解決すべき課題」（歴史学研究No.1002、績文堂出版、二〇二〇年）、「表具のレトリック――取り合わせで一体化する主役と脇役」（『美術フォーラム21』第四四号、醍醐書房、二〇二一年）、「国宝源氏物語絵巻の修理について」（『金鯱叢書』第四九輯』思文閣二〇二二年）などがある。

掛け軸に仕立てられた書画の周囲に付け廻されている表装裂地は、書画と背後の壁との視覚的区分を明確にし、観る者と書画が対峙する空間において両者を繋ぐという重要な役割を担っている。選ばれる裂地によって書画の印象が変わるため、文化財修理の際に裂地を新調する作業（取り合わせ）は慎重に進められなければならない。本稿は議論をされる機会の少ない取り合わせの作業について、具体的な事例を挙げながら考察するものである。

一、表装裂地略説

先ずは、基本となる掛け軸装の形式と役割、裂地として使用される頻度の高い織物について概説する。

【一】掛け軸装の形式と役割

掛け軸装の形式は真、行、草の三種を基本とするという説明が一般的に多い。(1) しかし、文化財修理の現場では、このような呼称が使われることは少なく、例えば神仏に関する書画の周囲を中廻しと総縁と呼ばれる、色と文様の異なった二種類の裂地で取り囲む仏表具［図01］や、鑑賞性の高い書画に採用される三段表具［図02］などのような形式分類に止めることが多い。

掛け軸は、床間や梁に掛けて礼拝し、あるいは客人をもてなすために用いられてきた。用が済めば細く巻き上げて箱に収める。巻き解き作業の時、書画本体に手が触れることはない。書画の周囲を複数種の裂地で取り囲むことによって、書画そのものを守っているのである。同時に裂地は脇役として主役の書画を装飾し、その品格を高めるという役割を担っている。

河合正朝氏はICOM KYOTO 2019のプレナリーセッションにおける「日本美術の特徴――作品鑑賞の視点から」にて、室町時代の室礼を例に、賓客を迎えるための空間装飾として絵画や数々の工芸品が配置され、「個々に独立した作品として鑑賞されるのではなく、そのアンサンブルがつくる美的空間を鑑賞するもの、あるいはその空間に鑑賞者が美を見出すもの」と日本美術の特質を表した。また、『天王寺屋会記』に言及し、「掛幅の日本絵画は、表具の形や材質に至るまでが作品を構

［図01］…仏表具の形式　「一字金輪像」（香雪美術館蔵）

［図02］…三段表具の形式　「鳥文斎栄之筆夏姿美人図」（香雪美術館蔵）

成する要素であり、それが作品として中世以来永続的に鑑賞されてきた」とした。(2)

一―二　表装に用いる裂地の種類

裂地として多用されるのは金襴、緞子、綾などの絹織物である。金襴は平金糸で文様を表現した織物で、三段表具の一文字風帯や中縁、仏表具の中廻しなどに用いられる。緞子は、異なった色に先染めされた経糸と緯糸を用いた織物で、金襴のような煌びやかさはないものの、しなやかで上品な光沢を有する。水墨画や文人画の中縁や上下として好まれる。綾は生糸の状態で織った後に精錬と染色をする後染めの裂地である。仏表具の総縁として付されることが多い。その他、金羅や金紗、印金、平織りの無地裂などがある。(3)

近代以前の掛け軸の姿を保っている貴重な事例に見る裂地の取り合わせから、各時代の美的感覚について学ぶところが多い。東山御物として知られる玉澗筆の瀟湘八景図は、足利将軍家によって画巻の装丁が切断されて、現在は重要文化財「遠浦帰帆図」（徳川美術館）、重要文化財「山市晴嵐図」（出光美術館）、重要文化財「洞庭秋月図」（文化庁）［図03］の三点が確認されており、それらに付されている裂地がすべて同一であることから、当時の表装のままである可能性も指摘されている。

［図03］…「玉澗筆洞庭秋月図」（文化庁蔵）表具全図

一文字風帯に丹地角龍文金襴、中廻しに紺地牡丹唐草文金襴、上下に金地亀甲折枝唐花文金襴という取り合わせには、足利義満、義政、今川義元や豊臣秀吉、徳川家康、徳川義直などの諸大名に好まれた力強さと気品がある。(4)

二、古代裂への憧憬と復元

近代には古代裂を使って掛け軸を仕立てることもあったが、現在では、貴重な古代裂に文化財的な価値が見出されているため、文化財修理分野では、書画に相応しい裂地を得るために、古代裂の復元に取り組んでいる。

二―一　近代の表装文化

近代に入って巻子や冊子が分割されて掛け軸に仕立て直されたことがあった。文化財保護の観点から、その行為は容易に賛同できるものではないが、一紙ずつに分割された名品を購入した数寄者達が競って表装した趣向は、近代の表装文化として評価できる一面もある。彼らの取り合わせへの執着や趣味からも学ぶところが多い。

益田鈍翁は昭和四年（一九二九）に分割分譲された「三十六人歌集」の「伊勢集」の表装を発注するにあたり、表具師が加賀前田家伝来の裂帖を入手したことを、「めでたし、めでたし」と喜んだ。その様子を表具師に宛てた書簡から知ることができる［図04］。また、別の書簡では、「美事」、「極てさび」などと書き記して、入手した裂帖の中から一文字や中廻しに用いる裂地を熱心に選び、表具師へ取り合わせについての要望を伝えていたことが知られている。(5)

二―二　古代裂の復元

有限な古代裂を想いのままに裁断して掛け軸に用いることには自ずと限界がある。そこで、現代の文化財修理現場では、東山御物や裂帖として

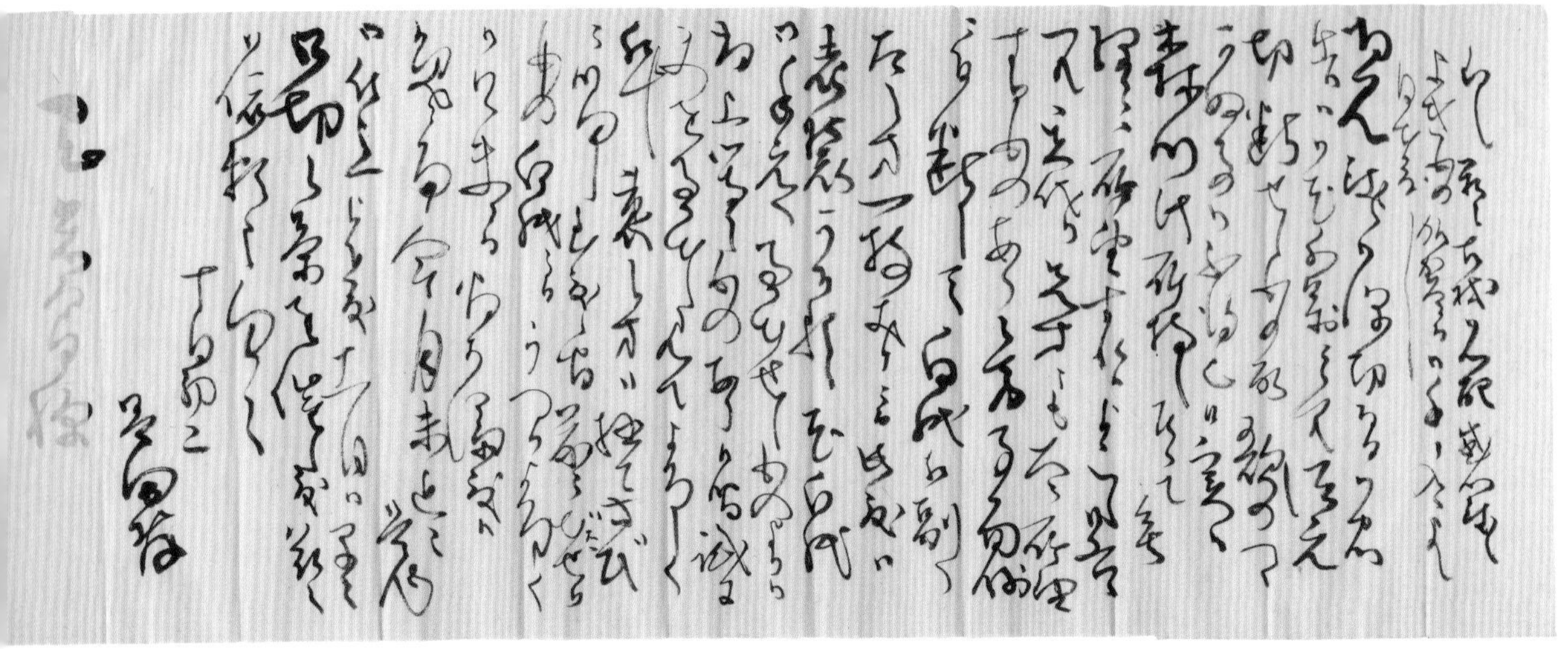

[図04]…益田鈍翁の書簡

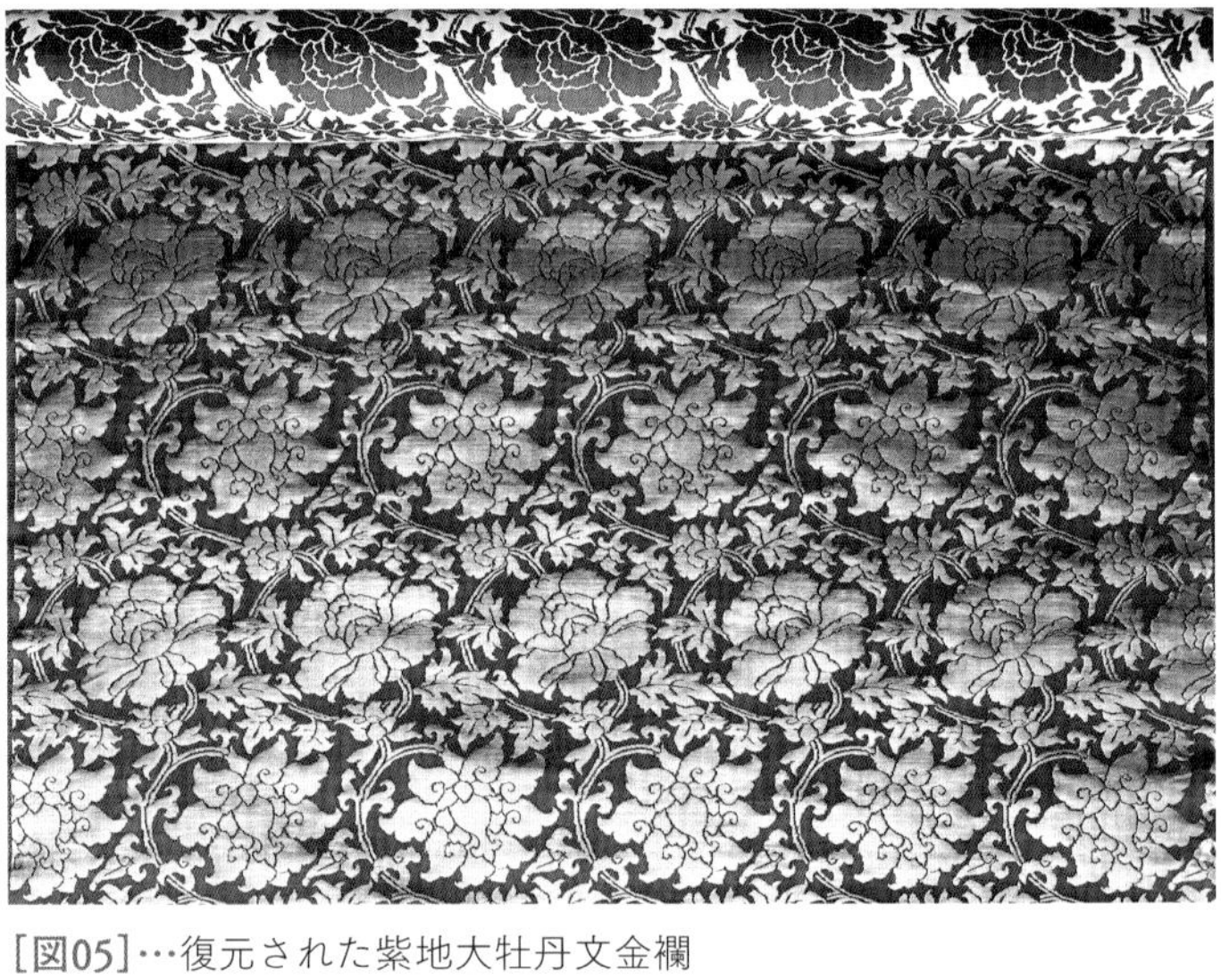

[図05]…復元された紫地大牡丹文金襴

残っている古代裂等を取材して、書画の品格に見合う裂地の復元をしている。

裂地の復元に取り掛かった早い事例に、国宝「大燈国師墨蹟　関山字号」（妙心寺）の中廻しに用いられていた紫地大牡丹文金襴の復元がある[図05]。関山字号は経年の劣化で横折れや亀裂などの損傷が著しく、昭和四十二年（一九六七）に国庫補助事業として修理が実施された。修理前に付されていた中廻しの金襴は紫色に染められた地組織部分の劣化が進行していて再使用が困難と判断されたことが復元の契機となった。拡大写真から金襴の組織を読み解き、牡丹唐草の文様をおこす作業が行われた[6]。現在のようにデジタルカメラや顕微鏡を使って即座に組織を読んで、専用のソフトウエアで文様を図に落とし込むことができる状況とは異なり、目と手を駆使しての作業の困難さや、費やされた労力を考えると頭が下がる思いである。

現代は、デジタル技術の発達により文様を再現することが以前よりも素早くできるようになってきており、先達の苦労を考えると隔世の感がある。特に近年は文化庁の「美術工芸品保存修理用具・原材料管理等業務支援事業」によって古代裂復元の機運は一気に高まり、その機会が増えたことは、手織り技術の継承を活性化する契機として期待されている。しかし、デジタル技術を活用する一方で、手本となる裂地をじっくりと見るという作業が希薄になっていないか危惧するところもある。古代裂の復元は手本の色や文様を正確に反映すればできるというものではない。古代裂を復元する際に、裂地組織の三次元的な構造を把握することは、文様や色を再現することと同様に極めて重要であるということを忘れてはならない[7]。

三、修理と裂地の取り合わせ

修理の際、書画に付されている裂地をどのように取り扱うのか、そして、新たに取り替える場合の裂地の選択をどのように実行しているのかを記す。

三―一　裂地再使用か新調かの判断

書画本体の過去の修理の痕跡（後補材）を温存する、あるいは除去するのかを検討する様に、裂地については、修理が完了した後に書画本体を守る強度や、鑑賞に適した美的価値を有しているのかどうかを検討する。裂地の損傷が顕著であっても書画本体と同様の文化財的価値が見出されるような場合には、裂地についても可能な限り保存のための処置を講じて再使用する。足利義満が所蔵していたことを示す「道有」の印が捺されている三幅対の国宝「出山釈迦図・雪景山水図」（東京国立博物館）は、左右幅の中廻しの紺地牡丹唐草文金襴の地組織である紺色の糸の劣化が進行していたが、それに対する処置を施して再使用をした。修理の際に同朋集が表装に関わったことを示す銘文が見出され、絵画本体と同じく裂地に文化財的価値があると判断されたことが方針決定の根拠となった[8]。このような場合は、可能な限り貴重な裂地は絵画本体と一体となって守り伝えられることが望ましい。

一方、裂地の来歴について記録がなく、劣化や汚損が著しい場合、あるいは書画本体とは釣り合わない掛け軸形式や裂地であると判断される時には、書画本体の保護と鑑賞性の観点から裂地を新調する。

裂地を新調する取り合わせは、修理作業の最終局面である。書画本体の修理が順調に進んだとしても、取り合わせの完成度が低ければ、修理事業全体としての評価が下がることもあり得る。つまり、取り合わせは、およそ一世紀先となる次の修理までの書画の姿に影響する工程であり、取り合わせを決断する責任は重大である。取り合わせの作業を担当する者には、膨大な数の手本となる取り合わせの事例が記憶に擦り込まれており、それらを参考に新たな取り合わせをしている筈である。手本には様々あるが、唐物や名物と呼ばれている書画に付されている裂地の見事な取り合わせを手本の例として挙げる。

梁楷筆の重要文化財「布袋図」（香雪美術館）には、足利義教の鑑蔵印である「雑華室印」が捺されており、永享九年（一四三七）に後花園天皇を義教が自邸に迎えた際に掛けた一幅である可能性が指摘されている[9]。付されている裂地は、その当初の姿を保っている可能性が高く［図06］、中廻しには金地牡丹唐草文金襴、総縁には丹地角龍文金襴が付されている。加えて、綾裂にて、本紙と中廻しの間には縹色の筋、そして中廻しと総縁の間には（紫色が褪色した可能性もある）茶色の筋が配されている[10]。豪華で格調の高い仏表具は、まさに修理に携わる者の手本として相応しい風合いの取り合わせである。

因みに一―二で挙げた三幅の「瀟湘八景図」、そして、「出山釈迦図・雪景山水図」、「布袋図」は全ての裂地を金襴で揃える総金襴仕立てである。「金一色で文様を織り出した金襴は室町時代になってから会所での茶の湯における唐物賞玩が盛んになるなかで、唐絵の表装として定着[11]」した、まさに当時の取り合わせの特徴を伝えている。

三―二　雪舟筆「山水図」の取り合わせ

最後に令和二から四年度の三ヵ年で実施された雪舟筆の重要文化財「山水図」（香雪美術館）の修理において裂地を新調した事例を紹介する。一文字風帯に濃藍地吉祥輪繋文金襴、中廻しに白茶地雲丸文金襴、そして上下には浅葱地市松文平織という取り合わせであったが、修理設計段階で表装裂地を新調する方針が検討された［図07］。

裂地は再使用するだけの強度は有しているものの、汚れが全面的に付着していた。修理後に竹紙の有するやや青味がかった特有の雰囲気が回復し、墨の濃淡などによる細かな表現や山水の遠近感が視認できるようになる可能性を鑑みると、掛け軸全体としての鑑賞性を向上させるために、裂

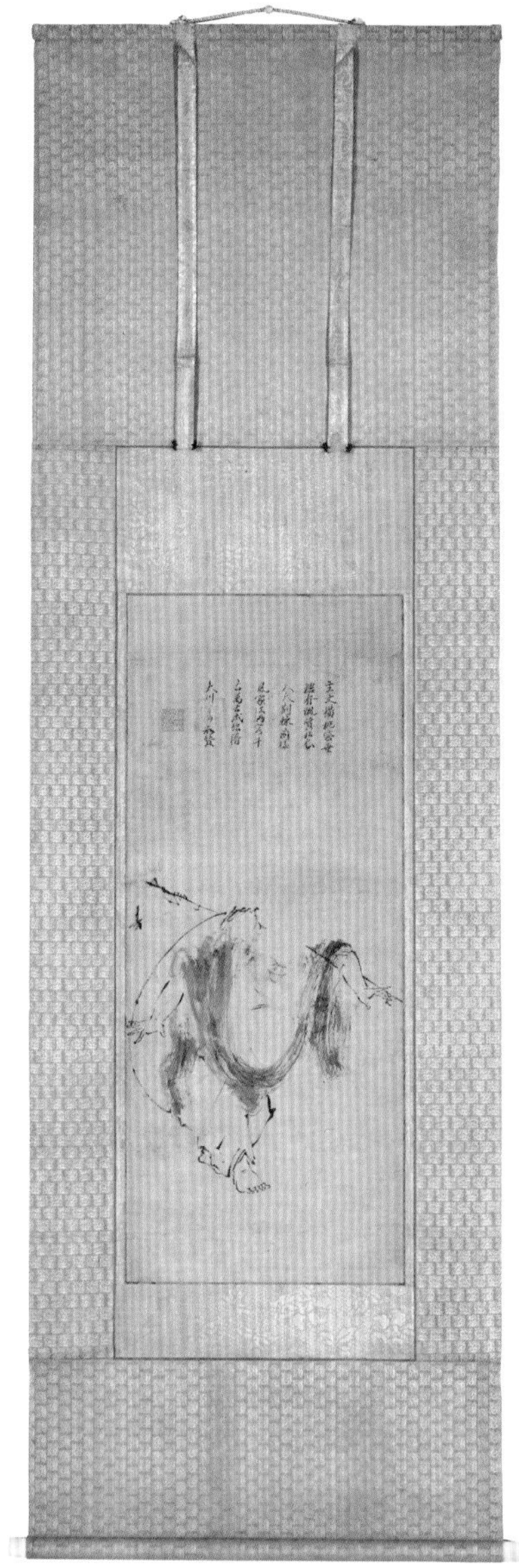

［図06］…「梁楷筆布袋図」（香雪美術館蔵）表具全図

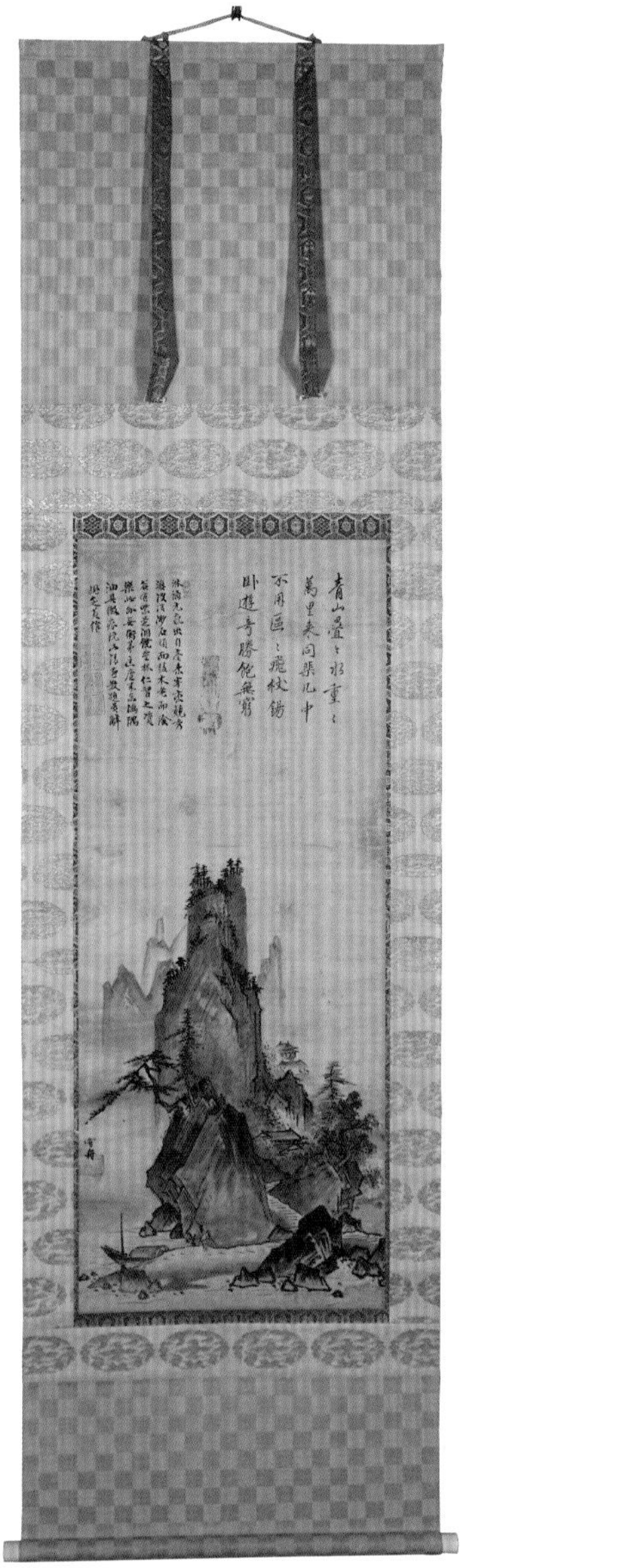

［図07］…「雪舟筆山水図」（香雪美術館蔵）修理前表具全図

地を新調できないかという意見が出されたのであった。加えて、一文字廻しの形式をとっており、雪舟の山水図の表装としては、やや堅すぎるということ、さらに中廻しに金襴、上下に平織の裂地を取り合わせていることも、新調を検討する根拠となった。新調する裂地の取り合わせを検討していた筆者は、幸運なことに岡山県立美術館で開催された展覧会にて、この山水図に近い画面寸法の水墨画で、掛け軸に仕立てられた複数点の雪舟作品を観覧する機会があった[12]。それらの掛け軸を一覧すると一文字には金襴、中廻しや上下に緞子の裂地が付されている三段表具の形式を多く確認できた。観覧できた全ての掛け軸が、絵画制作当初の表具ではないけれども、紙本の雪舟作品に取り合わせる裂地には、ある一定の傾向や好みがあるという明確な印象を受けた。

また、修理事業開始当初から、所有者や指導監督と共に雪舟らしい裂地の取り合わせとは何かということについて（決して解は見出されなかったが）繰り返し考えることがあった。雪舟らしさについての思索を繰り返す中で、本稿で手本として挙げた様な総金襴仕立ての唐物や、雪舟が学んだ大陸の水墨画よりも、やや緊張が緩んだ、おおらかさに雪舟らしさがあるのではないかという考えが筆者の中で醸成されていった。雪舟が活躍した時代、「和漢のさかいをまぎらかす」という村田珠光の言葉が表すように、茶の湯の世界に和物が取り入

［図08］…検討した取り合わせの例

［図09］…決定した取り合わせ

れられるようになる。また、明国から輸入すべきとされる品目には、墨蹟の上下に使われることが好まれる薄手無地の北絹や緞子、金蘿のような、金襴とは趣を異にする品々が登場する様になる。[13]

　わび茶の発生に見られる様に、唐物に限らず和物を空間に取り入れてゆく当時の趣向の変化が、展覧会で見た総金襴ではない、緞子を中心とした雪舟の取り合わせの傾向に重なる。松尾芭蕉は、天地自然にしたがって四季折々の移り変わりを友とし、「不易流行」を旨とする日本人の心や美的感性（美意識）について、「西行の和歌における、宗祇の連歌における、雪舟の絵における、利休が茶における、其貫道する物は一なり」としている。[14]「漢」に由来する水墨画を学んだ雪舟が、それを「和」に取り入れて我が国を代表する絵師になったとするならば、取り合わせる裂地についても金襴のような豪華さはないながらも、艶やかでしなやかな緞子が雪舟作品に多く取り合わされている傾向は、時代が変わっても貫道する「和」の感覚と言うことができるだろう。

　雪舟らしい取り合わせについての協議を重ねた結果、一文字に金襴、そして中廻しと上下に緞子とする取り合わせを検討することになった［図08-a・b・c］。取り合わせは、絵画本体の修理が終了し、概ね修理後の絵画が持つ色彩や紙の表情などが視認できるようになった段階で実施する。但し、今回の修理においては、大きな欠損が画面中に幾つかあり、最終的な補彩の仕上がりによっても画面全体の印象に微妙な変化があることが予測できたので、通常以上に裂地選びには時間を掛けた。

　取り合わせの際、絵画に近く、面積の大きな中廻しの裂地を最初に決定するのが定石である。絵画全体から発する基本となる色を見極めて、その色と釣り合った中廻しの裂地を選ぶ。この作業は写真で示しているように、絵画の側に裂地を置いて行う。その時にある特定の色の裂地がなんとも言えない絵画との一体感を見せる瞬間がある。これを「裂地がよく喰い付いている」と表現する。この山水図の基本となる色は、ややくすんだ淡い青色であって、その色を色相環に置いた場合に同色、あるいは補色の位置関係にある色の裂地を数あるストックの中から選び、文様の大きさやそのピッチを検討した。[15] 色相環を用いれば、図08-aの薄藍色の緞子は山水図と同色、図08-bの薄茶色の緞子は補色の範囲に当てはまり、図08-cについては同色あるいは補色の位置にはない色と位置付けることができる。このような作業を繰り返しながら中廻しの裂地を選択し、その後に絵画と中廻しとの色の釣り合いを考慮しながら上下や一文字についての取り合わせも決定した［図09］。なお、令和五年（二〇二三）三月現在、最終的な掛け軸の仕上げ作業中であるため、本稿にて仕上がりの全体画像を公開できない事についてはご理解をいただきたい。この雪舟筆の山水図の最終的な取り合わせの成果については、修理後の初公開を待つことになる。その時に更なる議論を深めたい。

注

（1）掛け軸の形式やその歴史については国宝修理装潢師連盟編『装潢史』（二〇一一）第五章表装様式と裂地の取り合わせ（九九―一一三頁）参照。

（2）白原由起子「世界の中の日本美術――プレナリーセッション4が問う現状と課題」（博物館研究Vol.五五 別冊　通巻六二三号、二〇二〇年、三四―三八頁）。

（3）裂地の種類や特徴については『装潢史』特集　裂の基礎知識（一一六―一二〇頁）参照。

（4）徳川美術館「秋季特別展　名物――由緒正しき宝物」（二〇二二年九月十七日―十一月六日）図録（一九三頁）。

（5）四辻秀紀「王朝美の精華・石山切」（徳川美術館特別展図録「王朝美の精華・石山切――かなと料紙の競演」解説　資料編、二〇〇七年、二二五―二三五頁）。

（6）岡興造（談）「第一回裂の復元の始まり（一）」（Web修復、二〇二〇年五月号、https://www.bokkodo.co.jp/web/2005_vol1.html）に当時の苦労の様子が詳説されている。

（7）岡興造（談）「第二回裂の復元の始まり（二）」（Web修復、二〇二〇年六月号、https://www.bokkodo.co.jp/web/2006_vol2.html）にて古代裂を復元するにあたって、構造を把握することの重要性が記されている。

（8）鬼原俊枝「国宝出山釈迦図・雪景山水図三幅対と『道有』の鑑蔵印について」（『月刊文化財』五二五号、二〇〇七年、三七―四三頁）。

（9）佐藤豊三「将軍家「御成」について（二）――足利義教の「室町殿」と新資料『室町殿行幸御餝記』および「雑華室印」」（金鯱叢書二輯、一九七五年）。

（10）渡辺明義氏は『装潢史』第四章掛け軸の歴史において、仏画の表装にある筋を「聖なる領域と外界を区別する結界の線に由来する」ものとし、日本的な表装の形式が完成した例を紹介している（八〇―八二頁）。

（11）河上繁樹『装いの美術史――織りと染めが彩なす服飾美』（思文閣出版、二〇二三年、七六頁）。

（12）岡山県立美術館「特別展　雪舟と玉堂――ふたりの里帰り」（令和三年二月十日―三月十四日）。

（13）河上繁樹『装いの美術史――織りと染めが彩なす服飾美』（思文閣出版、二〇二三年、七六―七八頁）。

（14）冷泉為人「安永・天明期の京都画壇（四九）円山応挙の芸術〈十四〉」（竹風第一〇二号、五八―六八頁、二〇二二年）。

（15）拙稿「表具のレトリック――取り合わせで一体化する主役と脇役」（『美術フォーラム21』第四四号、特集ヴィジュアル・レトリック再考、二〇二一年、一一三―一一八頁）。

附記　本稿は、香雪美術館企画展「修理のあとにエトセトラ」開催を機会に、取り合わせについての考えをとの要望に応じて執筆したものであるが、私的経験を列挙することに終始してしまった。これはひとえに筆者の力不足であり、ご容赦いただきたい。

　本文中でも述べたが、取り合わせを議論する機会は少ない。それは、取り合わせが、修理現場における分析科学や美術史学を背景とする学術的拠り所だけでは成立し得ない作業だからではないだろうか。多くの書画は視覚的に人々の心を刺激する造形物であり、人間のインスピレーションによって創造された美的存在であるため、取り合わせに関わる者は、自身のインスピレーションによって書画を咀嚼し、学術的客観性だけでは成立し得ない部分を補完しなければならない。取り合わせが、時代を貫く一なる日本の美意識を表現することに挑む作業と考えると、慎重に検討を重ねることは、未来に書画を伝える者の責任である。このような難しくも貴重なテーマでの執筆機会を与えていただいたことに感謝し、取り合わせへの興味を喚起する好機となれば幸いである。

特集◉文化財をつなぐひと・もの・わざ
第三部◎装潢修理を支える理念

中野慎之……NAKANO Noriyuki

近現代表装技術小史
——掛軸の裏打と裏打紙

掛軸、巻子、屏風など、書画の修理の要点は裏打の技術にある。その構造補強の大部分が、書画を裏面から支える裏打紙の更新によるからである。このうち掛軸の裏打は、概ね美濃紙、美栖紙、宇陀紙を貼り重ねている。その重要性にもかかわらず、いつからこの構造が一般化したかは不明とされてきた。本稿は、この積層構造と、これを構成する裏打紙の特質に注目し、近現代の表装技術の展開をたどろうとする試みである。

選定保存技術
——修理を支える技術継承

文化財保護法に定められている「選定保存技術」は、文化財の保存に不可欠な技術のことである。正確には「文化財の保存のために欠くことのできない伝統的な技術又は技能」のうち「保存の措置を講ずる必要があるもの」を指し、国はその技術・技能を「選定」し、その「保持者」や「保存団体」を「認定」する（文化財保護法第一四七条）。形ある文化財を守るために維持や管理、防犯や防災を徹底したとしても、保存に必要な技術が途絶えると、いずれいつかは継承の危機を迎えることになる。選定保存技術は、この修理の技術、あるいは用具・原材料製作の技術など、文化財の保存のために不可欠な技術を保存するため、昭和五十年に創設された制度である。

書画の修理に不可欠な表装の技術は「装潢《そうこう》修理技術」として選定されており、国宝修理装潢師連盟が保存団体に認定されている。装潢師連盟は国指定文化財の修理に携わっていた工房が昭和三十四年に結成した団体であるが、選定・認定は平成七年のことであった。これは国際文化財保存学会（IIC）の京都大会（昭和六十三年）、在外日本古美術品保存修復協力事業の開始（平成三年）、日本の紙の保存修復国際研修の開始（平成四年）な

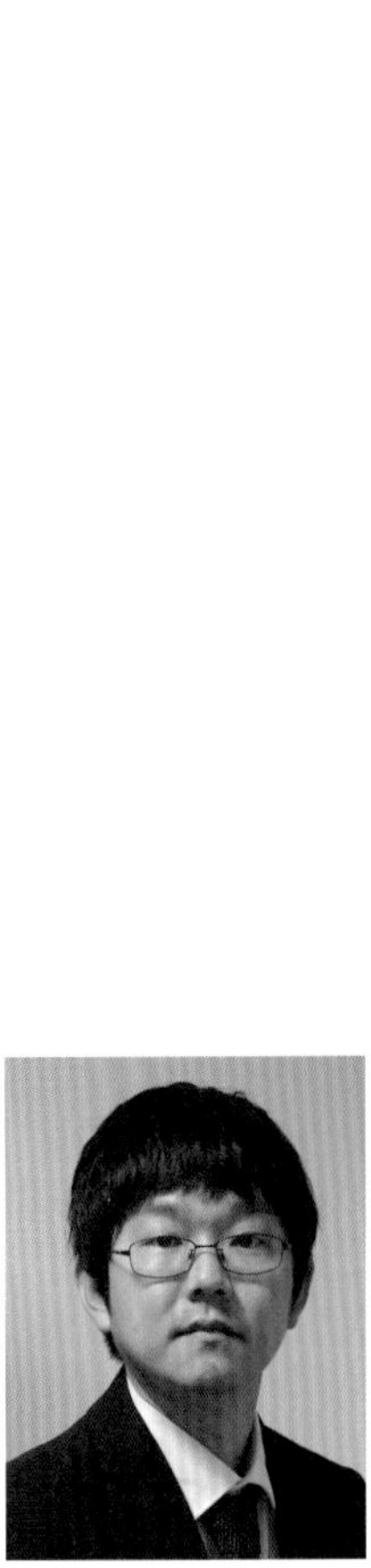

京都府教育庁文化財保護課（絵画・彫刻・工芸品担当）を経て、文化庁文化財第一課（絵画部門）。著書に『日本の表装と修理』（共編著、勉誠出版、二〇二〇年）、『近代京都日本画史』（共著、求龍堂、二〇二〇年）などがある。

どに続くもので、修理技術としての表装の重要性が国内外で再認識された時期に位置づけられる。また、平成三十年には「装潢修理材料・用具製作」が選定保存技術に選定されている。これは装潢修理に必要な用具・材料の生産技術の継承が危ぶまれる状況をうけたもので、その生産体制の維持、継承、拡充を図るため平成二十二年に結成された伝統技術伝承者協会（伝伝協）が保存団体に認定された。こうした体制整備は選定保存技術の創設から二十年以上を経てのことである。

表装関係で最初に選定されたのは宇陀紙《うだ》（昭和五十一年）、美栖紙《みす》（昭和五十二年）、表装裂《ひょうそうぎれ》（昭和五十二年）の製作技術である。[1] 修理技術としての表装にとって、裏打紙と表装裂が「欠くことのできない」、「保存の措置を講ずる必要がある」ものと最初に位置づけられたのである。これは表装が、書画を表装裂で装飾するとともに、裏打により補強することを中心とする技術であることを端的に示す出来事であろう。

しかしこの裏打や裏打紙の過去の実態については未解明な点が多く、[2] 宇陀紙や美栖紙が選定保存技術とされた頃にはすでに「整然とした表具の方法がいつ確立したかがはっきりしない」と言われている。[3] 以下ではこの課題をふまえ、表装の代表的な形態である掛軸を題材に、裏打がかつてどのように行われていたのか、近現代における技術と材料の展開をたどってみたい。なお、史料の引用にあたっては仮名の表記を改め、句読点を加えた。

裏打の積層構造

掛軸の裏打は四層とされることが多く、それぞれの層を順に肌裏《はだうら》、増裏《ましうら》、中裏《なかうら》、総裏《そううら》と呼ぶ。一般的に、肌裏紙には美濃紙を、増裏紙・中裏紙には美栖紙を、総裏紙には宇陀紙を用い、肌裏打には接着力のある小麦澱粉糊《でんぷんのり》の新糊を、その他の裏打には古糊を薄めた水糊を用いる。古糊は接着力が弱いため、その裏打にあたっては撫《な》でつける作業に加え打刷毛《うちばけ》を施す［図01］。この裏打の積層構造はいつ頃に確立されたのであろうか。

明治以前の表装技術の記録はほとんど把握されていないが、しばしば美濃紙、美栖紙、宇陀紙が裏打紙としてあらわれる。例えば『大乗院寺社雑事記』文明十八年十月二十一日条の注記は「クツシ」（国栖紙）について「練之下張」と記しており、宇陀紙による練絹の裏打を意味するものといわれている。[4] また『表具式法』は、松平治郷《はるさと》（不《ふ》昧《まい》）から相阿弥《そうあみ》の秘書を拝領したという木村長蔵が残したもので、内容の充実する類例の稀な表具書である。[5] そこでは「生裏《うぶ》」すなわち肌裏紙について、「絹地ノウフ裏ハミノ紙」で「唐紙」も用いること、「唐紙ノ類」は「ミス帋」を用いること、また「惣裏《そううら》」すなわち総裏紙は「ミノ紙」を用いることなどを説いている。「クツシ」や「ミノ紙」「唐紙」「ミス紙」の意味するところも後世と必ずしも一致しないであろうが、少なくとも美濃紙、美栖紙、宇陀紙を貼り重ねる積層構造は一般的でなかったと想定できる。

明治二十七年に京都の表具師である小西治助（光華堂）が記した「装潢談」[6] は、各工程の役割や留意点を説く点で貴重である。ここでは裏打を「装背」「製背」などと表現し、各層と工程を以下のように説明する。これにより四層の裏打が明治後期以降は連続性を保っていることが知られる（【 】は現状の呼称）。

【肌裏】肌裏

肌裏を附するは尤も至難なるものにして縑紙本とも厚薄剛柔の差あり、其厚薄剛柔に従かふの紙を択ひて同質ならされは大に本品を害す可し、且つ之を貼するの糊を練ること亦尤も研究す可く、此肌裏は所謂裱装の基礎にして技術の優劣は実に此一挙にあるものなり

【折伏】伏折紙[7]

次に細小なる紙片を裏面に貼す、之を伏折紙と云ふ、本紙の折痕を隠して之を抱持する為なり

【増裏】副裏

以上の背襯具を装し畢りて後、張台に掛け置くこと数日、然して後に図解の如く一文字上

下の貼附を為
【中裏】中裏打
後ち復た張台に貼ること数日たる可し、次に
両端折り曲け及ひ軸袋を貼
【総裏】総裏打（清裏）
此諸技を畢りて後は三たひ張台に貼り込むこと凡そ一箇月間を経へし、此間晴雨に接するの保護法は尤も緻密に注意するを要す、然して快晴の天を撰み張台より剥取り、之を細く巻きて以て伸縮を試み、柔輭其適宜に至る可き様こなしを加へ、更に空張を為して時期の至るを待ち、以て仕上け軸付をなす可きなり

古社寺保存法が制定された明治三十年前後、国宝修繕に伴い表装の工程の記録が増加する。そこからは、裏打に用いる紙や糊も、明治後期には現状と通じる方法が一般化していたことが確認できる。早期の修繕の一端を担った伴能《ばんの》広吉（十全堂）の修理仕様書では、美濃紙、美栖紙、宇陀紙や新古の糊が材料費に計上される。[8] また明治四十三年、営繕官僚の大熊喜邦が表具技術を解説するなかで、裏打について「近来の方法は美濃紙にて一回裏打を為し、簾紙《みす》にて増裏を掛け伸と称する紙にて中裏を打ち、簾紙にて増裏を掛け、風袋の生ぜざる様叩刷毛にて叩くこれを打込と称す、而して後宇田紙にて仕上締を為すものなり」と記述する。[9] 少なくとも国宝修繕の草創期である明治後期には、美濃紙、美栖紙、宇陀紙を新糊と古糊で接着する裏打が定着していたと見てよいのではないか。

一方で、国宝修繕関係の文書に見られる裏打紙の種類は様々である。例えば表装の修繕事業関係文書が多く含まれる明治三十五年の日本美

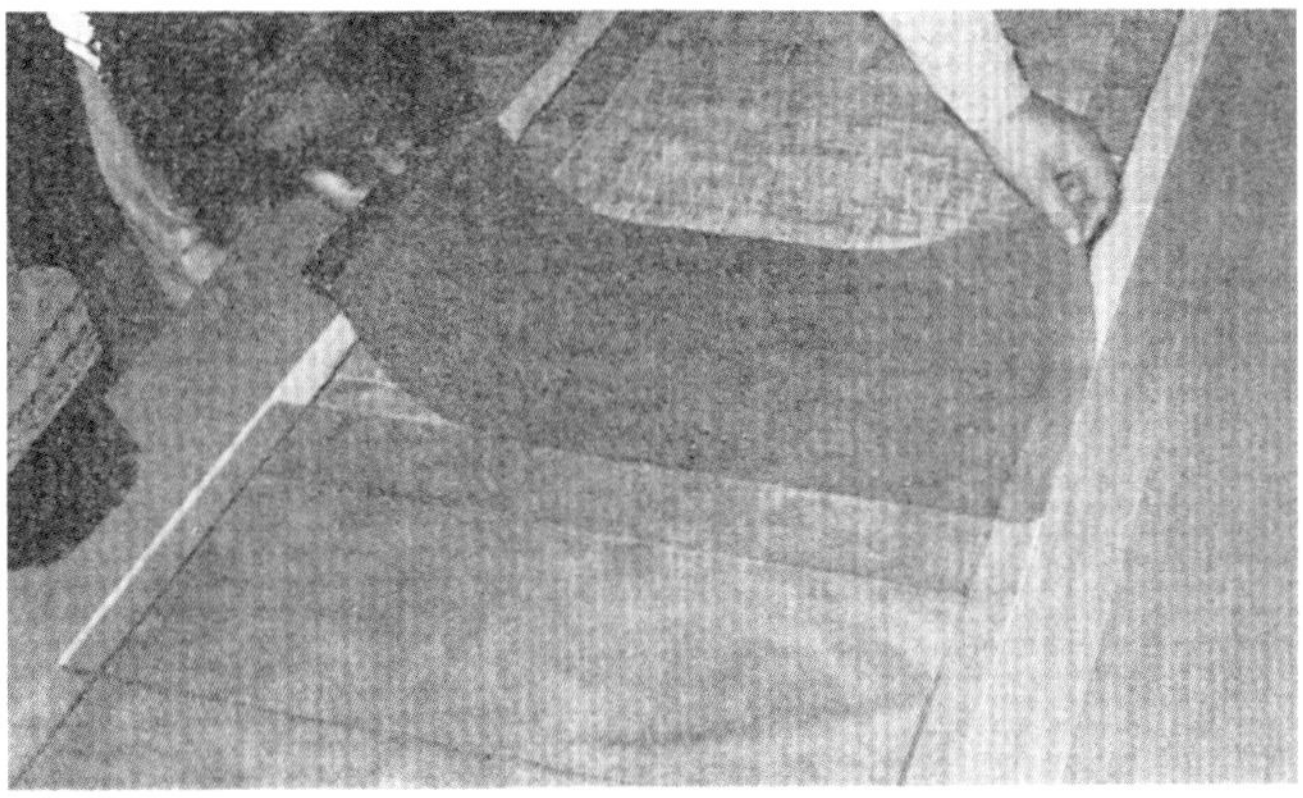
図—32-1　裏打紙をおき

図—32-2　刷毛で撫でつけ

図—32-3　打刷毛を行う

[図01]…総裏打　中裏(美栖紙)への総裏(宇陀紙)の接着
(出典：『表具の科学』(注2))

術院資料[10]を見ると、石山寺「仏涅槃図」の修繕にあたっては、裏打紙として「美濃紙」、「美須紙」、宇陀紙を指すと思われる「国栖紙」のほかに、「寸延紙」「半紙[11]」が材料に挙げられる。さらには裏打に絹を用いた記録も散見する。一乗寺「聖徳太子及天台高僧像」の修繕では「旧装ハ悉ク取離シ更ニ絹裏ヲ施シ」という仕様で、材料費には「裏貼紙」「薄美濃」「裏打絹」などが計上される。東大寺「倶舎曼荼羅図」修繕においても「裏貼紙」として「大美須紙」や「西紙」のほか、「裏打絹」が材料に挙がっている。こうした例は枚挙に遑がないが、施工者や地域による傾向は、特に検討されてしかるべき事項であろう。

表装技法書として名高い大正十一年刊行の山本元『裱具のしをり[12]』では、美栖紙は「中裏打、絹地の裏打に」、宇陀紙は「総裏打に」用いるとされ、肌裏については、美濃紙を「絹本の裏打に」、「山城、石州」の半紙を「唐紙、画箋紙等の裏打に」、寸延《すんのべ》を「巻絹の裏打に」用いると解説されている（五四頁）。また掛軸の裏打の工程を順に①裏打、②継立（「本紙と表装の各部とを継ぎ合はす」）、③中裏打、④端打《みみおり》・総裏打、⑤仕上とし、中裏や総裏には打刷毛をおこなうことなど、それぞれの工程が詳述されている（六七―七一頁）。全国的な平準化が進んだかは検討が必要であるが、同書の内容を踏襲、剽窃する記述も広がりをみせており、こうした積層構造が一般的であったとみて大過ないように思われる。

以上のような状況に加え、別の解説書[13]で「古来から伝へられる表装の、真、行、草、の割合も、明治の中期から寸法も形式も次第に変つて」いるとされていること、大熊喜邦が「近来の方法」と表現することも踏まえ、明治から大正にかけて、ある程度の選択肢を保ちつつ、裏打の積層構造の定法が確立されたと見ておきたい。

国宝修理装潢連盟が結成された明治三十四年頃の状況としては、昭和二十九年の湯山勇『表具のしるべ[14]』が「裂の肌裏」に「薄美濃、四ツ判、雁皮等」、増裏・中裏に「美栖」、総裏に「宇田、西の内等」を用いるとし、昭和三十四年の稲垣正明『日本襖壁紙表装大観[15]』が「裂地《きれじ》の肌裏用には薄美濃、四つ判雁皮等」、増裏・中裏に「美栖等」、総裏に「奈良県吉野郡で生産されている宇田紙や野州の烏山が本場とされていた西の内（現在は各地で出来ますが）」が多く使用されていると解説している。美濃紙、美栖紙、宇陀紙が主用されつつも、多様な紙が裏打に用いられる状況はその後も同じであろう。

裏打紙――美栖紙と宇陀紙

増裏と中裏に用いられる美栖紙と、総裏に用いられる宇陀紙は、ともに吉野で漉かれてきた紙で、国栖《くず》地区（南大野・窪垣内《くぼがいと》）で伝承される［図02］。ともに楮を木灰《きばい》で煮熟し、手打ちで叩解《こうかい》するなどの特徴があり、抄紙にあたっては、美栖紙では楮に胡粉を添加し、ネリにトロロアオイ（黄蜀葵）を使用するのに対し、宇陀紙では楮に白土を添加し、ネリにノリウツギ（糊空木）を使用する［図03］。また美栖紙は漉きあがった簀《す》を直接に干し板につけてぬれ紙を移す簀伏《すぶせ》を行う。同地には漆濾紙《うるしこしがみ》として知られる吉野紙も伝承されている。これらの近世以前の歴史は『吉野町史[16]』や『大宇陀町史[17]』などが、近世以前の呼称については新村出《しんむらいずる》「吉野の国栖紙[18]」などが、技術や用具・原材料については加藤晴治『和紙[19]』や柳橋《やぎはし》真「吉野紙・美栖紙・宇陀紙[20]」、久米康生「極薄でしかもねばり強い和紙[21]」などが詳しいので、あわせて参照いただきたい。ここでは表装の裏打紙という観点から、美栖紙と宇陀紙について、原材料を中心に選定保存技術とされる以前の状況を確認する。

明治二年に駐日公使のパークスがまとめ、翌年に英国議会に提出した報告の日本紙類目録[22]では、美栖紙は「巻軸、裏張又は造花用」、宇陀紙は「帳面、傘、襖用」とされる。明治十八年に大蔵省が編纂した『貿易備考[23]』では、美栖紙（「三栖紙」）が「延紙《のべがみ》より大にして、稍《や》や薄く、鼻紙の上品なるもの」で、「古来官家の用と為し、大中小の三種あり。大三栖紙は方今造花の用に供す」と説明される（二〇五七頁）。一方の宇陀紙（「宇多紙」）は「一ニ宇田紙、又国栖紙ト称ス、紙質厚シ」と紹介される（二〇七〇頁）。このように、いずれも名産とされ、裏打紙としても用いられていたが、広範な用途のひとつに過ぎず、さほどその特質が強調される様子はない。

明治二十五年の今関常次郎『実用教育農業全書』は、「漆漉紙即吉野紙」について詳しく解説する。[24] 抄紙には「通常鰾《ノリノ》木汁《キシル》（「ノリウツギ」又た「トロロノキ」と曰ふ）」の「粘汁」を加え、「張板に貼るに際り、予め板に胡粉三百目を水五六升に溶かし糯糊三合許を混和して製せる糊を木綿片にて一様に塗り、而て後に之を貼附」すると記す。吉野紙についての記録ながら、当地におけるノリウツギや胡粉の使用、簀伏の状況が確認でき参考となる。[25]

［図02］…昭和33年頃の国栖地区
（窪垣内から南大野と吉野川を望む）（出典：加藤晴治『和紙』（注19））

奈良の歴史や地理についての博識で知られる水木要太郎は、明治三十六年の『大和巡』末尾で奈良の産業を紹介するなか、製紙に触れる。[26]「戸数三百軒、職工千五百人、産類九万円」にのぼる奈良の製紙の九割が吉野に属するとして「国樔《くず》の辺に産するものは宇陀紙、国樔紙其他の諸紙あり、丹生川《にうがわ》の沿岸に産するものは漆漉《うるしこし》（マヽ）にして古来の名産に属し吉野紙の名あり、絹本裱装《ひょうそう》の中裏に打つ翠簾紙《みすがみ》の如き亦此地の特産に係るといふ」と記している。裏打紙としての評価は、先に明治後期と想定した定法の確立時期とも矛盾がない。

ところで、『奈良県綜合文化調査報告書』（昭和二十九年）[27]は、表装用の美栖紙は「明治三九年頃国樔村窪垣内昆布久吉が製造を始めた」、表装用の宇陀紙（並白）は「明治二八年頃小川村中黒今西長松氏が製造していたもの、明治三五年一〇月国樔村南大野松本周次郎氏がこれを製造し始めた」としている。また、加藤春治『和紙』（昭和三十三年）は吉野紙が「国樔へ伝ったのは明治二九年の頃で本村大字窪垣内の人今西半蔵なるもの本場なる吉野郡丹生村にて製法の伝授を得て帰りこれを同大字の南善一郎に示し同人が製造を開始し他に及ぼしたのが初め」ともいう。[28] ここまで見た文献とあわせ考えると、以前から周辺で漉かれていた美栖紙や宇陀紙が、国栖で漉かれる裏打紙として販路や評価を確立したのがこの時期だったのではないだろうか。

昭和五年に現地を訪れた小牧実繁の「吉野聞書」[29]は当時の状況を詳述する。まず近隣の上市に和紙問屋（小瀬太平、小瀬栄次郎等）があるといい、[30] そのうちの小瀬栄次郎に国樔村産の和紙について聞き取っている。例えば「表具宇陀は表具の裏打ちに用ひ、その製造には些少の土を入れる。美須紙は同様中張りに用ひ、その製造には少量の土を混じる」と説明する。宇陀紙については「改良半紙の屑を混ずる事がある」といい、「土は川上村大迫及び白屋の二ヶ所より産する白土であるが、これを混じるのは表具の時などに紙の落着きを好くする為」という。また口碑に「国樔紙の元祖は美濃国で、その宇陀紙とも云ふのは宇陀松山に元締めが存在したからであると。大美須の初まりは約二十年以前大正元年頃、漆濾しの初まりは明治四十年頃である」と伝えるという。

同文はさらに、南大野の辰巳定治郎への聞き取りを中心に、材料も詳細に記録する。例えば白土については「白屋には岩と岩との間に三箇の穴が存在し、土はそれより採取せられるのであつて、

［図03］…国栖におけるノリウツギの表皮剥りと宇陀紙の坐漉（昭和33年頃）
（出典：加藤晴治『和紙』（注19））

穴によつて多少性質を異にし、スキ手の如何により混じる土の種類も異る」とされる。さらに「すくには北海道産の糊を混じる。糊は木の甘膚より出る樹脂よりとるもので俗に「トロロ」と称する」とあり、北海道産のノリウツギが「糊」（ネリ）とされていたことを確認できる。特に詳しいのが楮とその産地、加工についてである。「以前は国樔村一帯、吉野川両岸の斜面に栽培せられたのであるが、好況時代生糸に値が出た頃、その栽培を廃し桑を植ゑたのが契機となつて今その栽培は見られぬ」といい、商人を介して「土佐・丹波・丹後・日向・美作等」から購入し、土佐の楮は白皮で、丹波の楮は黒皮でもたらされるという。足りない場合は北陸からも調達しており、他所の楮を「国から来る」と表現するともいう[31]。後述するとおり当時はソーダによる煮熟が一般化していた。

此の白皮を河で洗ひそれを半乾しにして、髪剃りで傷を除き去る。之れを釜に入れ加性《ママ》曹達《ソーダ》、洗ひ曹達（俗にアクと称す）を混じて煮る。とろ〳〵に煮えた時河に持ち行き清水で洗滌すれば醤油色をしたアクが抜け、それで楮は真白になる。洗滌用の籠を「紙出し」と俗称する。此の真白の楮を、セメント製・木製・又は石製の盤上に乗せ槌を以て叩く。盤のことを俗称「打板」と云ふ。余り急に叩けば繊維が切れて悪く、中々の呼吸が要ると云ふ。叩いて解けた繊維は水槽に入れて崩す。

寿岳文章《じゅがくぶんしょう》と静子の『紙漉村旅日記』[32]は、昭和十二年の秋から全国を踏査した成果として名高いが、当地における白土の添加について触れており、裏打紙としての評価の広がりを思わせる（二八―三〇頁）。

美栖や貫五には川上村の白屋や大迫に産する白土を混ずるためか、紙質一般になよ〳〵として腰の弱い感じを与へる。しかしこの白土の混入が国樔産紙の特長であり、傘の場合には油気を永く保ち、紙質の柔軟がかへつて破損を防ぎ、表装に使へば柔軟で仕事がし易く、時間の経つにつれて耐久力を増し、空気の乾燥、気候の変動によつて紙幅の伸縮を左右されることがないので、表具にはなくてはならぬ材料となつてゐる。

また「ネリはノリウツギを主とし、坐つて漉くこと」を特徴に挙げ（三〇頁）、近隣の丹生村役場における聞き取りながら、美栖紙などについて以下のように記している（三三頁）。

大美栖、吉野紙を主産とし、原料の楮は四国から買ひ入れ、木のり（のりうつぎ）も草のり（黄蜀葵）も使ふ。大美栖には胡粉を入れる。そのほかに、延紙やキセ紙も漉く。楮が自給自足であつた頃は山へ行つて床を作り、木灰を取り、それで楮を煮たが、今は石灰。簀は一尺三寸に八寸ぐらゐ、干し板は幅八寸から一尺、長さ五尺五寸、松または樅。臼であら搗きした紙素を叩く板の材は桜、棒は樫。明治二十三年に信用組合を作つたが、組合を経ずに直接取引先の京の表具屋や紙屋に売る向きもある。

昭和二十九年の井上吉次郎「吉野紙」[33]も内容が豊富な記録である。吉野の紙について「粘着剤に、ここでは、「木ドロ」というノリウツギの内肌皮を混入する。「根トロ」は、黄蜀葵の根から取るのだが、それを使うこともある」とし、トロロアオイ・ノリウツギについて「黄蜀葵は栽培出来る。別の家の表で、小さい女の子が、しきりに木の皮をはいでいた。ノリウツギの外皮を削ぎとるのである。この家でも「紙屋」の下の石垣の蔭、陽光のささぬところへ、束にして、この木を囲つていた」と、現地で調達、加工を行っていることが記される。また楮について「家の周囲、畑の畔になつている崖一面に楮が植つている。無論、そんなことで賄えるものでないから、岡山や高知の「国もの」を移入する」といい、加えて「もう一戸街道の下に「並白」や「美櫟」という上物を漉く「紙屋」がある」としており、美栖紙（美櫟）や宇陀紙（並白）の位置づけが知られる。

そのほか、宇陀紙への白土の添加については、川上村から来た人が窪垣内にて土を入れて紙を漉くことを提案したのを契機としており、値段の高騰により次第に自ら川上村大迫で採取をするようになった、白土は大きな挽き臼に入れて馬で引き回した、福西虎一氏が愛知県瀬戸に行き焼物などで使うボールミルを買い付け共同作業場へ設置した、大迫の土がなくなったことにより川上村白屋での採取がはじまった、と伝えられている[34]。

美栖紙と宇陀紙の原材料に注目して以上をまとめると、胡粉や白土を添加して漉かれていたこれらの紙が、国栖で漉かれる裏打紙として評価を確立したのが明治後期のことと想定され、楮は近隣での栽培のほか高知などから購入、トロロアオイは現地で栽培、ノリウツギは近隣での採取のほか北海道から調達していたと考えられる。

新技術——紙と糊の変化

ここまで裏打紙の積層構造と、そこで用いられる美栖紙・宇陀紙の近現代の状況をたどり、その特質が概ね古社寺保存法の制定前後まで遡り得ることを確認した。この間に表装にもたらされた新技術について、最後に確認したい。

まず変化が生じたのは手漉製紙の材料や工程であった。国栖地区においても、例えば『紙漉村旅日記』に「近年は、炭酸曹達や苛性曹達が紙素の煮熟に用ゐられ、パルプも混用されるらしく、往時の宇陀紙とはよほど品質を異にしてきたのではないかと思ふ」と言われている（二九頁）。また井上吉次郎「吉野紙」も「この頃、和紙規定で一パーセントまでの木材パルプ添加が許容されてから、木材パルプを入れて厚味を助けるようになつた」とされ、「トロと一パーセント以下の木材パルプと、他に少量の粘土を入れる家もある、得意先が嫌うから入れぬという家もある」あるいは「叩解」は、組合で、電気動力の機械作業になつた。漂白に化学薬品を使うこともお定りの進歩だ」と指摘する（四二—四三頁）。過去の紙漉の技術を保持し「いよいよ紙漉きが始まると、よその産地の職人はまじまじと目を凝らす。タイムマシンに乗って江戸時代の紙漉きの光景が現れるからだ」[35]と評されるほどであった国栖にあっても、昭和初頭においては木材パルプの添加、叩解の機械化、薬品を使用した漂白、ソーダによる煮熟など、全国的に進んでいた新技術［図04］は流布したのである。こうして新技術を積極的に導入した者と、伝統的な製法を維持した者とのあいだで、材料・工程の二分化が進んだものと思われる。後に美栖紙と宇陀紙が「保存の措置を講ずる必要」のある選定保存技術とされたのは、伝承者の減少とともに、こうした情勢も踏まえてのことであろう。

また、裏打に用いる糊について、昭和三十年頃から京表糊[36]や片岡糊[37]などの化学糊が普及したとされる。[38]「美術的な中には国宝級のものなどに使用してよいか、悪いかは未知数で数年の結果を見なければ軽々に使用し難い」[39]という見方も少なからず存在したが、表装の課題を解決するものとして歓迎されたからこそ急速に普及したのであろう[図05]。昭和三十三年の湯山勇（春峰堂）『表具の話』[40]は「現今、高分子科学の発展により科学糊による表装製作の研究が盛んに行はれすでに実用化」しているとして、「一概に科学糊料と言っても種類が非常に多く、各種類の調合等は研究者が秘密裡に行つて居りますから相当優れたものもある様に思ひます」と状況を説明する。

湯山は化学糊が「ビニール系糊料と木材より抽出したパルプ系糊料とに大別される」とし、ビニール系は乾燥した場所でも掛り具合がよく防虫にも効果がある一方、経年による硬化や変色がある、パルプ系はしなやかで掛り具合がよいが「わらび粉糊」を使用しているためカビやシミの懸念がある、とそれぞれに対する懸念を示す。しかし以下のように、むしろ伝統的な糊の難点を挙げ、「保存上も鑑賞上もこれほど不合理な従来の製作法」は「表具の欠点が見過ごされていた」とし、「特にデパートを初め近代的設備を施した建物ほどその欠点を露呈し、さうしたところへ掛けた場合、見るも憐れな姿になることは皆様が御存じの通りであります」とその不備を強調した。

> 如何に処理をしても原料は小麦粉でありますから、（1）虫害、（2）湿気（主としてカビ、しみ）等、変色、裂地や紙の老弱化による折損等のことは如何ともなし得なかつたものであります。（略）次に鑑賞的に考へますと、これも理想にはや丶遠く、生麩は乾湿に敏感でありますから、晴天や強風の日には収縮するため、表具の掛り具合が悪くなり、雨天や夜間は湿度が高く空気中の水分を吸収するた

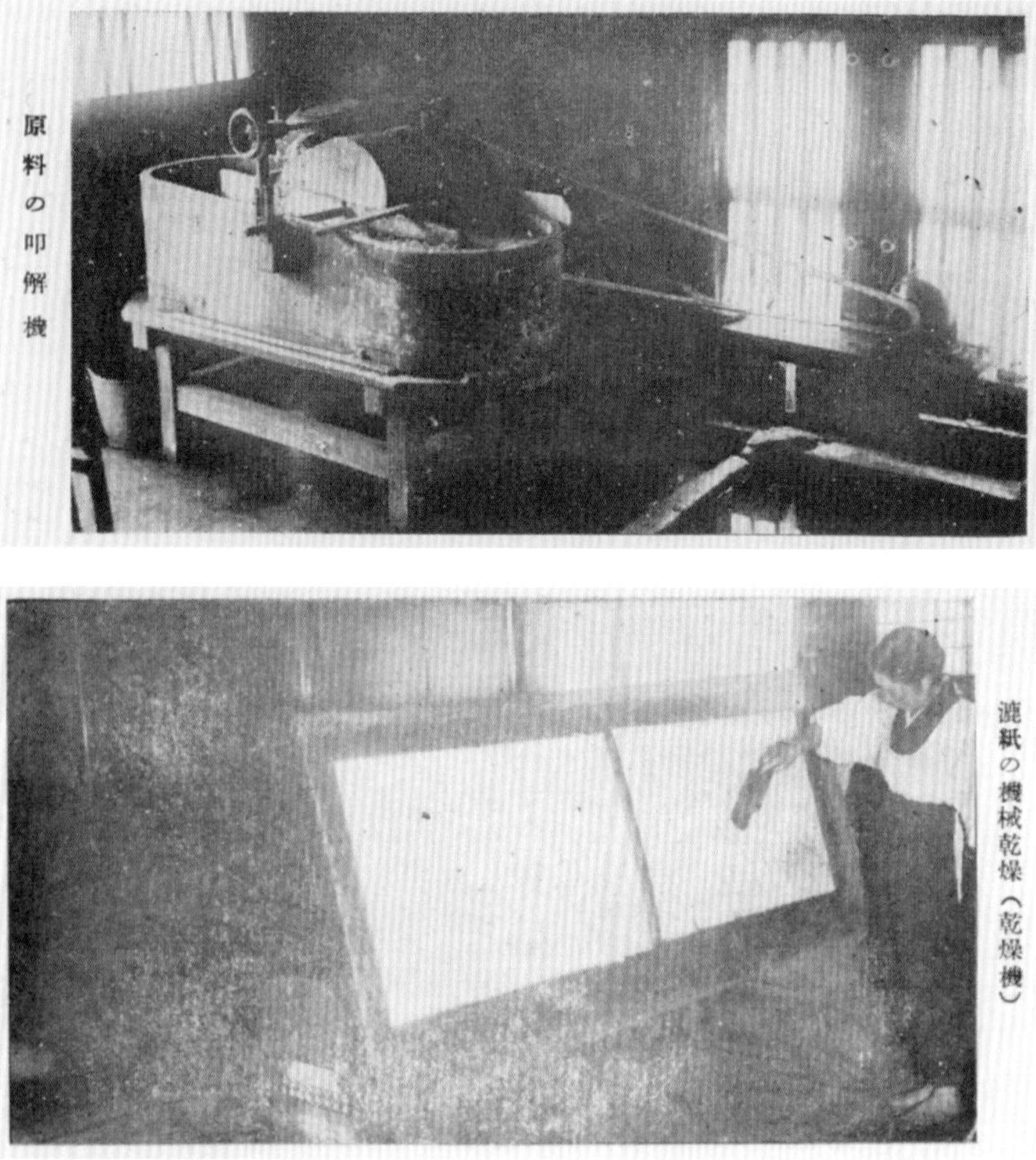

[図04]…手漉製紙用の機械
（出典：森義一『岐阜県手漉紙沿革史』岐阜県手漉紙製造統制組合、昭和21年）

めしなやかになります。（略）打刷毛は生麩がいろいろの点で理想的でないため、なるべく少量に用ひて、しかも、剝がれない様に作る事を願つて考案した先人の苦心の結晶なのであります。

このように、合理性や経済性、使用する空間の変化などの観点から、表装の積層構造は克服すべき旧習とされた。湯山は昭和三十五年の別の文章[41]で化学糊について、「掛物の持つ宿命的欠点を相当補っていますから、表具の中心は額装に移行するのではないかと思いますが、掛物という形式は減るようなことはなく、かえって新しい展開をする気運が濃厚となっています」と、衰退する掛軸の文化を存続させる基盤たり得るとの期待も記している。

一方で、美栖紙や宇陀紙の特徴である木灰《きばい》よる煮熟も「故福西虎一さんが戦後の転業が進むさなかにかえって高級の本物の表具用紙をめざして研究した成果」とされるように、当地における模索により可能となった作業である。[42]「終戦後一時取入れた蒸気乾燥機を、数年にして放棄し、よく出る木目で楮紙を引立てる松板の天日乾燥に帰」ったとも伝える。[43]

修理技術としての表装も昭和四十年代以降に革新的な事業が続いた。[44] 例えばユネスコ・ＩＣＯＭが東京と京都で共催した東洋美術保存修復専門家研修（昭和四十二年）［図06］や、装潢師連盟によるＨ・Ｊ・プレンダリース『古代遺物及び美術品の保存』の翻訳刊行（昭和四十二年）のように、表装が国際的な修理の動向との結びつきを強めた。また文化庁・東京国立文化財研究所・装潢師連盟・日本原子力研究所高崎研究所による補修用電子線劣化絹の共同開発の着手（昭和四十年頃）や東京国立文化財研究所による「軸装等の保存及び修復に関する科学的研究」（昭和四十九年度～昭和五十一年度）、その成果である『表具の科学』の刊行（昭和五十二年）のように、科学的な研究も急速に進展した。

表装の課題とみなされた耐久性を向上するため積層構造の転換がはかられ、裏打紙に用いられる紙も合理化や新規参入[45]が進んだ。昭和後期には表装の機械化も一般化している。対して文化財修理においては、文化財への影響を回避することが優先された。[46] そのために、伝統的な製法を保ち、あるいは復した美濃紙、美栖紙、宇陀紙を裏打紙に用い、数十年ごとの裏打の更新を前提として小麦澱粉糊により貼り重ねる積層構造が堅持された。一般的な表装と文化財修理の表装との分

［図06］…東洋美術保存修復専門家研修（昭和42年）
（画像提供：国宝修理装潢師連盟）

［図05］…化学糊（片岡糊）を紹介する記事
（出典：「読売新聞」昭和46年3月13日）

化は、理念や技術の問題ばかりでなく、こうした歴史的背景も見逃せないように思われるのである。

注

（1）それぞれ以下のように選定・認定されている。

表具用手漉和紙（宇陀紙）製作
（昭和五十一年選定）
保持者 福西虎一（昭和五十一年認定）
福西弘行（昭和五十三年認定）
福西正行（平成二十七年認定）
表具用手漉和紙（美栖紙）製作
（昭和五十二年選定）
保持者 上窪正一（昭和五十二年認定）
上窪良二（平成二十一年認定）
表具用古代裂（金襴等）製作
（昭和五十二年選定）
保持者 広瀬敏雄（昭和五十二年認定）
廣瀬賢治（平成十九年認定）

（2）『装潢文化財の保存修理　東洋絵画・書跡修理の現在』（国宝修理装潢師連盟、平成二十七年）三三頁。工程の詳細は『表具の科学』（東京国立文化財研究所、昭和五十二年）や同書を参照。

（3）柳橋真「吉野紙・美栖紙・宇陀紙」（『日本美術工芸』四七八、昭和五十三年）五三頁。

（4）久米康生「極薄でしかもねばり強い和紙」（『和紙文化研究』二、和紙文化研究会、平成六年）四七頁。

（5）写本を京都文化博物館が所蔵する。森道彦「表具師木村長蔵と書画補制」（『道具と材料の職人譜』京都文化博物館、令和元年）、同「装潢の系譜と現在」（『月刊文化財』六八四号、第一法規、令和二年）を参照。

（6）小西治助（光華堂）「装潢談（上）」（『京都美術協会雑誌』二五、明治二十七年）。中野慎之「近代日本画の材料と表装」（『日本の表装と修理』（勉誠出版、令和二年）を参照。引用は部分抜粋である。

（7）現在においては増裏と中裏もしくは総裏の間に入れるのが一般的である。この差は裏打の積層構造の変化によるものとも推量される。

（8）奈良県庁文書『明治二十九年度国宝修繕書類』など。当時の修繕事業の詳細は『古社寺保存法の時代』（京都文化博物館、平成三十一年）所収の解説・コラムを参照。

（9）『大日本百科辞書　工業大辞書』三（同文館、明治四十三年）一一二四頁。なお、引用箇所に「簾紙にて増裏を掛け」と二度記載されるのは原文の通りであり、誤植とも思われる。

（10）「明治三十五年一月起　第三号ノ一　国宝修繕関係書類　契約・設計　日本美術院」（奈良国立博物館所蔵「美術院資料」所収）。

（11）いずれも杉原紙あるいは類する紙と想定される。浜田徳太郎『紙』（生活社、昭和二十四年）では、杉原の類似品と解説される（五七頁）。寿岳文章・静子『紙漉村旅日記』（明治書房、昭和十九年）では愛媛県での聞き取りに「寸延とて帳面や障子用の八寸八分の紙」とある（二八七頁）。

（12）山本元『裱具のしをり』（芸艸堂、大正十一年）。

（13）都筑真琴『アトリエ美術大講座　日本画科第二巻　材料用具解説』（アトリエ社、昭和十一年）一二四頁。

（14）湯山勇『表具のしるべ』（『表具のしるべ』刊行会、昭和二十九年）五〇頁。

（15）稲垣正明『日本襖壁紙表装大観』（紙業日日新聞社、昭和三十四年）九六頁。

（16）『吉野町史』上（吉野町、昭和四十七年）。

（17）新訂『大宇陀町史』（大宇陀町、平成四年）第四章および史料編第一巻「宇陀紙」を参照。中東洋行氏からご教示を得た。

（18）新村出『橿』（靖文社、昭和十五年）所収。

（19）加藤春治『和紙』（産業図書、昭和三十三年）。

（20）前掲、注3を参照。

（21）前掲、注4を参照。

（22）成田潔英訳「パークスの日本紙調査報告」（王子製紙株式会社紙業史料室編『手漉和紙考』丸善、昭和十九年）一七七頁。同報告の原題は「REPORTS ON THE MANUFACTURE OF PAPER IN JAPAN」。

（23）『貿易備考』（大蔵省記録局、明治十八年）。

（24）今関常次郎『実用教育農業全書　第三編　農産製造篇』（博文館、明治二十五年）二一三頁。

（25）ただし美栖紙では干し板に胡粉を塗布しない。

（26）水木要太郎『大和巡』（第五回内国勧業博覧会奈良県協賛会、明治三十六年）一〇五—一〇六頁。

（27）『奈良県綜合文化調査報告書』三（奈良県

教育委員会、昭和二十九年）。

(28) 前掲、加藤晴治『和紙』二五四頁。

(29) 小牧実繁「吉野聞書」（京都帝国大学文学部地理学教室編『地理論叢』一、古今書院、昭和七年）。

(30) 前掲『奈良県綜合文化調査報告書』は、昭和二十九年において仲買人が国樔村に二軒、中荘村に一軒、上市町に一軒あるとする（一三一頁）。

(31) そのほか、大正十五年の『全国副業品取引便覧』（日本産業協会）には「吉野紙」の原料の楮について「高知、島根、京都、鳥取、岡山等から供給を受け」ていると記される（三七七頁）。前掲『奈良県綜合文化調査報告書』は、明治中期まで国樔村の全村で楮苧を栽培したが、養蚕業発達により桑園に変わり、当時においては原料総額の二〇％を国樔村・小川村・龍門村が占め、他八〇％は岡山・高知・島根・京都・和歌山から供給するという（一三二頁）。

(32) 前掲、注11を参照。

(33) 井上吉次郎「吉野紙」（『大和文華』一四、大和文華館、昭和二十九年）。

(34) 福西正行氏（選定保存技術保持者）にご教示いただきました。ここに深くお礼を申し上げます。

(35) 前掲注3、「吉野紙・美栖紙・宇陀紙」四八頁。

(36) 平成二年度「卓越した技能者（現代の名工）」の紹介記事において、中島近氏（静好堂中島）の業績に「京表糊の開発等」が挙げられている。労働省職業能力開発局編『職業能力開発ジャーナル』三二―一二（平成二年）一八頁。

(37) 昭和三十六年段階で、金沢文庫では東京片岡一雅堂製の「ビニール糊」を使用しているとされる。熊原政男「典籍及び美術品など文化財保存に関する化学的処置について」（『博物館研究』三四―三、昭和三十六年）三頁。「現在のインテリア掛け軸の創作が可能になった」のは「片岡市郎氏の特殊な糊が発明されてから」ともいわれる。「表装の美」（『経済往来』三四―一一、昭和五十七年）。図06の記事も参照。

(38) 樋口清治・西浦忠輝「表具用化学糊について」（前掲『表具の科学』）を参照。

(39) 前掲、稲垣正明『日本襖壁紙表装大観』一二九頁。

(40) 湯山勇『表具の話』（表装美術研究会、昭和三十三年）四二―四四頁。

(41) 湯山勇「表具の知識」（『女性書道教養講座』五、書芸文化院、昭和三十五年）六三頁。

(42) 前掲注3「吉野紙・美栖紙・宇陀紙」四六頁。

(43) 会田隆昭「新幹線で和紙を思う」（『百万塔』二二、紙の博物館、昭和四十一年）二六頁。

(44) その内容については、それぞれの記録・刊行物のほか、『国宝修理装潢師連盟五〇年史』（国宝修理装潢師連盟、平成二十一年）に収録される多くの関係者の回想が特に参考となる。

(45) 柳橋真氏は「最近、表具用の和紙の需要が高まり、福岡の八女市をはじめ、美濃、高知などで漉かれるようになり、漉き舟を作りかえ、大判の簀桁を新調しているのは、表具用の紙を漉き始めたとみていい」とする。前掲注3、「吉野紙・美栖紙・宇陀紙」四六頁。

(46) 前掲「表具用化学糊について」、岡岩太郎「装潢における合成樹脂」（園田直子編『合成樹脂と博物館資料』国立民族学博物館、平成十五年）などを参照。

高山寺 監修／京都国立博物館 編

鳥獣戯画

修理から見えてきた世界

国宝 鳥獣人物戯画修理報告書

マンガ・アニメのルーツとしても名高い日本屈指の国宝『鳥獣人物戯画』。近時完了した足掛け四年にわたる大修理では、同絵巻に関する新知見がさまざまに見出されることとなった。

『鳥獣人物戯画』の謎を修理の足跡をたどることで明らかにする画期的成果。

・発刊にあたって 高山寺山主…小川千恵 ・〈序文〉京都国立博物館館長…佐々木丞平

図版編

・甲巻・乙巻・丙巻・丁巻 ・鳥獣人物戯画四巻全体構成

修理概要

・料紙の損傷――折れ・皺 ・料紙の損傷――毛羽立ち・浮き・汚れ ・表紙・見返しの損傷 ・修理後の仕様 ・「鳥獣人物戯画」と「華厳宗祖師絵伝」の旧仕様 ・「鳥獣人物戯画」内箱の意匠 ・「華厳宗祖師絵伝」内箱の意匠 ・修理工程 ・料紙の紙質検査――料紙繊維写真 ・損傷図面 ・料紙一枚の状態での観察

修理により得られた新知見

・甲巻――前半と後半の料紙の違い ・甲巻――切り離された料紙 ・甲巻――料紙の表・裏 ・乙巻――料紙の表・裏 ・乙巻――切断された料紙 ・乙巻――裏返っていた料紙 ・乙巻――第十二紙裏面に描かれた鷹 ・丙巻――もとは料紙の両面に描画されていた ・丙巻――もとは料紙の両面に描画されていた ・丙巻――簀目から分かること ・丙巻――毛羽立ちと汚れから分かること ・丁巻――痕の認められる旧補修紙 ・紙継下に隠れていた描写 ・紙継下の数字 ・「高山寺」朱文長方印の種類と捺印状況 ・東京国立博物館所蔵本断簡の調査 ・MIHO MUSEUM所蔵本甲巻断簡の調査 ・MIHO MUSEUM所蔵本丁巻断簡の調査

参考

鬼原論文参考図版

論考編

国宝鳥獣人物戯画修理報告

・はじめに――装潢師の立脚点…岡岩太郎 ・修理概要と新知見…大山昭子 ・装潢修理現場でおこなわれる紙質検査について…岡岩太郎

国宝「鳥獣人物戯画」の保存修理――文化財保存、及び美術史的観点から…鬼原俊枝

「鳥獣人物戯画」の料紙について…湯山賢一

国宝「鳥獣人物戯画」甲巻における現状変更（錯簡訂正）の検討について…朝賀浩

・あとがき…鬼原俊枝

本体10,000円（＋税）

勉誠出版

古書店と読者を結び続けて 88 年、1120 号を超えた月刊雑誌

日本古書通信

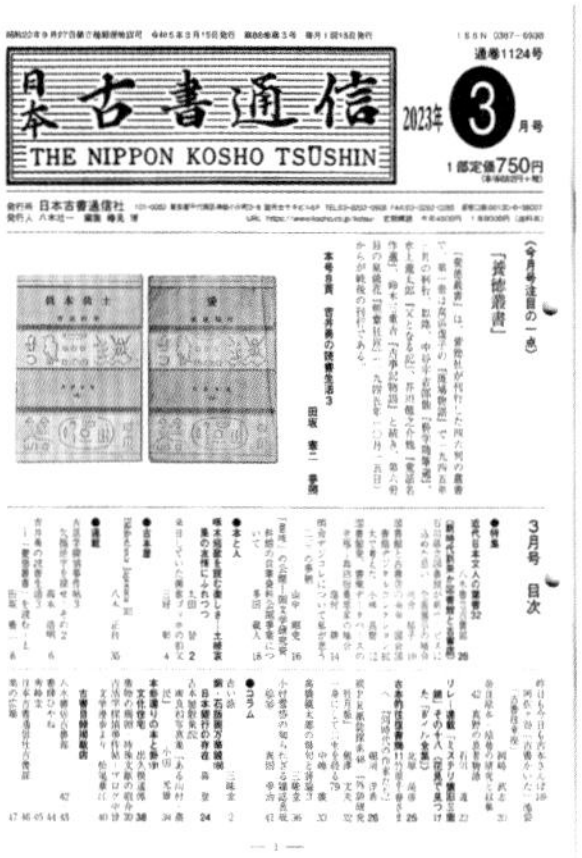

前半８頁、後半８頁カラー！

昭和９年１月、故八木敏夫が創刊した「日本古書通信」は実弟八木福次郎（2012 年永眠）が長く引き継ぎ、現在、創業者長男八木壮一によって継承されています。戦争期を含め 80 年を超えて「古書店と読者を結ぶ、趣味と実益の雑誌」として広く親しまれています。古書の持つ深淵が垣間見えます。

毎月 15 日発行　Ｂ５判　48 ～ 56 頁

購読料　１部　750 円（〒 79 円）
半年　4,500 円（送料当社負担）
１年　9,000 円（〃・希望者に綴込カバー送付）

◆ 2020 年 8 月号から「近代日本文人の葉書」連載中

八木書店古書部が 30 年以上かけて収集した「近代日本文人の葉書」1700 点を３年にわたり紹介・販売。保存すれば貴重な筆跡鑑定の参考文献になります。定期購読者のみへの販売です。

この機会に是非定期購読をお申し込みください。

—最新刊—

◇福音俳句　巡礼日記　茅原健著

カトリック東京大司教区タルチシオ菊地功大司教の言葉「聖霊の導きに従い教会共同のなかで、事実と真実を見つめながら、家族とともに歩むカトリック信仰を、福音俳句を添えて語る本書を推薦します」

B6 判　160 頁　**定価 2,200 円**（〒 180 円）

◇オティウム　オティオールム 読書清遊　川田正美著

前著『暇つぶしはシェイクスピアで　読書清遊』に次ぐ考証随筆集。オティウムとは「閑暇」「閑寂」を意味するラテン語。心の平静を得るための根本でもある

A5 判　546 頁　上製箱入　**定価 6,050 円**（〒 520 円）

—好評発売中—

◆敗れし者の静かなる闘い—旧幕臣の学び舎　茅原健著

薩長藩閥政府から追いやられた旧幕臣の中に、学問を以て新政府に一矢報いようと教育に生涯をかけた人々がいた

B6 判　238 頁　**定価 2,200 円**（〒 180 円）

◆書架拾遺　茅原健著

B6 判　392 頁　**定価 2,200 円**（〒 370 円）

◆昭和の古本屋を生きる　発見又発見の七十年だった　青木正美著

著者渾身の最後の一冊

B6 判　576 頁　**定価 2,860 円**（〒 520 円）

◆戦時下の少年読み物　青木正美著

著者は昭和 28 年、20 歳で古本屋を開業。建場で買入れた大衆雑誌に戦時中の子供向け雑誌や付録、戦時資料が含まれていた

A6 判上製箱入 241 頁・カラー口絵 16 頁　**定価 1,980 円**（〒 370 円）

◆古書と生きた人生曼陀羅図　青木正美著

B6 判　702 頁　**定価 2,860 円**（〒 520 円）

◆作家の手紙は秘話の森　青木正美著

A5 判　350 頁　**定価 2,750 円**（〒 370 円）

◆古本屋名簿—古通手帖 2011

新書判　252 頁　**定価 1,320 円**（〒 180 円）

◆江戸・明治の視覚—銅・石版万華鏡　森登著

「日本古書通信」に連載した「銅・石版画万華鏡」を加筆の上、分野別に編集したライフワーク

A5 判 376 頁カラー口絵８頁　**定価 11,000 円**（〒 520 円）

◆暇つぶしはシェイクスピアで　読書清遊　川田正美著

小さな小さな探鳥記、直喩の科学、セキスピア有ります、七人のブリア・サヴァラン、真理がわれらを自由にする、の全五章

A5 判　568 頁　上製箱入　**定価 6,050 円**（〒 520 円）

◆宇田川文海に師事した頃の管野須賀子　堀部功夫著

宇田川文海の思想的実像、および文海に師事していた頃の管野須賀子の著作を掘り起こし、その実像に迫る

B5 判 321 頁　**定価 3,300 円**（〒 370 円）

—若狭氏探偵作家発見シリーズ—

◆探偵作家発掘雑誌第 1 巻

A5 判　352 頁　**定価 3,300 円**（〒 370 円）

◆探偵作家尋訪—八切止夫・土屋光司

B6 判　300 頁　**定価 2,200 円**（〒 310 円）

◆探偵作家追跡

B6 判　296 頁　**定価 2,310 円**（〒 310 円）

※表示価格は税込です。ご注文は下記まで。

日本古書通信社

〒 101-0052 千代田区神田小川町 3-8 駿河台ヤギビル 5F
TEL03-3292-0508　FAX03-3292-0285
mail:kotsu@kosho.co.jp

書物の声を聞く 書誌学入門【第二十一回】

佐々木孝浩
SASAKI Takahiro

書誌学は、書物の材料、構造、部位、用途等を対象とする学問であり、書物の語学である。今回は、複雑な改装を行ったと思われる経師という存在に注目し、その歴史や職掌などについて職人歌合や記録類などから確認し、その技術を窺うものとして一帖を二帖に分割した事例を紹介する。

慶應義塾大学附属研究所斯道文庫教授。専門は日本古典籍書誌学、特に書物の形態と内容の相関関係について研究している。

改装を可能にした存在

古い書物が我々の想像を超える程の複雑な手が加えられて、成立時とは全く異なる装訂に作り変えられることが少なくなかったことは、これまでに説明してきたとおりである。改装されたものの大半は、より格の高い装訂に改めることによって、その本の価値を高めることを目的としていたと考えられるが、それは本の所蔵者が簡単に行えることではない。手間のかかる作業を行える職人が必要であったはずである。

そもそも改装以前の問題として、本を仕立てるにも職人は必要である。日本で書物が作られるようになって以来、それを行う技術者が存在していたのである。書物が本格的に作られるようになった奈良時代は、書物といえば経典が中心であり、それを製作する人々は「経師《きょうじ》」と総称されていた。役割に応じて、書写を担当する者は「経《きょう》生《せい》」、正しく写せているか点検する者は「校生《きょうせい》」、そして書物を仕立てる者は「装潢《そうこう》（手《しゅ》）」と呼ばれたが、次第に書物を仕立てる者のことを「経師」と呼ぶようになったようである。

「経師」の職掌を伝える資料として注目されるのが、中世期に成立した「職人歌合」の類である。様々な職種の人物を詠歌主体に設定した和歌を歌合形式に仕立てた、遊戯性の強い文学作品であるが、その多くは職人の画像を加えた絵巻として制作されている。

　最も成立が早い『東北院職人歌合』（五番本）は、建保二年（一二一四）九月十三夜の東北院の念仏会の際に行われた歌合として設定されている。五番なので、医師や鍛冶・刀磨、陰陽師や番匠・鋳物師といった、十種の職種の人物が登場するのだが、興味深いことに、経師は左右の歌の優劣を判定する判者《はんじゃ》に選ばれており、別格の扱いを受けているのである。

［図①］…鎌倉末写の『東北院職人歌合』（五番本）末尾の経師部分（重要文化財、曼殊院旧蔵・東京国立博物館蔵、ColBaseに拠る）

　重要文化財に指定された鎌倉末写とされる東京国立博物館蔵本の経師画像［図①］を見ると、墨染の衣に袈裟を着けた剃髪した人物が、経巻らしい巻子を持って座している姿が描かれている。その手前にはやや厚手の板があり、上面に破線が一〇本並んで引かれているのが確認できる。添えられた歌には「いまさらになにさやけしとおもふらむすりかた木なる秋の夜の月」と記されている。「すりかた木」とは「摺形木」で版木のことであるので、この経師とは寺院に所属して版経の印刷と製本に従事していた法体の職人であることが理解できるのである。
　国立歴史民俗博物館蔵の『職人歌合絵巻（高松宮家本）』本は、室町後期頃写と思われるものであるが、同じ五番本ながら挿絵には大きな変化がある。向かい合わせに座す二人の法体の人物が描かれ、右手前の人物は、大きな作業台の上の版木に紙を乗せてまさに摺ろうとしており、その右側には積まれた版木が、左側には印刷に用いる紙が描かれている。左奥の人物の前にも作業台があり、摺り上がった経典に表紙を付ける作業をしていると思われる。右側には表紙を付ける前の経巻が、左側には表紙に用いる紺紙と、完成した経巻が描かれている。より具体的に経師の職掌を絵画化しているのである。
　五番本を増補して成立したと考えらえる十二番本は、五番本の職種をすべて含みこんでいるのだが、こちらでは経師も歌人に加えられ仏師と番えられている。和歌は各人が月と恋題の二首を詠む形になっているので、歌合としては二十四番が正しい数である。経師の歌は「禿びはてし文字かたもなきすりかたぎこよひの月にあらばかさばや」・「思ひあまり露の夜すがらうつ紙のおとにたてても人をこはばや」（新編国歌大観より）とある。一首目は摩滅した版木のことを詠んでいるが、二首目の「うつ紙」は、漉いたままの「生紙《きがみ》」を徹底的に叩いてしなやかさと艶を与え、墨の滲みを防いで書きやすくした「打《うち》紙《がみ》」の加工のことを詠じている。書物に用いる料紙の加工も経師の職掌であったことが理解できるのである。十二番本は古い伝本がなく、その挿絵もどこまで遡れるのか判然としないが、絵のある諸伝本の経師の箇所は、剃髪してはいても僧衣を着ていない人物が打紙の作業をし、その手前でやはり髪の無い若い職人が包丁で紙を切りそろえている姿が描かれている。
　明応九年（一五〇〇）頃の成立と考えられる『七十一番職人歌合』は、職種も一四二種と大幅に増えており、やはり月と恋の二題なので和歌は二八四首あるのだが、二首まとめて一番としているので表示は七十一番となっている。経師の二首は、一首目は「かまくらや経師がやつのつきみればうらやまかけてすみわたるかな」と、鎌倉の地名「経師が谷《やつ》」を詠みこんだものだが、二首目は「わが恋はふりたるきやうのすりかた木たえまがちにもなりにけるかな」と、使い込んで摩滅した経典の版木を詠んでおり、室町時代になっても経師は版経の製作者として認識されていたことがわかるのである。その挿絵を見ると［図②］、『東北院職人歌合』（五番本）に似た経巻を持った法体の人物であるが、こちらは袈裟を着けてはいない。またその手前の厚い板は、手に持つものと同じ表紙の巻子二軸と、紙を切断するための包丁が置かれているので作業台であると思われるが、五番本の絵にある版木が変化したものかもしれない。その坐像の傍には、「此巻きりいかにしたるにかきりめのそろはぬ」と記されており、完成した経巻の確認をして、上下端の紙の切断面が綺麗に揃っていないことを訝しんでいる姿であることが理解でき、手前に包丁が描かれた理由も分かるのである。

職人歌合のみを見ていると、版経の製作に携わっていた印象が強い。江戸時代には経師屋を名乗って仏書の出版を行った者も存在しており、製作から販売まで手掛けるようにもなったことが確認できるのである。

［図②］…江戸時代写の『七十一番職人歌合』の経師部分
（国文学研究資料館蔵）

経師の活動

経師の具体的な活動を伝えてくれる資料として注目できるのが古記録類である。それらを確認すると、皇族や公家の依頼を受けて経師たちが様々な作業を行っていることが判明する。藤原定家の『明月記』建永二年（一二〇七）三月十九日条では、経師を召して、一旦完成した『新古今和歌集』の巻子本の「切継」を行わせたことが見えている。また後崇光院の『看聞日記』の永享十年（一四三八）八月七日・十日条には、後崇光院が詞書を担当した絵巻『蘆引絵』の「切続」を、やはり呼び寄せた経師に行わせたことが記されている。「切継（続）」は不要な部分の切除や、増補部分の継ぎ足しなど、巻子装の料紙を切断したり継いだりする作業のことである。

もちろん経師は切継のみを担当していたわけではなく、『看聞日記』永享二年（一四三〇）十二月十七日条には、「御贈物手本」に表紙を付けるように経師に命じたことが見えるように、表紙を含めて書物の仕立て全般を行っていたのである。東福寺僧雲泉太極の『碧山日録』寛正元年（一四六六）七月二十四日条には、経師について「本朝呼印写典籍者為経師」と、日本では版本や写本を製作する者を「経師」と呼ぶと説明している。三条実房の『愚昧記』治承元年（一一七七）五

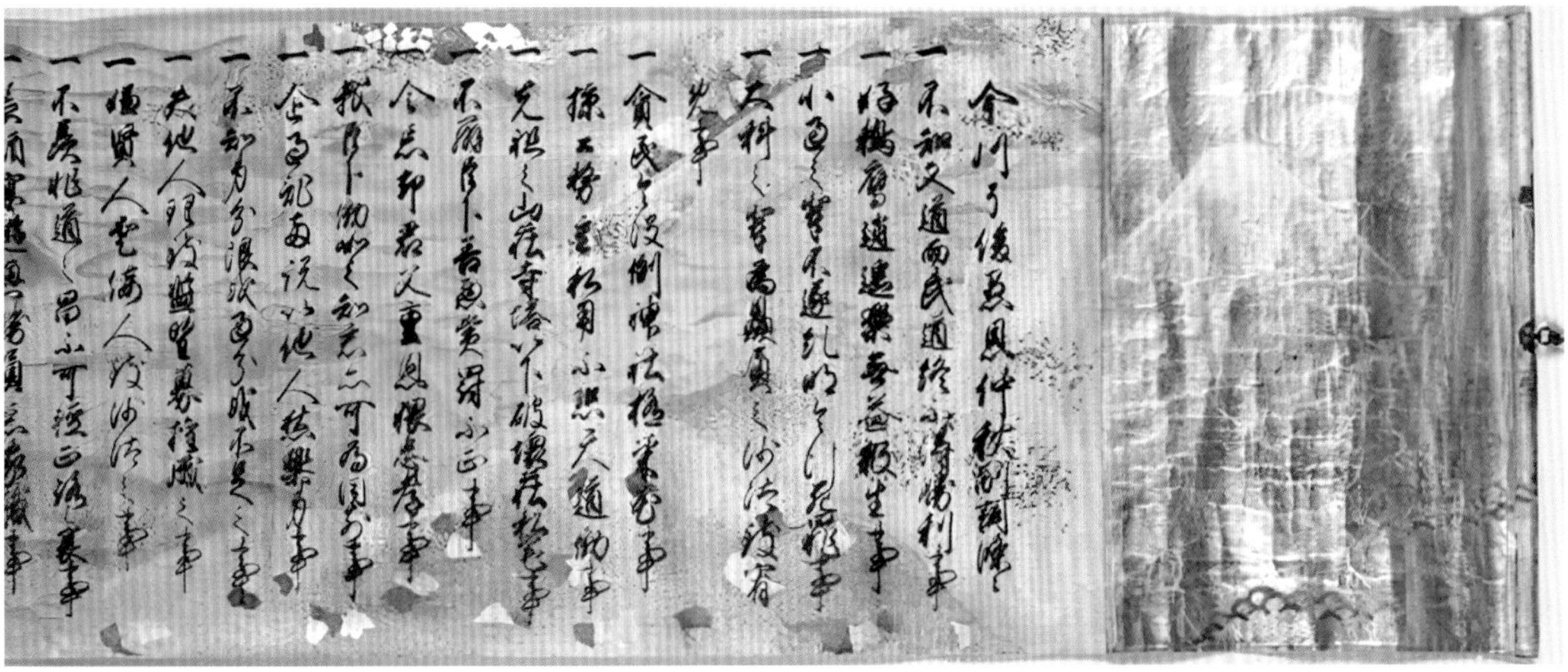

［図③］…豊臣秀吉家臣山口宗永が子息のために誂えた、慶長3年（1598）八条宮智仁親王写『今川了俊愚息仲秋制詞条々』1軸（東京国立博物館蔵、ColBaseに拠る）

月一日条には、「二条北油小路西二条面」の「経師法師家」に強盗が乱入したことが記されているのだが、奇しくも実房嫡孫の公忠の『後愚昧記』永和二年（一三七六）九月五日条にも、公忠邸の向いの「経師法師家」に強盗が乱入したことが記録されている。これらの経師は寺院に所属せずに市中に居を構えていたらしいことが分かるのである。また『看聞日記』には、永享二年（一四三〇）十二月十七日条他に経師の「光全法橋」が登場してもおり、職人歌合の挿絵で経師が法体であったことも頷けるのである。

山科言経の『言経卿記』では、天正十年（一五八二）四月十六日条以下に備前守多忠季なる経師が度々登場する。また同十八年十二月十三日条で、この備前守を「経師屋」と呼んでもいるのである。経師の近世的な変化と見てよいのかは判然としないが、俗人の経師屋が確認できることは注目に値しよう。折しも豪壮な桃山文化が花開き、豪華で美麗な仕立ての書物［図③］が目立つ時期である。経師屋が腕を振るう機会は多かったはずである。

経師たちは新しい書物の仕立てばかりを行っていたわけではない。三条西実隆の『実隆公記』大永七年（一五二七）八月十五日条には、『往生要集』等の「修補」を経師に命じていることが見えている（以上記録類に関しては東京大学史料編纂所のデータベースを利用した）。

古い仏書の巻子装本などで、末尾の軸に修復を担当した人物による書入れである「修理銘」を見かけることがある。また冊子の古写本などでも、表紙と見返しで挟み込まれた料紙の一番外側の一丁などに、やはり修復に関する書入れがあったりする。慶應義塾大学附属研究所斯道文庫所蔵の伝土御門有春筆の綴葉装の『拾遺愚草』（〇九二・ト一五五・二）は、上帖を欠く二帖のみの有欠本で、表紙の外側の裂部分がすべて剥がされおり、見返しに三方を包まれた料紙の一番外側の一丁が剥き出しとなっている。その下帖裏部分に、「拾遺愚草　全三冊／土御門殿有春卿筆／本多伯耆守様御用／元禄十六年未三月廿五日／御経師桜井左近／同　市兵衛／修覆」との墨書が存している［図④］。経師が修復を行っていたことを示す貴重な記録であるとともに、老中本多伯耆守（正永）の御用を承る「御経師」という格の高い経師の存在を伝えてくれる資料でもあるのである。

桜井左近の同様の書入れは、重要文化財の伝西行筆『躬恒集』（文化庁蔵・九州国立博物館貸与）に元禄十六年（一七〇三）のものが、伝世尊寺定成筆『古今和歌集』（天理大学附属天理図書館蔵）にも宝永二年（一七〇五）のものが存している。それらには共に「御本丸経師」と記されており、御字を冠するのは将軍御用の職人であるからであることがはっきりとするのである。

『拾遺愚草』の左近の書入れには「修覆」とあるものの、本体部分には特に傷んだ箇所は認めれないので、主に古い紙の表紙を豪華な裂の表紙と美麗な見返しに改めたことをそう称しているものと思われる。改装されるような価値のある古写本の所蔵者には公家の他に大名家が多いことからすると、このような大名に近い立場の経師達が表紙のみならず、改装にも関与していたのではないだろうか。

書物に限らず掛軸や屏風・襖などを仕立てることを「表具《ひょうぐ》」といい、それを商売としているのが「表具屋《ひょうぐや》」である。また「装潢師《そうこうし》」という語もあるが、絵画や書跡の修復の専門家の意味で用いるようになったのは戦後のことであるようである。経師屋や表具屋も修復を行ったりするので、この三者を截然と区別するのは難しいが、書物との縁の深さから本稿では今後も経師を用いることとしたい。

経師の技

最初から巻子装であったかと悩んでしまうような冊子改装本、袋綴装であったことが想像できないような改装をされた綴葉装などに出会うと、経師の技術の高さに唸ってしまう。これらの改装本の多くが、金襴や緞子・錦などの豪華な裂表紙と、金銀の箔などをふんだんに使用した見返しを有していることからすると、改装の手が加わったのは、このような裂表紙の利用が一般的になった江戸時代以降のことであろうと考えられる。

古典籍と付き合う上で注意しなければならないのは、装訂を改める改装ばかりではない。装訂は改められていないものの、様々な手が加わって本来の姿と異なってしまったものは少なくないのである。それらを行ったのもやはり経師達なのではないだろうか。

宮内庁書陵部に蔵される摂家鷹司家旧蔵の綴葉装の『僻案抄』（鷹・六四五）は、注意される事例の一つである。『僻案抄』は藤原定家による古今・後撰・拾遺の三代集の選歌注で、広く受容され伝本の多い作品である。現存していないが、定家の自筆本がある時期まで二点は存在していたことは確かで、それぞれを祖とする写本が類を形成していることが確認されている。

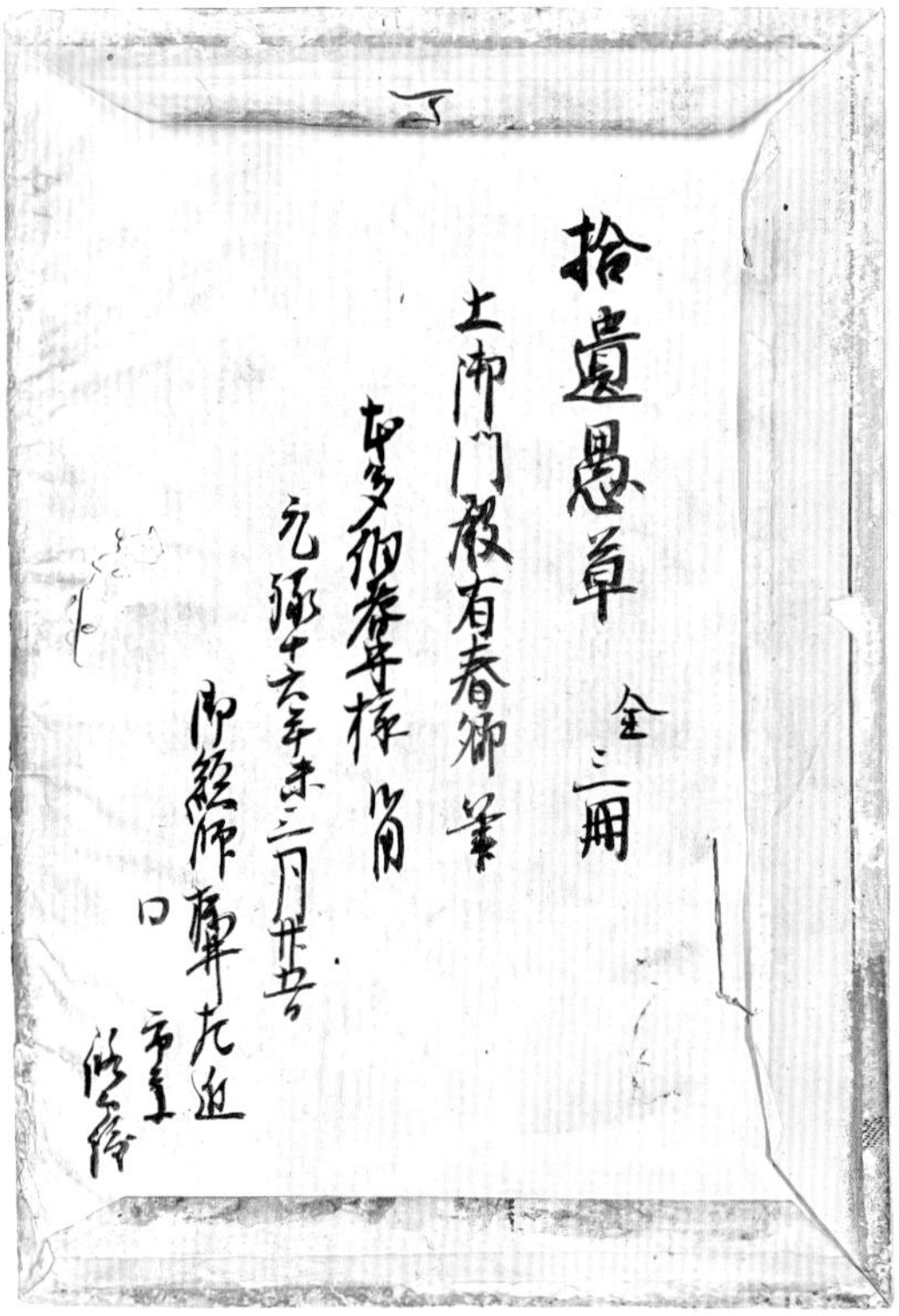

[図④]…伝土御門有春筆『拾遺愚草』下帖表紙内の桜井左近修理銘
（慶應義塾大学附属研究所斯道文庫所蔵）

[図⑤]…尭孝筆と思われる題簽を有する『僻案抄』の表紙（宮内庁書陵部蔵、鷹司本）

鷹司家旧蔵のこの本は、江戸時代の筆跡鑑定家の大倉法橋好斎（一七九五～一八六二）によって、藤原定家筆と鑑定されてもいるように、自筆とされていた時代もあったものである。良く見ると、墨線の抹消があるのに、その下にあるべき本文がないといった不自然な箇所が存しており、現在では室町時代の模写と認識されている（慶應義塾大学附属研究所斯道文庫　監修・佐々木孝浩解題『古今集注釈書影印叢刊1　僻案抄』（勉誠出版、二〇〇八）に影印があり、書陵部所蔵資料目録・画像公開システムから国文学研究資料館と東京大学史料編纂所の公開画像を参照可能）。

模写だと筆跡からの時代判定ができないので、書写時期を絞り込むのは困難であるが、好斎が表紙の題簽に書かれた「僻案抄」との外題を［図⑤］、「尭孝にても可有御座哉／即刻治定申上かね候」と、自信なさげながら尭孝筆と鑑定していることが参考になりそうである。尭孝（一三九一～一四五五）は、歌僧頓阿の曾孫で室町前期の歌壇で重きをなした人物である。自筆資料も多いので、比較してみると確かに尭孝筆である可能性が高いと判断できるのである。他の写本の題簽を転用した可能性も考えられはするものの、尭孝の活動時期から一応は十五世紀前半頃の書写と判断することができそうである。

原本の上に薄い紙を重ねて透き写しした可能性もあり、袋綴装を綴葉装に改装する方法と同様に、料紙は芯の薄い紙を挟んだ三層構造になっており、そもそもの製本段階から経師が関与したと思われるものなのだが、江戸時代以降にもかなり手が加わっていることは確かである。

同一の定家自筆本を祖とすると考えられる写本は一帖（冊）本であるのに、その原本を模写したはずのこの本は二帖（冊）である。このことが問題とされたこともあったが、よく見てみるとやはり不自然な箇所があるのである。最も目立つのは表紙であろう。上帖の表紙は白緑色地に瑞雲文の蠟箋《ろうせん》というやや珍しいものである。蠟箋は平安時代には中国から伝わっていた装飾紙の一種で、版木を用いて摩擦によって蠟を塗ったように見える模様を加えたものであり、日本でも製作されるようになって、江戸時代に至るまで息長く利用されたことが確認できる。その表紙の左肩に尭孝筆と思われる「僻案抄」と書かれた香色の題簽が貼られているが、二帖本であるのに「上」などと加えられていないのが気になるのである。下帖を見ると表紙は同一紙ながら、こちらには外題がない。さらに両帖の裏表紙を確認すると、色こそ表に近いもののこれらには模様はなく、表と異なる紙を利用していることが明らかなのである。

この状態から判明するのは、蠟箋の表紙の一帖本があり、それを二帖に分割した際に、表紙が不揃いになるのを嫌って、もとは裏表紙であったものを、向きを変えて下帖の表表紙に利用し、色を似せた表紙を二枚作って、両帖の裏表紙としたということであろう。外題に「上・下」などの文字がない理由も腑に落ちるのである。上帖は「古今」、下帖は「後撰」から始まっており、分け方としては自然なようだが、分割するために本文部分にも相当手を入れていることが、途中に不自然に存在する白紙頁などからも理解できるのである。

何故二帖に分割したのかは不明であるが、このようなことを経師が率先して行ったとは考え難い。改装も分割も基本的に所蔵者の意志や発案なのだろうが、そうした思い付きを実現させる上で必要だったのが経師という存在であったのである。書物に接していてもまず思いを及ぼすことのない、縁の下の力持ちのような存在であるが、その役割や技法を理解することから得られる知見は少なくないのではないだろうか。

松朋堂《しょうほうどう》新収古書解題

私は二〇二〇年三月に大学を定年退職し、同年八月に古書店、松朋堂を開業した。本稿では、松朋堂の商品の中から面白そうなものを幾つか選んで紹介したいと思う。読者におかれましては、どうか最後までお目通し下さいますようお願い申し上げます。

連載 第四回

秘蔵宝鑰鈔 残簡　藤原敦光注　平安末期写

本田成之旧蔵書

佐藤道生 —— SATO Michio

古書店主。慶應義塾大学名誉教授。専門は古代・中世日本漢学。

著書に『句題詩論考』（勉誠出版、二〇一六年）、『古代中世 日本人の読書』（共著、慶應義塾図書館、二〇二〇年）などがある。

松朋堂の商品は、（有）小川図書・浅倉屋書店・キクオ書店・衆星堂・古書肆 梁山泊の商品とともに、萬響（東京都千代田区神田神保町二―七 濤川ビル一階 https://www.bankyo.online/）の目録に掲載しております。

御注文・お問い合わせは、koroan@jcom.zaq.ne.jp（電話 〇九〇―七二六八―六四三八）宛てにお願い申し上げます。

〔秘蔵宝鑰鈔〕残簡　〔藤原敦光〕注　〔平安末期〕写　一軸

存五紙。一紙のタテ29・0cm。ヨコ第一紙35・4cm、第二紙29・0cm、第三紙32・0cm、第四紙55・6cm、第五紙11・2cm。注の引用本文には朱筆で訓点を施す（ヲコト点は紀伝点）。書名は『真言宗全書』所収本に従った。神田喜一郎旧蔵。

九、〇〇〇、〇〇〇円

◈

空海撰『秘蔵宝鑰』の注釈書。書中から難解な語を選んで見出しとし、次行以下に一格下げて典拠・用例の本文のみを掲げる。『文選』李善注に倣った注釈態度である。本書の伝本は極めて少なく、それも江戸時代に下った写本しか現存していない。その中にあって本残簡は頭抜けて古い平安末期の写本である。本書の完本としては高野山明王院蔵延享五年（一七四八）写本三巻が知られ、これは『真言宗全書』所収校訂本の底本となったが、先年焼失したと伝える。『全書』所収本にも、この平安末期写本にも注釈者名は見えないが、鎌倉中期に頼瑜によって撰せられた『秘蔵宝鑰勘註』に本書の注文を「敦光本注」として引くことから、注釈者は院政期の鴻儒、藤原敦光であると判明する。

藤原敦光（一〇六三～一一四四）は式家藤原氏、

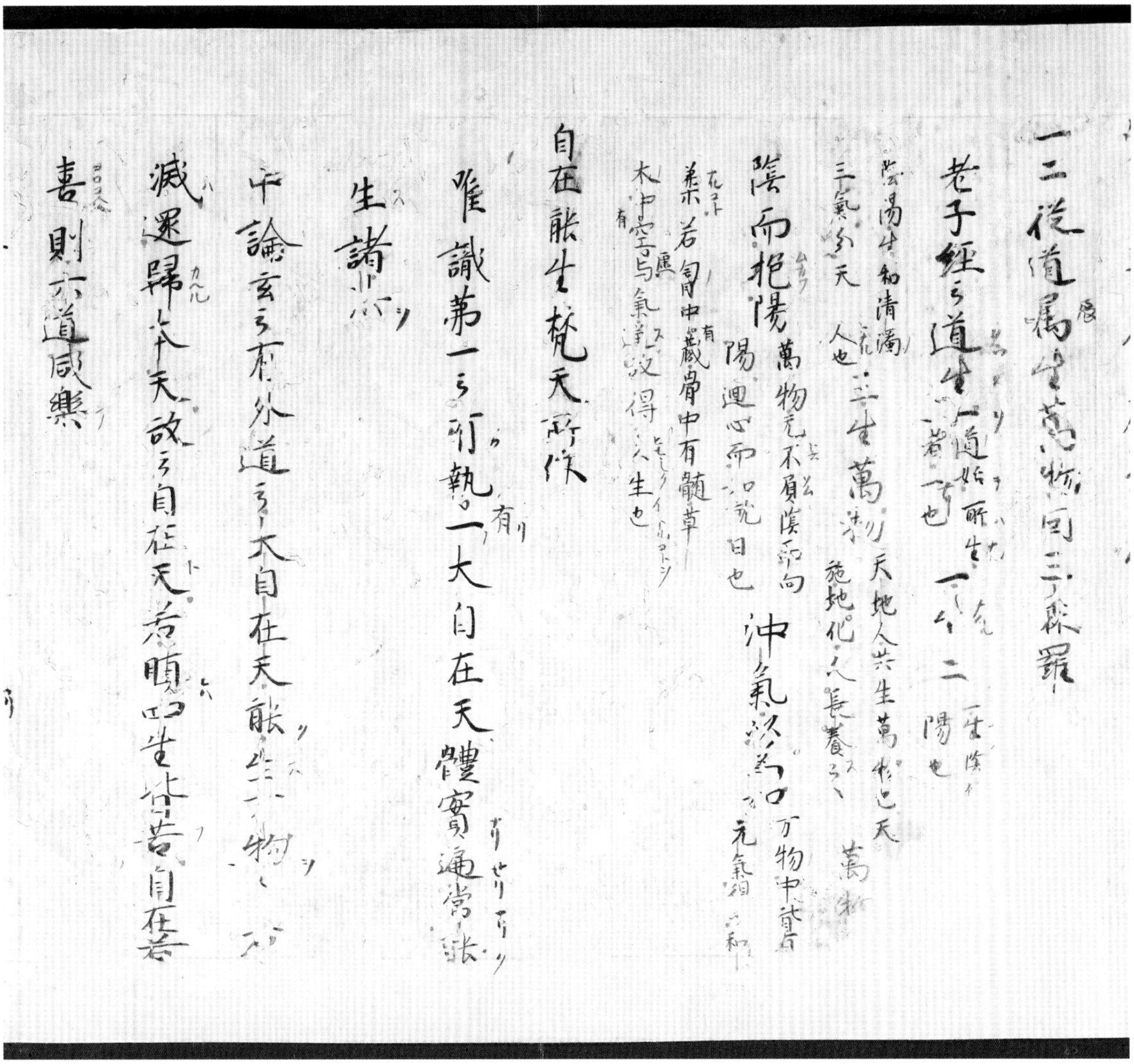

［図01］…『秘蔵宝鑰鈔』第三紙。『老子道徳経』河上公章句が引かれる。

従四位下式部少輔藤原明衡の男で、正四位下式部大輔に至った。空海の著作に対する注釈書としては、本書の他に三教指帰注があり、その霊友会蔵平安末期勝賢写本に「敦光朝臣依宗観上人勧注之。（敦光朝臣、宗観上人の勧めに依りて之れに注す）」とある。本書もこれと同様の経緯で成ったものと思われる。宗観の父は北家藤原氏（中関白）道隆流、正四位下近江守隆宗の男で、白河院近臣として名高い藤原宗兼である。その宗兼と敦光とは若年時より詩会に同席することが多く、文友として極めて親しかった。本書成立の背景には、宗観父の宗兼と敦光との間に築かれた親密な関係が想定されよう。

本書の文化史的価値として、第一に『秘蔵宝鑰』の注釈書として最古のものであること、第二に、書中から窺われる空海の教養の深さを具体的に明らかにして見せたこと、第三に（これは副産物的事柄だが）当時流通していた漢籍の本文系統を知る上で参考になること等が挙げられる。これらの点とは別に、本残簡には敦光の原本から殆ど程経ない時期に書写されたという資料的価値がある。ここに保持されている書式や訓点などは、当時の儒者の著作であることを端的に示す特徴である。本残簡はこのような（原本の姿を伝えるという）資料性を有する点に大きな価値があると言えよう。

尚、本残簡の僚巻には大東急記念文庫蔵本（存十二紙）がある。太田次男『〈空海及び白楽天の著作に係わる〉注釈書類の調査研究上』（勉誠出版、二〇〇七年）第二編「秘蔵宝鑰鈔平安末写零本について」に解題を付して、両残簡の影印・模写（翻字）を載せる。

本田成之旧蔵書

1論語集解義疏　梁 皇侃撰　日本 根元遜志校
寛延三年（一七五〇）刊　和大十冊
縹色表紙、26・9×18・2㎝。
『論語義疏』の存在を広く世に知らしめた記念すべき刊本である。刷り題簽を完備する初印本。帙入り。
一三一、〇〇〇円

2袖珍四書（四書集註）　寛文十二年（一六七二）刊後印　和小七冊
香色表紙、16・2×11・4㎝。
明 正徳三年（一五〇八）慎独斎刊本の覆刻。大学・中庸一冊、論語三冊、孟子三冊。帙の内側に本田成之の識語がある。「大正二年於東京神田書肆得之。雖非初印精刊、而尚可喜。成之。（大正二年東京神田の書肆に於いて之れを得たり。初印精刊に非ずと雖も、尚ほ喜ぶ可し。成之）」。帙入り。
四四、〇〇〇円

3老子道徳経　魏 王弼註　明和七年（一七七〇）刊、和大二冊
縹色表紙、27・1×18・0㎝。
成之によって東條弘・猪飼敬所の書入れが移写されている。
二一、〇〇〇円

◇

戦前、中国哲学史研究で名を成した本田成之《しげゆき》（一八八二〜一九四五）に『雷のひるね』（昭和十七年、晃文社）なる随筆集がある。その中から「生き甲斐」と題する一篇を次に掲げよう。

私は学生時代に東京の某書肆で時価数百円に値する古書をわづか三円で買つたことがある。知らずに買つたのであつたが其れが宋版であると故湖南博士から聞いた時の喜びは一通りではなかつた。而も売つた書肆も知らなかつたし、前の持主も知らなかつたのであるから全く天佑といふ外はない。

其の次には宋版覆刻の一冊物を時価の一割弱で買つたことがある。これも売手買手ともに知らなかつたのである。知らぬが仏である。此の二書は今も宝として保存して居る。経済価値といふものは微妙な者であつて、或は玩物喪志といふものかも知れぬが、併し愛好する所の者で僥倖にして高価な者が自分の有になつたといふことが、種々の意味で幸福と感ずるのである。右は俗にいふ掘出しで富籤が当つたやうな者である。

しかし時価相当の価格を出しても平生探して居る書物や骨董が手に入ると愉快なものである。又買ふ資力がなくて常に其の目録を眺めて「是れが買へたらなア」と嘆息して居るのも一つの楽みである。人生百年何か楽みがなくては生き甲斐がない。その楽みを更に国家有用のことに向けたら勿論上々である。

大方の蒐書家はここに書かれていることの一々に「我が意を得たり」と膝を打つに違いない。それほどこの文章は本好きの心の内を言い当てている。とくに、手の届きそうにもない目録掲載書を見ながらため息づいているというのは、己れなくて誰であろう。

扨この蒐書家の鑑ともいうべき本田先生の旧蔵書（唐本・和刻本）が没後七十八年を経て、この一月末、京都の古書市場を賑わした。大部で良質な書籍群に私はしばし眼を見張った。書籍の状態はどれも良く、虫損は殆ど見られなかった。きれいな本しか買わないという蒐書方針をお持ち

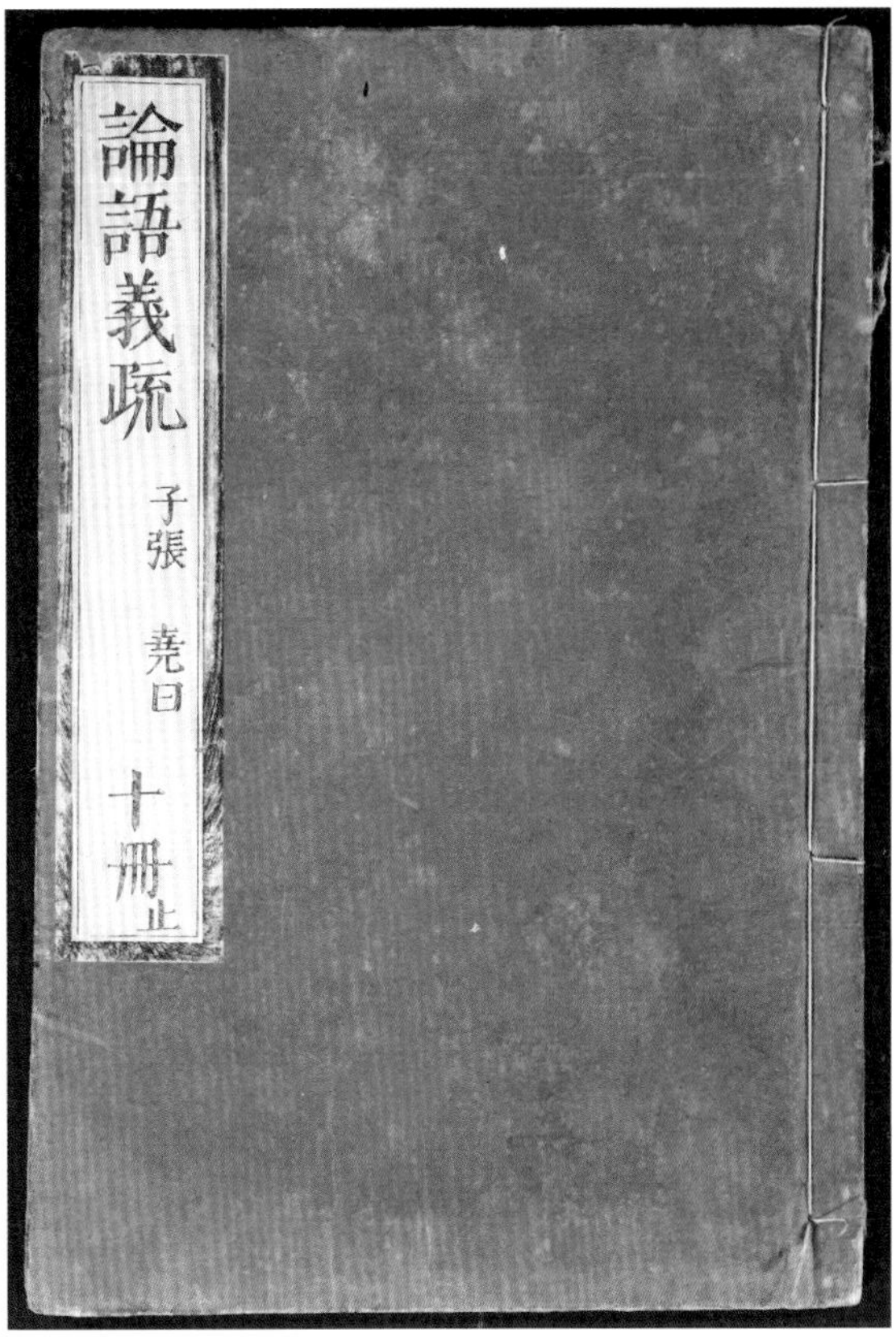

［図02］…『論語集解義疏』表紙

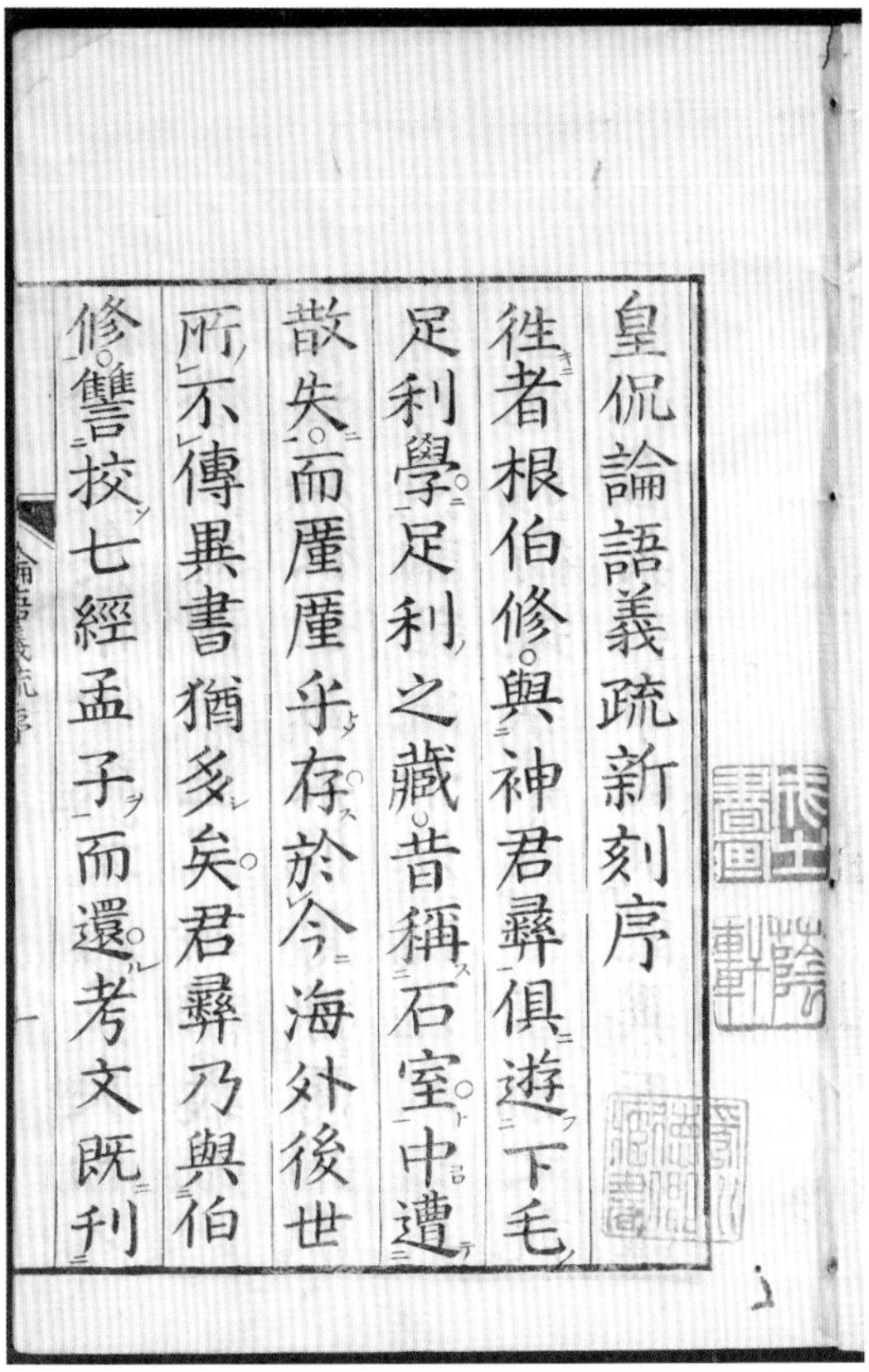

皇侃論語義疏新刻序
往者根伯修與神君彝俱遊下毛
足利學足利之藏昔稱石室中遺
散失而厘厘乎存於今海外後世
所不傳異書猶多矣君彝乃與伯
修讐校七經孟子而還考文既刊

［図03］…『論語集解義疏』第一冊首に「成之書画」「蔭軒」の蔵書印

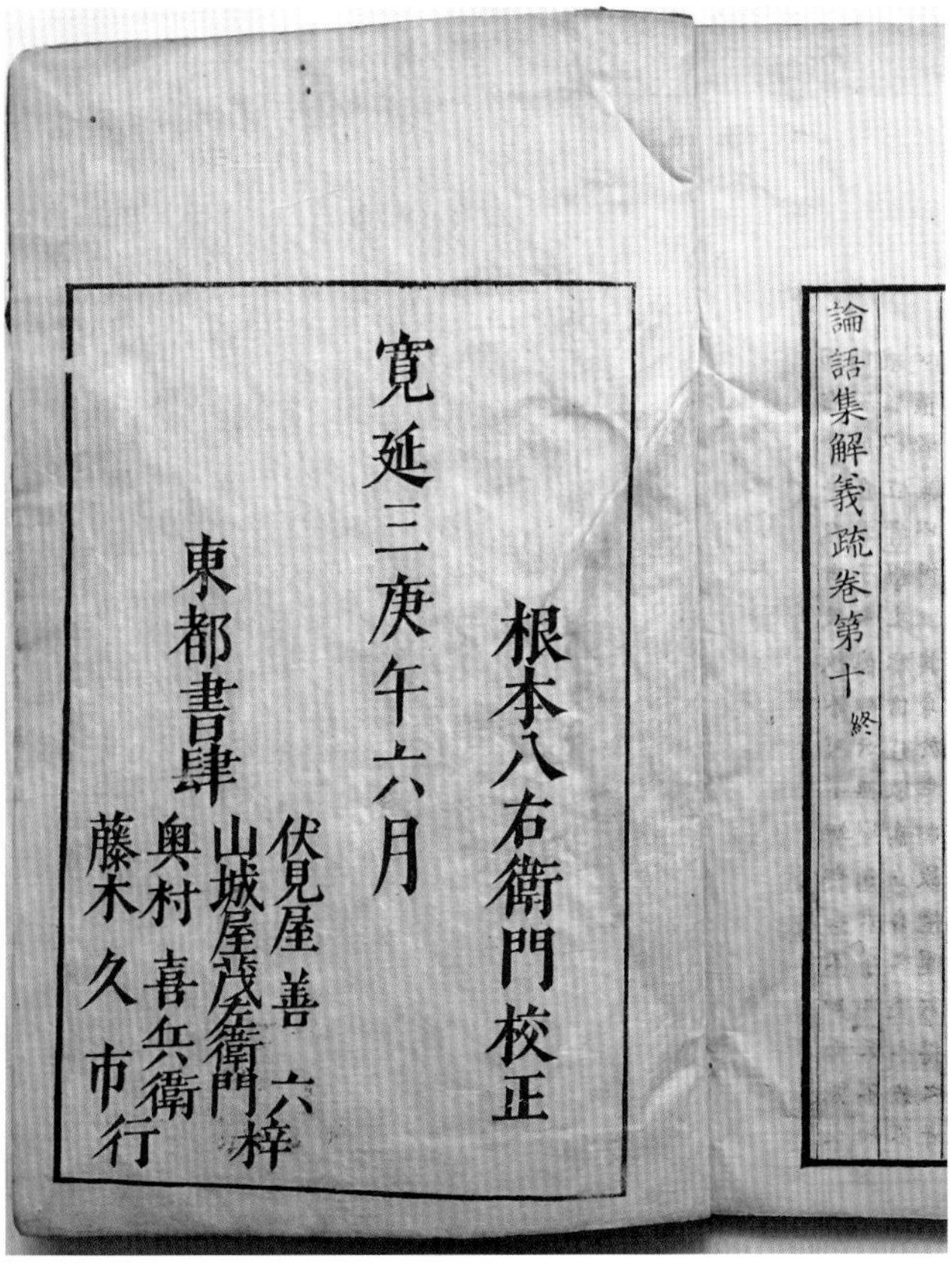

論語集解義疏巻第十終
根本八右衛門校正
寛延三庚午六月
東都書肆　伏見屋善六　山城屋茂衛門　奥村喜兵衛　藤木久市　梓行

［図04］…『論語集解義疏』刊記

だったのだろう。そして御遺族もまたよく保存に努められたに違いない。随筆に語られていた宋版と覆宋版とは、残念ながら今回出された旧蔵書中には見当たらなかった。まだどこかに眠っているのだろう。いつか出て来ることに期待したい。

尚、本田成之の息男に、易経研究の第一人者であった本田済《わたる》（一九二〇～二〇〇九）がいる。今回市場に現れた書籍の中には、「本田家蔵」の蔵書印が捺されるだけで、成之の蔵書印が捺されていないものが多く含まれていた。これは済の代になってから購入したものなのであろう。

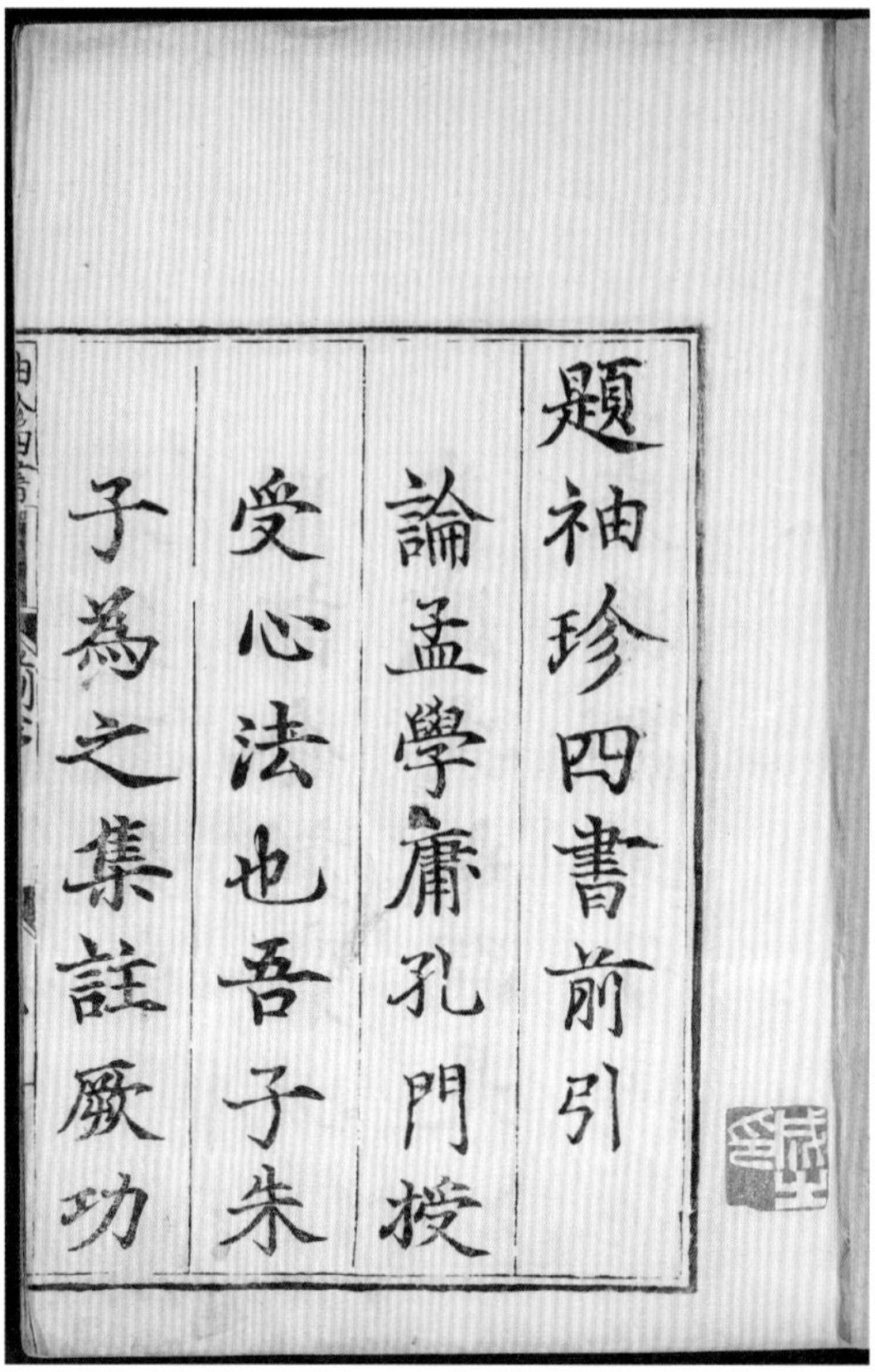
題袖珍四書前引
論孟學庸孔門授
受心法也吾子朱
子爲之集註厥功
［図05］…『袖珍四書』慎独斎序文の首に「成之印」の蔵書印

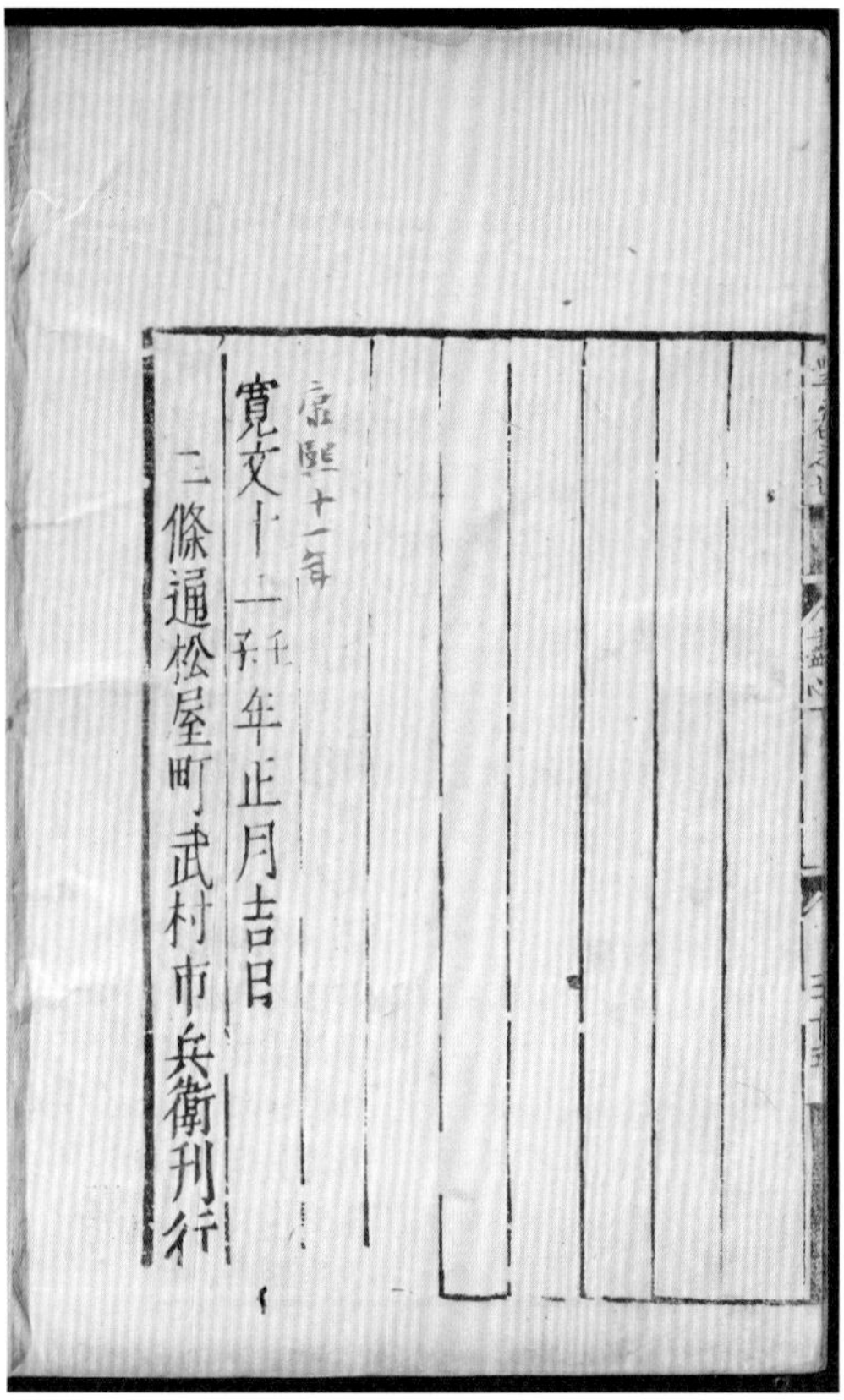
康熙十一年
寛文十二壬子年正月吉日
二條通松屋町武村市兵衛刊行
［図06］…『袖珍四書』刊記（孟子の末尾）

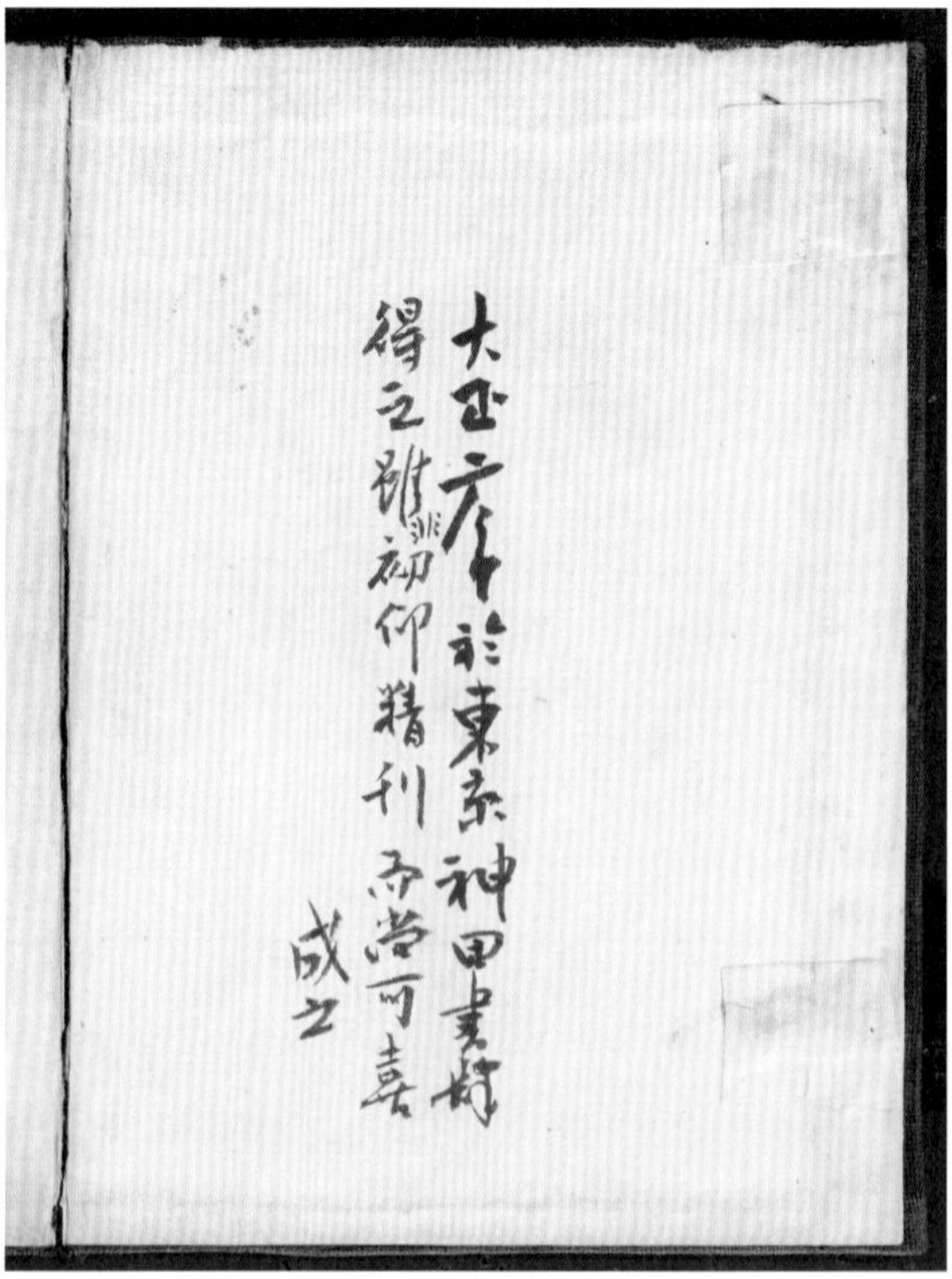
［図07］…『袖珍四書』帙の内側に存する本田成之識語

本田成之著
支那經學史論
發兌 弘文堂書房
［図08］…名著として今も読み継がれている『支那経学史論』（一九二七年、弘文堂書房）

書籍はどう動いたのか――
近代書籍流通史料の世界 05

『改正日本地誌略暗記問答』にみる奈良の売弘人たち(中)

――地域の書物文化環境を調べるために(3)

前号に引き続いて、「地域の書物文化環境を調べるため」の史料について検討していく。前号からは、『改正日本地誌略暗記問答』掲載されている奈良の売弘人たちについて諸史料を通して検討しているが、今号もその続きである。彼らは何者で、どのような書物を取り扱っていたのだろうか。

磯部 敦
ISOBE Atsushi
奈良女子大学研究院人文科学系教授。専門は近代日本出版史。印刷製本の技術史、近代奈良県を事例とした出版流通史、蔵書形成史など、書籍文化に関わる事象を研究している。

◎史料(2) 出版物――教科書(承前)

御所

御所は、前稿で取りあげた五條の北方に位置し、西の金剛山を越えた向こうには河内がひろがる。「下街道及下市街道に方《あた》りて往来繁昌の地なり」[1]と評される地である。

明治前期御所の印刷・出版・流通の中心にいたのが、この翠雲堂岸宣美であった[2]。売弘人としては、今のところ明治十年(一八七七)刊『改正日本地誌略暗記問答』を最初とし、その後は明治十五年(一八八二)刊『孝経蠡測』(佐野煥著、高橋直吉)、明治二十二年(一八八九)刊『改正徴兵令』(中山鶴斎著、阪田購文堂)などに名を確認できる。印刷所としては、明治十六年(一八八三)刊『四郡町村連合会議傍聴録』(岸宣美)に「印刷 御所(岸)活版所」とあるのが初出になろうか。出版では、明治十二年(一八七九)刊『小学書取本』（高塚鈴次郎編）に「出版人 堺県士族岸宣美 大和国第四大区四小区葛上郡御所町四百四十九番地住」とあるのをはじめ、明治十六年刊『四郡町村連合会議傍聴録』（岸宣美編）、明治二十年（一八八七）刊『登記法通俗義解』（谷頭辰兄編）など多数ある。この『登記法通俗義解』の「取次所」には大阪書肆として松村九兵衛、中川勘助、真部武助の三肆が列記されているが、明治二十年八月十三日付『朝日新聞』広告では「特別売捌」に松村九兵衛と真部武助が確認できる。この二肆の名は、たとえば明治十五年刊『再版校正国史略字解附録』（堀川政次郎編、岸宣美）「発行人」(3)、明治十七年（一八八四）刊『改正徴兵令早合点』（永井元翹編、岸宣美）「発兌書肆」(4)等でも確認でき、その関係は前稿で検討した高橋直吉（五條）と松村九兵衛（大阪）のそれと見てよい(5)。

岸の出版物に、明治十七年刊『古物商取締条例略解』（永井元翹編、岸宣美出版人）がある。同年二月「古物商取締条例」、同「古物商取締細則」のほか、古物商いに関係する諸達を掲載したものである。実は岸も古物商を営んでおり、その元締めにもなっている(6)。古物取締条例第一条によれば、「古物商トハ古道具、古本、古書画、古着、古銅鉄、潰金銀ヲ売買スル営業者ヲ云」い、「其営業ニ属スル古物ヲ売買交換スル者及ヒ刀剣商ハ此条例ニ準拠スヘシ」(7)とされており、書物売弘にからんで、古書や古書画も商品として取り扱っていたようである。

法隆寺

岡本庄治は、「平群《へグリ》郡の南端に位し、堺奈良間、大阪奈良間の街道に方《アタ》」るという法隆寺村に所在した(8)。岡本は「岡本荘治」名義で、明治十年刊『改正修身 人之基訓纂』（村戸賢徳編）(9)と明治十二年刊『幾何画法』（城井春助編）の二点の出版書が確認できている。どちらも見返しに「岡本鳩居堂」とある。売弘人としては、『改正日本地誌略暗記問答』のほか明治十年刊『堺県地誌要略』（藤田守著、池上義八）に「和州法隆寺岡本庄二」、明治十三年（一八八〇）刊『皇国度量法』（溝口兼三郎編、藤田伊三郎）に「売捌所／大和書肆／法隆寺 岡本荘治」、明治十四年（一八八一）刊『拙堂文集』六（中内惇編、豊住伊兵衛・豊住支店）に「和州法隆寺 岡本庄治」などと掲載されているが、明治二十一年（一八八八）刊『最大効益大阪買物便利』（森弥三郎編、鴻英舎）「各府県下売弘書肆問屋」に「大和法隆寺 岡本荘二」と出てくるのを最後に名は確認できない。素性は不明である。

八木

八木といえば、暁鐘成『西国三十三所名所図絵』（河内屋政七、嘉永六年〔一八五三〕）に「八《や》木札街《ぎふだのつじ》」としてそのにぎわいが描かれるように、南北を通る中街道と東西を貫く伊勢街道の交差する場であった。その八木からは、藤田善平が掲出されている。

藤田は、明治九年（一八七六）刊『日本略史字引』（梅原亀七）の「訓点人」として見えるのが今のところの初出で(10)、同年刊『音画漢語両引便覧』（中尾新助）、明治十一年（一八七八）刊『日本略史字引』（中島徳兵衛）、明治十二年刊『以呂波分 大全数字引』（中島徳兵衛）、明治十三年刊『普通早字引大全』（梅原亀七ほか）などの著作が確認できる。明治十八年（一八八五）刊『四声音訓 万通字林玉篇』（此村庄助ほか）では所付が大阪になっており(11)、同年には『広益漢語字解』（中村芳松）や『絵本孝子伝』（岡本仙介）の著作がある。

売弘人として名が見えるのは八木在時代に限られており、この『改正日本地誌略暗記問答』を皮切りに、明治十年刊『改正修身人之基訓蒙』（岡本荘治）、明治十一年刊『万国地誌略暗記問答』（静間密著、小瀬弥三郎・森田徳松）、明治十三年刊『修身児訓』（亀谷行編、浪華文会〔分版〕）、明治十七年刊『免否瞭然 徴兵令訳解』（安田敬斎著、前川善兵衛・書籍会社）などに「八木 藤田善平」と散見される。明治十四年刊『拙堂文集』六（中内惇編、豊住伊兵衛・豊住支店）の「和州八木 藤田善兵衛」も同一人であろう。

ところで、八木には同じ藤田姓の「藤田伊三郎」がおり、こちらも教科書類ほか各種書物の売弘人としてその名をよく見かけるのだが、明治十一年刊『鼇頭註解玉篇』奥付によれば、二人は同じ所付に所在している［図01・02］。

編輯者　堺県平民　藤田善平　堺県大和国第三大区三小区高市郡八木村六十番地

発兌人　堺県平民　藤田伊三郎　大和高市郡八木村六十番地(12)

同書序文は藤澤南岳によるもので、文中、「文花堂主人藤田貞澄性嗜字学。邃訓詁」云々とあるのは編者の藤田善平のことであろうが、藤田伊三郎もまた「文華堂」という屋号を使用する［図03］。南岳の序文は箔付けの意味もあろうが、のちに藤田伊三郎が南岳門人越智宣哲の『明倫千文』（明治二十三年（一八九〇））を刊行しており、だとすれば藤田善平のつながりを見てとってよいのかもしれないが、南岳門人や宣哲周辺、また奈良の漢学関係資料に藤田善平（藤田貞澄）の名は出てこない。藤田善平と伊三郎が親子なのか親類なのかも不明である。

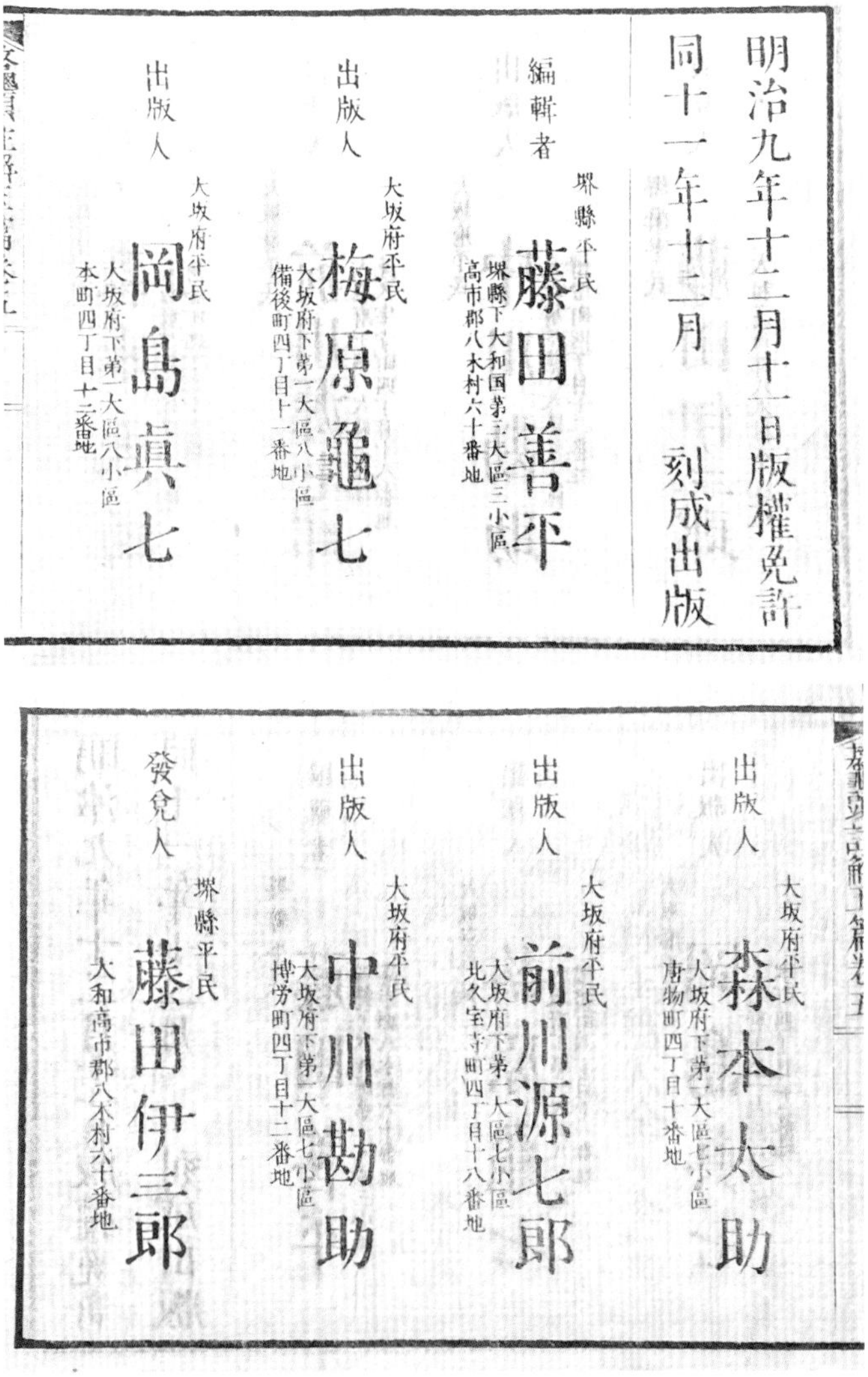
明治九年十二月十一日版權免許
同十一年十二月　刻成出版
編輯者　堺縣平民　藤田善平　堺縣下大和國第三大區三小區高市郡八木村六十番地
出版人　大坂府平民　梅原亀七　大坂府下第一大區八小區備後町四丁目十一番地
出版人　大坂府平民　岡島眞七　大坂府下第一大區八小區本町四丁目十三番地

出版人　大坂府平民　森本太助　大坂府下第一大區七小區唐物町四丁目十番地
出版人　大坂府平民　前川源七郎　大坂府下第一大區七小區北久宝寺町四丁目十八番地
出版人　大坂府平民　中川勘助　大坂府下第一大區七小區博労町四丁目十二番地
發兌人　堺縣平民　藤田伊三郎　大和高市郡八木村六十番地

［図01（上）・02（下）］…藤田善平編『鼇頭註解玉篇』巻之五（藤田伊三郎、明治11年〔1878〕）奥付。

明治前期、八木の印刷・流通の中心には藤田伊三郎がいたわけだが、明治三十年頃から畝傍館や狩谷博成堂があらわれはじめるのと入れ替わるようにその名は見られなくなっていく。

郡山

郡山は、「旧柳澤氏の城下にして、（中略）肆店櫛比《シツピ》し、物貨全く備はる、国内第二の都会にして其繁華は奈良に亜《ツ》ぐ(13)」と評される地であるが、ここに掲出の四名について諸史料に名前を見つけ出すこと能わず、その素性はほとんど分からない。

中井善七については、『改正日本地誌略暗記問答』以外に売弘関与を確認できない。明石幸七と勝山太四郎については、同書のほか明治十年刊『改正修身人之基訓纂』（岡本荘治）、明治十一年刊『万国地誌略暗記問答』（静間密著、小瀬弥三郎・森田徳松）にその名を確認できる。勝山が明治九年刊『小学入門大全』（狭川峯二著、鹿田静七）売弘に掲出されていることから、その活動は明石に先んじていたようだが、明治十一年刊『改正日本地誌略暗記問答』（高橋平三版）以降の活動は確認できず、一方の明石も明治十五年刊『国史略字解附録』（堀川政次郎編、岸宣美）以降の活動は見あたらず、彼らの素性も不明なままである。郡山における書籍売弘の中心にいたのは、筧九馬吉であった。

[図03]…野淵竜潜編『画入銅版 日本略史字解』(藤田文華堂、明治13年〔1880〕)見返し。国立国会図書館デジタルコレクション。https://dl.ndl.go.jp/pid/771230

寛の活動は、明治一桁代から確認できる。今のところ、明治七年（一八七四）刊『畜疫治法』（ファートン著・宗我彦麿訳、有隣堂）「発行書肆」に「和州郡山 寛九馬吉」とあるのが最も早い事例である。以後、明治八年（一八七五）刊『政律亀鑑』前編巻之二（青木精一訳述、有隣堂）発行書肆に「和州郡山　寛九馬吉」、明治十年刊『尚薬必携 衛生彙纂』（大森敬之・横江勝栄編、有隣堂）[14]「弘通書林」に「和州郡山 寛熊吉」などと出てくる。有隣堂穴山篤太郎が出版に関わった書籍の売弘書肆としてその名を確認できるが、寛の出自等が不明なため、その背景にある事情は分からない[15]。有隣堂以外では、本連載で検討している『改正日本地誌略暗記問答』が初出で、以後、前掲『改正修身 人之基訓纂』（村戸賢徳編、岡本荘治）、明治十五年刊『小学初等科作文必携』（岡橋万三編、岸宣美・竹内義厚）、明治十七年刊『小学初等新撰作文書』甲（大袖喜代松編、藤田伊三郎）など奈良県内発行教科書類の売弘書肆に寛の名が散見。また、この時期には、郡山警察署管内における古物商の頭取にもなっている[16]。

明治二十六年（一八九三）六月、寛は大阪で連合通運合資会社を興している。会社目的は「貨物運送及運送取扱受託営業」[17]。営業所は大阪南区湊町の停車場前に立地していたが、そこには内国通運株式会社の出張所もあった[18]。明治二十九年（一八九六）刊『英語初歩教授書』（崎山元吉著、崎山敏輔）「大売捌所書店」にも「奈良郡山 寛久馬吉」の名が確認でき、こうしてみると寛が流通を根幹に据えて、さらに言えば大阪からの玄関口たらんとしていたことが見てとれるのである。

なお、松尾徳三郎と同じく寛も「大和国置県之再建白書」（明治十七年五月）[19]に名を載せ、また明治二十二年四月「第二回大和全国大懇話会」発起人に名を連ねているが[20]、それ以外に名は確認できない。民権運動や大同団結運動への関与は、思想的というよりは資力を頼られてのものではなかったかと思料する。

三輪

木村伊三郎については、この『改正日本地誌略暗記問答』をはじめ明治十三年刊『修身児訓』（亀谷行編、光風社出版・浪華文会分版）、明治十八年刊『語彙別記』（田中太右衛門）などの教科書類のほか、明治十九年（一八八六）刊『府県長官銘々伝』（西村兼文編、内藤彦一）、明治二十一年刊『最大効益大阪買物便利』（森弥三郎編、鴻英舎）などで、三輪在の売弘書肆として掲出されている。今のところ、明治二十五年（一八九二）刊『筆珠必要 利息算独習書』（荒川八次郎編集発行）の売弘人として出てくるのが最後である。三輪の売弘書肆として、明治一桁代には兵庫屋又四郎の名が確認できるが、明治九年刊『掌中内外便覧』

衛（福富正水編輯兼銅版彫刻、村上勘兵衛・乙葉宗兵衛）以降は名を見ず、兵庫屋と入れ替わるように出てきたのがこの木村伊三郎であったが、木村の素性については全く分からないでいる。

三輪は、「奈良初瀬間の街道に当る一小都会」(21)であるが、「郡役所、警察署、区裁判出張所」(22)などが設置されているがゆえに印刷所が多く立地したところでもあった。もっとも、確認できるのは三輪文明社や活文社など明治三十年代以降が多く、それ以前の印刷実態も明らかではない。（続）

注

(1)　五峯隠士（塚田武馬）『大阪鉄道名所案内』（阪田購文堂、明治二十八年（一八九五））六〇頁。

(2)　屋号「翠雲堂」は、高塚鈴次郎編『小学書取本』（岸宣美、明治十二年（一八七九））の見返しに「明治十二年四月廿九日御届 岸翠雲堂梓」とあることによる。

(3)　松村と真部のほか、京都書肆の杉本甚助も「発行人」に見える。

(4)　明治十七年（一八八四）一月二十六日付『朝日新聞』広告。出版書に就いてみれば、「専売人」項には真部武助のみが掲出。真部の名は阪田購文堂出版書にもよく見られる。

(5)　拙稿「『改正日本地誌略暗記問答』にみる奈良の売弘人たち（上）――地域の書物文化環境を調べるために（2）」（『書物学』第22巻、勉誠出版、令和五年（二〇二三）二月）参照。

(6)　天理図書館所蔵兵庫村本多家文書「〔古物商区役兼組頭当選人名書附証〕」、明治十七年三月。

(7)　永井元翹編『古物商取締条例略解』（岸宣美、明治十七年）一丁オモテ。

(8)　前掲『大阪鉄道名所案内』、二五頁。

(9)　編者の村戸賢徳は元小泉藩士。県会議員や村長をつとめ、農事振興、堤防構築、道路橋梁の修治などに尽力。その功績が認められて藍綬褒賞を授与されているが（『大日本人物誌 一名現代人名辞典』、八紘社、大正二年（一九一三）、む之部二一〜二二頁）、教科書との関わりで言えば、明治三十五年（一九〇二）の教科書疑獄事件に「収賄幇助犯」として関与した人物でもあった（『空前絶後の大疑獄 教科書事件実記』、文友社、明治三十六年（一九〇三））。

(10)　奥付刊記は「明治九年四月廿日御届／同五月刻成／訓点人 奈良県大和国第四大区十三小区高市郡八木村六十番地住 藤田善平／（後略）」。

(11)　奥付刊記「明治十七年六月五日版権免許／全十八年三月出版／編輯人兼出版人 大阪府平民 藤田善平 府下東区淡路町三丁目卅八番地／（後略）」。

(12)　同書は「六書屋発兌」（見返し）とあるように、藤田伊三郎（発兌人）のほか、梅原亀七、岡島真七、森本太助、前川源七郎、中川勘助ら大阪書肆が「出版人」として刊記に列記されている。

(13)　前掲『大阪鉄道名所案内』、二八頁。

(14)　筧は「九馬吉」「熊吉」のほかに「久馬吉」表記もある。明治九年（一八七六）刊『人事必携明倫範論』巻五（竹寿楼主人青木精一著、有隣堂穴山篤太郎）参照。

(15)　明治二十一年（一八八八）十二月刊『興和之友』二号掲載「穴山有隣堂広告／蚕桑及製糸書目録」末尾には、「大和全国区一手売捌」として「奈良橋本町 購文堂 阪田一郎」の名が載る。

(16)　林言信編『古物商取締条例大阪府古物商取締細則 註解問答』（梶田文敬堂、明治十八年（一八八五））参照。

(17)　粟屋竜蔵編『商業登記会社全集』（明法堂、明治二十八年）二三九頁。資本金総額五千円のうち、筧の出資額は筆頭の千三百七十九円である。

(18)　『内外海商名鑑』（山口濤太郎海商事務所、明治三十四年（一九〇一））三三頁。

(19)　『明治建白集成』七巻（筑摩書房、平成九年（一九九七））五二七頁。同建白書は明治十五年（一八八二）十一月、明治十六年（一八八三）十月に続く三度目の請願であるが、明治十六年の建白書に出ていた松尾の名は三度目の「再建白書」にはない。

(20)　『興和之友』六号（興和社、明治二十二年（一八八九）四月十日）広告。ほかに明治二十一年九月十五日の「大和有志大懇親会」の発起人としても名を見せる。奈良市同和地区史的調査委員会編『奈良の部落史』（奈良市、昭和五十八年（一九八三））三七一頁。

(21)　前掲『大阪鉄道名所案内』、八一頁。

(22)　藤園主人『大和名勝』（金港堂、明治三十六年）一〇三―一〇四頁。

岩崎奈緒子・中野慎之・森道彦・横内裕人＝編集

日本の表装と修理

装い、繕い、伝える――

表装や修理は、どのような価値観や思想のもとに行われてきたものなのか。
文化財の修理・保存の第一線にあり、その困難な作業の中で、
技術者たちはどのような試行錯誤を重ねてきたのか。
残し伝えられてきた「モノ」との真摯な対話の中から、
表装と修理にまつわる文化史を描き出し、
今日の我々にとっての文化財保護の意義と意味を照射する。

勉誠出版

本体七〇〇〇円（+税）

書物學 BACKNUMBER

古今東西の知の宝庫に分け入り、読書の楽しさを満喫する！

1
書物学こと始め
これまでに蓄積されてきた書物をめぐる富を人間の学に呼び戻し、現在・過去・未来にわたる書物論議を展開する場として、ここに『書物学（Bibliology）』を創刊する。

2014年3月刊行・本体1,500円（＋税）

2
書物古今東西
世界三大宗教の思想を伝える書物、忍術書や艶本、アジア世界の擬似漢字による典籍、そして電子書籍まで…。洋の東西を越え、古今の書物文化の海を航海する。

2014年5月刊行・本体1,500円（＋税）

3
書物とエロス
春本や男色、密教における性の問題を文化史上に位置づけるエッセイを収載。書物世界を闊歩する先達による連載も充実。書物文化の世界への水先案内。

2014年8月刊行・本体1,500円（＋税）

4
出版文化と江戸の教養
江戸の出版文化のなかで「教養」はどのように人びとの中に浸透していったのか。政事と文学の関わり、漢詩文の位置付け、料紙論まで、書物の世界を読み解く。

2015年2月刊行・本体1,500円（＋税）

5
洋古書の愉悦
ホリンシェッド『年代記』、今なお西洋古書版の中心に位置する「アルド版」、英近代文学に大きな影響を与えたサミュエル・ジョンソン…。洋古書の魅力にせまる。

2015年7月刊行・本体1,500円（＋税）

6
「書」が語る日本文化
かつて「書」はさまざまな媒体に姿を変えつつ幅広い層に浸透し愛されていた。短冊、古筆切、和刻法帖、書の売買資料などから「書」と日本文化の関わりを探る。

2015年11月刊行・本体1,500円（＋税）

7
医書の世界
「生きる」という願いとともに医学は発展してきた。それらの知はいかにして記録され、伝播していったのか。東洋と西洋の医学の邂逅はどのような変化をもたらしたのか。

2016年3月刊行・本体1,500円（＋税）

8
国宝 称名寺聖教／金沢文庫文書
2016年、国宝指定！中世の息吹を現代に伝えるタイムカプセル、称名寺聖教／金沢文庫文書の魅力に迫る。

2016年8月刊行・本体1,500円（＋税）

9
江戸の欲望／江戸という欲望
今なお現代の憧憬をあつめる、遥かなる「江戸」――。現実と虚構が錯綜し、欲望が新たな世界像を作り出していく様相を複眼の視点から明らかにする。

2016年10月刊行・本体1,500円（＋税）

10
南方熊楠生誕150年
熊楠邸所蔵資料の悉皆調査によりさまざまな事実が明らかになってきた。「知の巨人」との対話の最前線から見えてきた熊楠の新たな側面を紹介する。

2017年3月刊行・本体1,500円（＋税）

11
語りかける洋古書
シェイクスピア戯曲の本文、版によって記述が変わるタイトルページ、光輝く中世写本、尾崎紅葉とアメリカの娯楽小説――。昔歳の書物の文化とその様相を垣間見る。

2017年8月刊行・本体1,500円（＋税）

12
江戸初期の学問と出版
あらたな秩序へと向かう近世初期。日本の出版史においても特筆すべき典籍や印刷技術や素地が凝縮されたこの時代の様相を、多角的な視点であぶり出す。

2018年2月刊行・本体1,500円（＋税）

13
学問の家の書物と伝授
清原家の営為を探る
多くの儒者を輩出した清原家。その蔵書は累代の営為を今に伝える。儒教経典、幼学書や兵書、御成敗式目など、典籍が描き出す知の沃野を紹介する。

2018年8月刊行・本体1,500円（＋税）

14
贋作・偽作
シェイクスピアの贋作、荒唐無稽な歴史記述、過剰な編集介入など、「偽り」の背景に渦巻く人間模様を暴く。また、いまだ解読されない「ヴォイニッチ写本」を整理・考察。

2018年12月刊行・本体1,500円（＋税）

15
金属活字と近代
明治初頭、明朝体活字の鋳造と近代印刷技術発展の背景には、外国人ウィリアム・ギャンブルの姿があった――。近代日本の印刷技術の道程を明らかにする。

2019年4月刊行・本体1,500円（＋税）

16
特殊文庫をひらく
古典籍がつなぐ過去と未来
大東急記念文庫、東洋文庫、斯道文庫、金沢文庫、静嘉堂文庫の魅力・来歴・蔵書を紹介。「特殊文庫」を知り、闊歩するための格好のガイドブック。

2019年7月刊行・本体1,500円（＋税）

17
編集文献学への誘い
「編集文献学」という本文校訂・本文批判をめぐる真摯な視点が既成概念へ揺さぶりをかける。さまざまな枠組みを越えた展開を要請されるこれからの人文学を考える。

2019年9月刊行・本体1,500円（＋税）

18
蔵書はめぐる
海外図書館の日本古典籍コレクション
欧米の名だたる所蔵機関から、特色ある蔵書を紹介。書物を集め、愛でた人々、そして、海を越えて伝えられた蔵書に秘められたドラマを描き出す。

2020年7月刊行・本体1,800円（＋税）

19
紙のレンズから見た古典籍
旧来の書誌学・書物学的検討に加え、高精細デジタルマイクロスコープや機械学習など、最先端の技術を組み合わせ、古典籍の世界を「紙」というレンズから探る！

2022年2月刊行・本体1,800円（＋税）

20
追憶のサムライ
中世武士のイメージとリアル
横浜市歴史博物館［編］ 剛勇・清廉・潔白…現代に伝わる「武士」「サムライ」のイメージは、どのように創られ、語り継がれてきたのか？ イメージの変遷を読み解く。
2022年10月刊行・本体1,800円（＋税）

21
活字
近代日本を支えた小さな巨人たち
「活字」はどのようにその相貌をかえ、人びとの生活の中に息づいていったのか――。さまざまな分野で活躍する執筆陣により、人びとと活字の紡いだ歴史を照らし出す。

2022年12月刊行・本体1,800円（＋税）

22
禅寺の学問
相国寺・両足院の知の体系
相国寺承天閣美術館および花園大学歴史博物館で開催された企画展をもとに、禅宗寺院が日本文化にもたらした「知」の体系を明らかにする。

2023年2月刊行・本体1,800円（＋税）

書物學

刊行のことば

BIBLIOLOGY : the history and science of books as physical objects.

書物は人類の英知の結晶である。中国やエジプトにおけるその起源は幽にして遠、ただ仰ぎ見るばかりである。

それらに較べれば、中国文明に接するまで文字をもたなかった日本の書物の歴史は、短い。しかし、漢字を学び、漢文訓読という読解法を編みだし、そこから派生した片仮名、さらに漢字を表音文字として使用する平仮名という文字を生みだし、それらを駆使して、多くの書物が書かれてきた。「女手《おんなで》」とよばれた平仮名による女性の著述の歴史も、千年を超える。

漢字、片仮名、平仮名。一つの言語が三つの文字体系をもち、それらを使い分けて書物は書かれ出版された。そのような言語、そのような国はあるだろうか。

いま、書物は急速に「物」の次元を超え、手に触れることのできない電子の世界に移行しようとしている。それもまた人類の驚異的な英知の成果にほかならない。

これまでに蓄積されてきた書物をめぐる精緻な書誌学、文献学の富を人間の学に呼び戻し、愛書家とともに、洋の東西を隔てず、現在・過去・未来にわたる書物論議を展開する場として、ここに『書物学（Bibliology）』を創刊する。

本書の創刊が、書物を研究し書物を愛でる人々による「書物の人間学」への機縁となることを期待したい。

書物学 第23巻

文化財をつなぐひと・もの・わざ

――香雪美術館書画コレクションを支える装潢修理の世界

2023年4月7日発行

発行者 ……………… 吉田祐輔

発行所 ……………… ㈱勉誠社

〒101-0061 東京都千代田区神田三崎町 2-18-4

電話 (03)5215-9021　FAX(03)5215-9025

E-mail : info@bensei.jp

印刷・製本 ………… ㈱太平印刷社

ISBN978-4-585-30724-2 C1000